Novo Manual Básico de

CRIMINOLOGIA

E37n Elbert, Carlos Alberto

Novo manual básico de criminologia / Carlos Alberto Elbert; trad. Ney Fayet Júnior. – Porto Alegre: Livraria do Advogado Editora, 2009.

284 p.; 23 cm.

ISBN 978-85-7348-604-9

1. Criminologia. I. Fayet Júnior, Ney, trad. II. Título.

CDU – 343.9

Índice para catálogo sistemático:

Criminologia 343.9

(Bibliotecária responsável: Marta Roberto, CRB-10/652)

Carlos Alberto Elbert

Novo Manual Básico de CRIMINOLOGIA

TRADUÇÃO
Ney Fayet Júnior

livraria
DO ADVOGADO
editora

Porto Alegre, 2009

Capa, projeto gráfico e diagramação
Livraria do Advogado Editora

Tradução
Ney Fayet Júnior

Revisão
Rosane Marques Borba

Pintura da Capa
Raio colorido, 1927
Paul Klee

Livraria do Advogado Editora Ltda.
Rua Riachuelo, 1338
90010-273 Porto Alegre RS
Fone/fax: 0800-51-7522
editora@livrariadoadvogado.com.br
www.doadvogado.com.br

Impresso no Brasil / Printed in Brazil

À Silvia

Agradecimento

Gostaria de externar a grande satisfação que sinto por poder atingir o público acadêmico brasileiro, especialmente aquele vinculado aos estudos criminológicos, o que somente se torna possível, em larga medida, em virtude de o Prof. Ney Fayet Júnior ter aceito, mais uma vez, o trabalho de tradução – tarefa auxiliada com vivo interesse especialmente por sua assistente, Clara Masiero, além da colaboração de seus alunos Emiliano Solés, Cássio de Assis e Patrícia Grillo.

Sobre o autor

O professor argentino Carlos Alberto Elbert é um dos maiores especialistas mundiais em Criminologia. Sua profícua atividade intelectual se expressa em inúmeras publicações e conferências, bem como em cursos e seminários proferidos em vários países, como Brasil, Colômbia, Costa Rica, Peru, Equador, Guatemala, México, Uruguai, Venezuela, Alemanha e Espanha. Foi bolsista da Fundação Alexander von Humboldt (Alemanha federal), de 1977 a 1979, assistente científico dos professores Hilde Kaufmann e Michael Walter (Alemanha), de 1979 a 1984, pesquisador do Instituto Max Planck de Freiburg, em 1990 e 1993, e bolsista do Instituto Latino-americano das Nações Unidas para a prevenção do delito e tratamento do delinqüente (ILANUD, Costa Rica) em 1985.

Em toda a sua produção científica, o grande professor argentino tem procurado reconstituir a ciência criminológica latino-americana sob o prisma humanitário, alcançando-lhe uma base científica e municiando-lhe de um objetivo comprometido com as necessidades e os anseios que têm os povos democráticos.

Nessa tarefa, Carlos Elbert vem investigando, profundamente, os alicerces da Criminologia, destacando-lhe os acertos e atacando, com técnica e maestria, os equívocos metodológicos mais importantes – aos quais também sugere a devida correção –, tendo por campo de batalha o debate e como armas, a inteligência e o saber.

À sua sólida atividade de cientista social, alia-se a larga vivência de um experiente juiz criminal (de 1984 a 2005) de seu país. Essa fusão – do pesquisador e do magistrado – lhe permitiu uma visão panorâmica dos complexos e dramáticos fenômenos criminais.

É autor dos seguintes livros: "A situação do menor submetido a um processo penal" (1978); "Lei judicial juvenil anotada da República Federal da Alemanha" (1982); "Exercícios de direito penal", em co-autoria com Hernán Gullco (1991); "Criminologia latino-americana: primeira parte" (1996); "Criminologia latino-americana: segunda parte" (1999); "Manual básico de criminologia" (1998, primeira edição; 2001, segunda edição; e 2004, terceira edição). Além disso, foi organizador dos livros: "Encontros com as penas perdidas" (Santa Fe, 1993); "Até uma nova criminologia (Santa Fe, 1997); "A Criminologia do século XXI na América Latina: primeira parte" (1999); e "A Criminologia do século XXI na América Latina: segunda parte" (2002). Atualmente, é presidente do Clube Humboldt na Argentina.

Por tudo isso, certamente a obra "Novo manual básico de criminologia" será recebida com entusiasmo, não só pelos especialistas, mas, sobretudo, por todos aqueles que pretendem melhor conhecer esse fenômeno tão preocupantemente atual.[1]

---

[1] Bibliografia e atividades científicas do Dr. Carlos Alberto Elbert no Brasil: (I) Publicações: "Alternativas a las penas privativas de liberdad y sus resultados prácticos". In: *Revista da Escola do Serviço Penitenciário*. Porto Alegre, 1990, p. 78. "¿Es necesaria una criminología para el tercer milenio?". In: *Revista Brasileira de Ciências Criminais*. São Paulo, n° 19, 1997, p. 459. "Alternativa à pena ou ao sistema penal?". In: *Discursos Sediciosos*. Rio de Janeiro, ano 3, números 5 e 6, 1998. Comentário sobre o Congresso Internacional "La Criminología del Siglo XXI en América Latina", de Ana Sofía Oliveira de Schmidt, realizado na Faculdade de Direito da UBA. In: *Revista Brasileira de Ciências Criminais*. São Paulo, 1999. "El nuevo rol de Estado en América Latina y el control de la sociedad". In: FAYET JÚNIOR, Ney e CORREA, Simone Prates Miranda. *A sociedade, a violência e o Direito Penal*. Porto Alegre: Livraria do Advogado, 2000. "¿Las cárceles de América Latina: qué ofrecen para el tercer milênio?". In: *Revista Brasileira de Ciências Criminais*. São Paulo: Revista dos Tribunais, ano 8, n. 29, jan./mar. 2000. *Criminologia latino-americana*: teoria e propostas sobre o controle social do terceiro milênio. Tradução de Ruth Gauer e Ney Fayet Júnior. São Paulo: LTr, 2000 (primeiro volume). A mesma Editora lançou o segundo volume dessa obra em 2002, com tradução de Ney Fayet Júnior. *Manual básico de Criminologia*. Com prefácio de Nilo Batista e tradução de Ney Fayet Júnior. Porto Alegre: Ricardo Lenz, 2003. "¿Hay un futuro para la Criminología?". In: Ensaios penais em homenagem ao professor Alberto Rufino Rodrigues de Sousa. Ney Fayet Júnior (org.). Porto Alegre: Ricardo Lenz, 2003. (II) Curso de pós-graduação em Penologia, na Pontifícia Universidade Católica do Rio Grande do Sul, ditado em 10 horas, em abril de 2000. (III) Conferências e participações em Congressos e Jornadas Científicas: "Novena Conferencia Continental de la Asociación Americana de Juristas". Porto Alegre, 1991. *Las perspectivas de la descriminalización en el tercer milenio*, no "Sexto Foro Internacional de Debates Jurídicos". Santana do Livramento (Brasil), Rivera (Uruguay), 1995. *Crime do Colarinho Branco. Teoria de Sutherland e sua evolução*, no "II Seminário Internacional de Direito Penal", Porto Alegre, 3 a 5 de dezembro de 1998. *Violência urbana e segurança pública: perspectivas*, no "I Congresso Transdisciplinar de Estudos Criminais", Pontifícia Universidade Católica do Rio Grande do Sul, Porto Alegre, 12 a 14 de abril de 2000. *Las cárceles de América Latina ¿Qué ofrecen para el tercer milenio?*, no "4° Encontro Transdisciplinar de Ciência Penitenciária", Universidade Católica de Pelotas, Pelotas, 21 e 22 de agosto de 2003. *La violencia social en América Latina*, no "Congresso Sul-Americano de Ciências Criminais", Universidade Católica de Pelotas, Pelotas, 2004. *Medios, inseguridad y control en la era global*, no "XXV Congresso da Associação Latino-Americana de Sociologia", Porto Alegre, 22 a 26 de agosto de 2005. *Modernidad, posmodernidad, globalización, exclusión, seguridad*, no "III Ciclo de Estudos sobre Violência e Controle Social", Pontifícia Universidade Católica do Rio Grande do Sul, Porto Alegre, 2007. [N. T.]

Prefácio

Identificar o lugar e as características do discurso criminológico no contexto histórico e social em que é formulado permite perceber a articulação do saber do crime com as práticas punitivas que caracterizam uma dada sociedade. No continente latino-americano, a chegada da Criminologia, no final do século XIX, é marcada pelo viés biologicista da Escola Positiva, e encontra solo fértil para legitimar práticas de exclusão social e de exercício do controle penal sobre grupos sociais marginalizados.

Se esta foi a linha hegemônica de desenvolvimento do discurso criminológico em nosso continente, muito cedo começaram também a aparecer fissuras neste edifício teórico, advindas da tomada de consciência sobre o caráter discriminatório e seletivo do sistema penal, particularmente em sociedades marcadas por profundas desigualdades sociais. A crítica ao modelo etiológico se valeu aqui dos avanços da Sociologia criminal, a partir dos trabalhos de Sutherland e mais tarde dos teóricos do Labelling Approach, mas foi além, articulando esses novos referenciais teóricos com a realidade específica de países periféricos, em que é muito mais explícita a distância entre os princípios liberais inscritos nos Códigos e as práticas de arbítrio e desrespeito aos direitos fundamentais dos alvos preferenciais do sistema penal.

Surge então o que se poderia chamar uma Criminologia latino-americana, comprometida com a denúncia e a crítica das práticas punitivas, e com a construção de um saber do crime e do controle que incorpora a contribuição das mais variadas vertentes teóricas e disciplinares para a produção de um conhecimento que transcenda as evidências empíricas e se constitua também em instrumento de luta pela transformação social.

É de um legítimo representante dessa vertente da Criminologia Latino-Americana que tratamos ao apresentar aqui o *Novo Manual Básico de Criminologia*, de Carlos Alberto Elbert, traduzido para o português por nosso colega penalista e criminólogo Ney Fayet Júnior.

Articulando o debate epistemológico sobre o estatuto do saber criminológico, com os principais momentos da história das idéias criminológicas, e incorporando agora uma análise mais detida sobre os movimentos de Política Criminal que marcam o contexto contemporâneo, o professor Elbert nos brinda com uma obra atualizada, que se constituirá certamente em referência obrigatória para a qualificação do debate criminológico no âmbito dos cursos de formação de juristas e criminólogos em seus mais variados níveis.

Nos dias atuais, temos cada vez mais presenciado a adesão de políticos e gestores da segurança ao discurso do "eficientismo simbólico", em que se barganha a ilusão de segurança em troca do voto. Fundado em uma falsa contraposição de dois interesses igualmente legítimos, a aplicação da lei penal e a proteção das garantias individuais, o discurso eficientista converte-se em argumento legitimador de reformas legislativas e administrativas voltadas ao esvaziamento das garantias processuais do suspeito e do acusado e ao recrudescimento dos poderes investigatórios e punitivos do Estado.

O "eficientismo simbólico" se soma ao "gerencialismo", isto é, a visão do Direito Penal como um mecanismo de gestão eficiente de determinados problemas, sem conexão com os valores que estiveram na base do Direito Penal clássico, que passam a ser vistos muito mais como obstáculos, como problemas em si mesmos, que se opõem a uma gestão eficiente das questões de segurança. O resultado é a expansão do Direito Penal por via de mecanismos que pretendem fazer frente ao colapso da justiça penal em sociedades sobrejuridificadas e sobrejudicializadas, reduzindo-o a uma simples manifestação administrativo-executiva.

Ao gerencialismo penal corresponde o novo discurso criminológico, chamado "atuarial". Atuarialismo e gerencialismo, embora não signifiquem exatamente o mesmo, respondem a uma mesma lógica tecnocrática, e foram assimilados como manifestações de uma mesma racionalidade que impregna as técnicas de controle do delito na atualidade.

As políticas neoconservadoras de combate ao delito têm como principal objetivo a dissuasão do delinqüente, mediante a modificação do custo do delito, ou a sua pura e simples contenção. A premissa desse enfoque é a idéia de delito como escolha racional, na qual o delinqüente é visto como uma "pessoa racional amoral", que escolhe o delito com base em uma análise prévia de custos e benefícios. É o *homo economicus* que habita o mundo dos seguros, cujas práticas de gestão são estendidas aos mecanismos de controle penal. A escolha dos instrumentos ótimos de castigo para aumentar os custos do delito e conseguir, assim, a dissuasão esperada, se constitui no único ponto de divergência entre os defensores do movimento *Law and Economics*, que se debatem entre a multa e o cárcere como melhores instrumentos para conseguir o pretendido efeito dissuasivo.

Em sociedades em que já não tem vigência a disciplina necessária para manter relações sociais que se originavam da esfera da produção, e que resultavam em um tipo de conflitos administráveis pelo sistema penal, este último deve agora alcançar seus fins de controle adequando seus recursos às novas contradições. O Estado neoliberal não pretende reeducar, ressocializar, corrigir ou prevenir, como pretendeu o Estado social. Os novos fins do sistema penal são os estritamente orientados à punição, que se converte em mecanismo apto para a produção de consenso e legitimação da ordem social.

Diante dos efeitos perversos dessa nova racionalidade punitiva, refletidos nas crescentes taxas de encarceramento e no reforço da dinâmica seletiva e discriminatória dos mecanismos de controle penal, ganha ainda mais importância a formulação de um saber criminológico que caminhe na contracorrente. E é nessa direção que nos aponta mais uma vez o professor Carlos Alberto Elbert. Cabe a nós ampliar o alcance de suas idéias, na formação das novas gerações de juristas e criminólogos de nossa América Latina.

Rodrigo Ghiringhelli de Azevedo

Professor de Criminologia do Programa de
Pós-Graduação (Mestrado e Doutorado)
em Ciências Criminais da PUCRS

Sumário

Apresentação 19

Prólogo 21

Introdução 23

Capítulo I – O acesso ao conhecimento 29
1. Saber cotidiano, explicações pré-científicas 29
2. As dificuldades e vantagens do saber científico 36
3. Saber científico, Iluminismo e razão 38
4. Métodos, paradigmas, revoluções científicas 40
5. A classificação das ciências e seus métodos 42
6. Limites do conhecimento científico 47
7. Objetividade e ideologia no trabalho científico 47

Capítulo 2 – Precedentes e precursores da Criminologia 49
1. A atração do fenômeno criminal 49
2. "Pré-história" da investigação criminológica: o metafisico 50
3. A alma, o corpo e a psique dos transgressores 51
4. Dúvida, crítica, comprovação: Morus, Beccaria, Howard e Bentham 52
5. As origens científicas: Darwin e Spencer 55

Capítulo 3 – O Positivismo criminológico 65
1. Introdução 65
2. Antropologia criminal 67
3. Os juristas criminológicos e a Escola Positiva do Direito Penal 71
4. Franz von Liszt e o Direito Penal alemão 77

Capítulo 4 – A Criminologia argentina 81
1. Spencer e o Positivismo argentino 81
2. Os criminólogos do Positivismo argentino 87
3. Os projetos de legislação penal positivista 94

Capítulo 5 – A etiologia criminológica 97
1. O "Pequeno Orelhudo" 97
2. Psiquiatria e Psicologia criminal 98
3. A Criminologia clínica 101
4. A Psicologia e o delito 106
5. A Defesa Social 108

Capítulo 6 – As penas. Fundamentos e resultados práticos 113
1. O *jus puniendi* 113
2. A finalidade das penas 114
3. As medidas de segurança 115
4. Sistemas e legislação penitenciária 118
5. Os resultados da imposição de pena: utilidade do castigo e presos sem condenação 120

Capítulo 7 – A redução do poder penal 123
1. Limites e redução do poder penal 123
2. Vitimologia 124
3. Recursos processuais: perdão, oportunidade, conciliação, *probation* 125
4. Uso alternativo do Direito 126
5. Descriminalização 128
6. Minimalismo penal 129
7. Garantismo penal 130

Capítulo 8 – Os abolicionistas 133
1. Abolicionismo 133
2. A influência de Foucault 134
3. Natureza científica do Abolicionismo 136
4. Hulsman, Christie, Mathiesen 137
5. Críticas ao modelo abolicionista 140

Capítulo 9 – Os sistemas penais latino-americanos 143
1. Características institucionais e legais dos países latino-americanos 143
2. As idéias político-criminais no século XX e a gênese legislativa 150
3. Comparação entre as experiências latino-americanas e as dos países centrais 151
4. Os pressupostos racionais e sociais de um sistema penal democrático 152
5. Legislação penal e processual argentina. Análise crítica 153

Capítulo 10 – Os enfoques sociológicos sobre o delito 155
1. Introdução 155
2. As explicações sociológicas do fenômeno criminal 156
3. As teorias ecológicas ou ambientalistas 158
4. A teoria da anomia 159
5. Sutherland e a associação diferencial 161
6. As teorias subculturais 167
7. O estrutural-funcionalismo 169
8. O interacionismo simbólico 170
9. A teoria do etiquetamento 170
10. As teorias sobre o controle e a reação social 173
11. A teoria sistêmica 175

Capítulo 11 – A Sociologia crítica 177
1. A Escola de Frankfurt 177
1.1. Max Horkheimer 181
1.2. Erich Fromm 182
1.3. Theodor Wiesengrund-Adorno 183
2. O trabalho do Instituto 184

Capítulo 12 – O conflito social 187
1. Sociologia do conflito 187
2. A interpretação marxista do conflito 192

3. O socialismo real e a Criminologia 193
4. A Criminologia crítica dos países capitalistas centrais e a mudança de paradigma 194
5. Os novos realistas e o neo-realismo de esquerda 199

Capítulo 13 – A Criminologia da América Latina 203
1. As experiências de um século de mudanças 203
2. A irrupção dos enfoques críticos e radicais 204
3. A busca de uma teoria crítica do controle social: "Criminologia da liberação" 209
4. Crise e crítica da Criminologia ao final do século XX 211
5. Hipótese sobre a Criminologia do século XXI. O momento atual 212

Capítulo 14 – Modernidade, pós-modernidade, globalização, exclusão, segurança 215
1. Modernidade tardia ou terminal? 215
2. Globalização e sociedades excludentes. Queda do Muro, capitalismo global e neoliberalismo 217
3. A boa vida dos integrados e o destino spenceriano dos supérfluos 219
4. A deterioração cultural 220
5. Os riscos nas sociedades inseguras da aldeia global 223
6. A violência e a expansão global da criminalidade 224
7. Os modelos de segurança no estado global. Segurança pública e privada. Transnacionalização das funções policiais 226
8. Segurança nacional e internacional. O Direito Internacional militar e civil. Os modelos transnacionais de controle e a polícia bélica global contra o terrorismo 229
9. Síntese 231

Capítulo 15 – O controle social na pós-modernidade 233
1. Os pressupostos racionais de um sistema penal democrático 233
2. Políticas inermes, ingênuas ou intolerantes 239
3. Síntese 243

Capítulo 16 – O futuro científico da Criminologia. As ciências sociais do século XXI .. 245
1. As ciências sociais do século XXI 245
2. Um fantasma recorre às ciências sociais: é o fantasma da Criminologia 246
3. O fantasma deve ser ignorado, justiçado ou deportado? 247
4. A Criminologia é uma ciência? 251
5. Grau de reconhecimento científico da Criminologia na América Latina 253
6. A busca do objeto 254
7. A Sociologia e a definição do objeto 256
8. O método: empírico? Interdisciplinar? 259
9. A interdisciplinaridade 261
10. O objeto 263

Bibliografia 273

Apresentação

Com imensa satisfação, recebi o convite do Prof. Dr. Ney Fayet de Souza Júnior, colega de docência e de pesquisa no Programa de Pós-Graduação (Mestrado e Doutorado) em Ciências Criminais (PPGCCrim) da Pontifícia Universidade Católica do Rio Grande do Sul (PUCRS), para apresentar ao público brasileiro o *Novo Manual Básico de Criminologia* do Prof. Dr. Carlos Alberto Elbert, expoente das letras criminológicas na América Latina.

O primeiro contato que tive com a obra do Prof. Elbert foi em meados da década de 90, ao investigar o cenário criminológico argentino. Pretendia fazer levantamento dos autores identificados com o pensamento crítico, com as inúmeras correntes minimalistas e abolicionistas, com as tendências dogmático-garantistas no direito e no processo penal e, sobretudo, com as perspectivas que, rompendo com o eurocentrismo, propusessem discurso que privilegiasse a realidade marginal latino-americana.

O motivo da investigação foi a triste constatação de que grande parte do saber científico-criminal gestado na América Latina, mormente aquele derivado da dogmática jurídico-penal, ocorre a partir de referências alienígenas, fundamentalmente do pensamento europeu contemporâneo. Assim, os investigadores latino-americanos, aderindo aos modelos integrados centrais, invariavelmente reproduzem teorias e forjam práticas totalmente dissociadas da nossa realidade. Os resultados podem ser vistos com a proliferação das violências das agências de punitividade e, em conseqüência, com o obscurecimento das potencialidades – por menores que sejam – das ciências criminais em conter o avanço do punitivismo. A propósito, não é incomum que este saber colonizado adira aos critérios de validação científica externos, ou seja, se curve aos horizontes e às fronteiras do permitido, do cientificamente lícito segundo os produtores das verdades, refutando saberes outros, "alternativos", como inapropriados ou profanos.

Na busca por aportes teóricos que seguissem a trilha aberta por Lola Anyar de Castro, Rosa del Olmo e Eugenio Raúl Zaffaroni, deparei-me com *Criminología Latinoamericana: teoria y propuestas sobre el control social del tercer milénio* (Buenos Aires: Editorial Universidad, 1996). A obra, escrita em dois tomos, inicia o percurso discutindo a questão epistemológica da Criminologia, seus métodos e objetos, e, posteriormente, realiza debate sobre o saber criminológico em nossa realidade marginal, avaliando nossa identidade, nossas instituições, nossa cultura de violência e sua incorporação pelas agências de punitividade, projetando a Política Criminal latino-americana contemporânea.

O contato com o livro revelou meu déficit acadêmico com o pensamento de vanguarda gestado no país co-irmão. Aliás, desnudou minha adesão involuntária ao desconhecimento científico do saber criminológico latino.

No entanto, graças ao esforço da Profa. Ruth M. C. Gauer, que após o evento *A Criminologia do século XXI na América Latina*, celebrado em Buenos Aires em 1999, trouxe o autor para o Brasil para ministrar conferências no PPGCCrim da PUCRS, e ao do Prof. Ney Fayet de Souza Júnior, cujo minucioso trabalho de tradução permitiu a publicação da referida obra em língua portuguesa (São Paulo: LTr, 2000), o público nacional teve a oportunidade de conhecer com maior propriedade as investigações realizadas pela Criminologia argentina, especialmente as desenvolvidas pelo Prof. Elbert.

Neste momento, o Prof. Ney Fayet Júnior, dando seguimento à difícil tarefa da tradução, vez mais brinda o público criminológico nacional com a obra do Prof. Elbert: *Novo Manual Básico de Criminologia.*

O trabalho apresenta, de forma clara, mas sem perder a profundidade necessária às discussões criminológicas, o percurso deste saber e as principais correntes desenvolvidas no século passado. Outrossim, atualiza o debate da Criminologia contemporânea, inserindo na realidade da América Latina temas como o controle social na pós-modernidade e o futuro científico das Ciências Criminais.

Imprescindível a leitura do *Novo Manual Básico de Criminologia*, do Prof. Elbert, tanto pelos acadêmicos quanto pelos profissionais das áreas das Ciências Sociais Aplicadas identificados com a crítica criminológica. Não apenas por fornecer instrumentos para agudizar a resistência à cultura punitivista que rege o contemporâneo, mas igualmente para problematizar a própria crítica e projetar os rumos deste complexo campo de saber.

Salo de Carvalho

Professor Titular do Departamento de Direito Penal e Processual Penal e do Programa de Pós-Graduação (Mestrado e Doutorado) em Ciências Criminais da PUCRS

Prólogo

Este trabalho pretende cobrir a necessidade eminentemente prática de brindar a meus alunos – de graduação e pós-graduação – um texto sistemático que se adapte ao programa de meus cursos, que leciono em várias universidades nacionais da Argentina e em diversas universidades de outros países latino-americanos. O objetivo do texto é não soterrar o leitor-estudante com meu excessivo acúmulo de informação, que nem sempre resulta eficaz para clarificar temas centrais. Devo remarcar o caráter de esforçada síntese destas páginas. Discernir uma linha de raciocínio e exposição criminológica que leve em linha de consideração sua evolução histórica, suas correntes, seus métodos e representantes, é uma tarefa muito árdua, que poucos estão dispostos a empreender, o que implica uma missão destinada a ficar inacabada, forçada aos resumos, simplificações e omissões, involuntárias e das outras. Também resulta impossível abarcar de um modo satisfatório o que se publicou na América Latina, por sua magnitude, por uma relativa incomunicação prévia entre países distanciados por idiossincrasias diversas, agora aproximadas pelos novos meios eletrônicos. É óbvio que já existem manuais da matéria, alguns muito exaustivos, como os do espanhol García-Pablos de Molina, o mais recente de Gabriel Anitua[1] e vários mais que se detalham na bibliografia geral. Todavia, por excesso ou por falta, é difícil adaptar um único texto a um curso que se propõe a metas sempre relacionadas com a visão pessoal de seu condutor. Algum professor simpatizará pelo Positivismo, outro, pela Medicina Forense, e outros ainda, pelas investigações sociológicas, psicossociais ou antropológicas. Haverá quem se interesse pela história criminológica – como no meu caso – e também que vai diretamente a um tema específico de sua preferência, como poderia ser a natureza do controle social ou os temas prisão, polícia, menores, sistemas punitivos etc.

[1] GARCÍA-PABLOS DE MOLINA, Antonio. *Manual de Criminología*. Madrid: Espasa-Calpe, 1988. Ver meu comentário bibliográfico em *Doctrina Penal*, n. 46/47, Buenos Aires, 1989. ANITUA, Gabriel. *Historias de los pensamientos criminológicos*. Buenos Aires: Editores del Porto, 2005. Por certo esses trabalhos excedem a extensão e características daquilo que o *Diccionario de la lengua española* da Real Academia define como "manual".

Dada a atomização gnoseológica que vive a matéria na atualidade, torna-se cada vez mais freqüente a publicação de textos com recompilações de vários autores, cada um dos quais sustentando aspectos do controle a partir de enfoques diversos, que guardam escassa interconexão recíproca.

Por tudo isso, o propósito deste manual é simples: pretendo dotar os estudiosos – como antecipei – de um texto básico que lhes permita seguir as aulas com um fio condutor que – não me cansarei de repetir – *deve ser constantemente enriquecido com a bibliografia de fundo que em cada caso se recomenda*, ou a que os estudantes podem procurar por si mesmos.

Se o objetivo inicial é prático, isso não significa que o trabalho se desinteresse do rigor teórico. Pelo contrário, essa síntese resultou das gravações de meus cursos, com retoques e ampliações, mas fundamentalmente com a experiência de intensas discussões com os que foram meus alunos de pós-graduação, entre os quais se encontram muitos professores universitários de excelente nível.

Tal como ocorreu em edições anteriores, tive de incorporar novos elementos, tirar outros, corrigir e ampliar. As modificações são tantas e de tal extensão que poderia mesmo falar de um novo manual, mais adaptado à marcha dos acontecimentos do século XXI. Neste livro, incorpora-se a análise dos efeitos sociais e econômicos da globalização, em particular sobre temas como a insegurança e os novos modelos de controle nacionais e transnacionais. Não deixa de ser apaixonante esta obrigação de renovar, imposta pelos fatos: já houve várias publicações em vários países, dando uma difusão continental ao texto. Posso afirmar, então, que o manual adquiriu vida própria e me submete a constantes exigências. A meus leitores e alunos de língua portuguesa, muito obrigado.

Buenos Aires, fevereiro de 2009.

Introdução

Os cursos de Criminologia em nossas universidades respondem a uma necessidade de conhecimento insuperável sem o aporte dessa disciplina: *o aprofundamento interpretativo das ciências penais a partir de enfoques não-normativos*, e, conseqüentemente, muito dinâmicos, ligados aos processos sociais em constante mudança e crises, em oposição à estabilidade e rigidez das estruturas legais que, justamente, são mera formalização conjuntural de uma seleção de valores.

O enfoque criminológico *não só não é jurídico, mas tampouco necessita ser exclusivo de alguma outra disciplina,* porque, como se verá, a Criminologia se entende como uma estruturação de conhecimentos de variada procedência que se articulam entre si.

Metas realistas indicam que esses cursos devem proporcionar *informação*, aquela que não provê os estudos regulares das disciplinas participantes na Criminologia. Por exemplo, as faculdades de Direito normalmente carecem, em seus planos regulares de estudos, da matéria de Criminologia, oferecida em cursos optativos. O ensino essencial para o futuro jurista é o treinamento normativo em Direito Penal e Processual Penal, geralmente sem avaliação alguma de seu funcionamento concreto.

Em suma, a Criminologia permite aos juristas, sociólogos, psicólogos etc. uma possibilidade de análise sistemática e crítica da realidade do controle social, ou específica do controle jurídico-penal, a partir das necessidades e dos propósitos de tais sistemas, sem compromisso teórico algum com eles. Essa disposição intelectual põe o estudioso necessariamente em relação com publicações, autores ou idéias que procedem do campo acadêmico originário a que, em geral, eram anteriormente desconhecidos.

A informação aqui reunida permitirá aos participantes estarem atentos ao que sucede nesse campo de trabalho, identificar os formadores de opinião e os teóricos, registrando a continuidade da sua produção e a coerência de suas idéias.

A *formação* dos estudantes em Criminologia é outra meta a alcançar, que se consegue quando a abertura crítica permite questionar muitos dos conhecimentos científicos prévios (por exemplo, jurídicos), situar as instituições em sua existência dinâmica e descobrir os interesses de todo o tipo que subjazem em sua formalização como estruturas indispensáveis para o funcionamento da vida social. Nesse sentido, a Criminologia com enfoque crítico não proporciona ferramentas técnicas ou práticas nem conhecimentos especialmente orientados a habilitar para um trabalho profissional, como a Advocacia, a Psicologia ou a Medicina. Nossa atividade neste campo não gera incumbências, não permite resolver casos nem tratar pacientes. Possibilita, isso sim, uma revisão teórica cujas conclusões podem determinar importantes mudanças institucionais, legislativas ou, inclusive, de tratamento de clientelas dentro das distintas disciplinas. Já se verá como funciona essa trama de conhecimentos estruturadores da sociedade e sua relação com a Sociologia. O importante é perceber, desde o princípio, que, na maior parte dos casos, os estudantes ingressam em um terreno novo que talvez conheçam fragmentária e contraditoriamente e que não lhes traz motivação alguma pelo estudo dos temas, conformando-os com a mera disponibilidade intelectual de uma nova ferramenta interpretativa.

A última etapa que razoavelmente se pode esperar desses cursos seria a de *promoção da atividade criminológica*, por meio dos quais se descubram, na disciplina, potencialidades de investigação, análises e críticas inéditas e apaixonantes, e permitindo que os participantes se sintam propensos a adquirir um compromisso com ela. É nessa área de interesse que poderão situar-se os futuros investigadores, teóricos e analistas que, por intermédio de experiências, se sentirão atraídos pelos congressos e debates específicos, e que, provavelmente, *começarão* a publicar seus trabalhos e análises, ligando-se de modo mais ou menos regular à busca científica do saber criminológico.

É utópico pensar que aquelas três metas docentes sejam alcançadas por todos os alunos que participem de algum curso, mas, sim, é certo que muitos podem consegui-lo, o que, logicamente, deveria colmar as expectativas do docente. Não obstante, *a informação e a formação são a meta imediata e auto-suficiente dos cursos de pós-graduação.* A capacidade de investigação e trabalho posteriores constituem, pelo contrário, um objetivo mediato que assegura a sobrevivência e o melhoramento futuro da disciplina mediante o trabalho de quem assume um compromisso permanente com ela.

O programa deste Manual é um forçoso recorte do vasto campo de investigação e análise que o conhecimento criminológico acumulou no mundo inteiro ao longo de mais de um século, período no qual seus enfoques foram postos a serviço das mais contraditórias ideologias, desenvolvimentos teóricos e projetos político-criminais. Se a objetividade é impossível na ciência pura, muito mais o é em matéria de ciências sociais, nas quais estamos envolvidos como objeto, sendo sujeito investigador. As idéias e convicções dos criminólogos, para além de certas coincidências centrais, são essencialmente polêmicas e diversas. Em conseqüência, a seleção do espaço que aqui se expõe não é objetiva (nem consciente, nem inconscientemente) e responde, em boa medida, à vivência pessoal da disciplina assumida pelo autor. De todos os modos, a intenção que me move não é *induzir os leitores a pensar de certo modo*, mas, sim, nivelar seus conhecimentos fundamentais sobre Criminologia, quase a brindar-lhes uma crônica dela, a partir da qual se pode assentar a discussão teórica. Se, como me há ocorrido, algum aluno de pós-graduação crê fervorosamente na existência do "delinqüente nato", é preciso que se possa informar também sobre as autorizadas opiniões que renegam essa hipótese e seus fundamentos.

Não só a informação básica deve ser compartilhada para estabelecer um diálogo nessa disciplina, mas também uma série de ferramentas conceituais, dentre as quais se deve assinalar, em primeiro lugar, a linguagem. Sucede que, em Criminologia, se empregam conceitos tomados de diversas disciplinas, aos quais se dão usos indistintos em vários sentidos. Na própria linguagem comum há conceitos com significados unívocos e multívocos, e a questão chega a ser um problema relevante em ciências. No campo epistemológico, tem adquirido grande importância o papel da *semiótica* para dirimir muitos debates interpretativos do que se discute, estabelecendo que as regras que regem os sinais da linguagem são de três tipos: sintáticas, semânticas e pragmáticas. Trata-se da ordem dos signos, das relações entre eles e suas significações, e da relação dos signos com os usuários. A comunicação só é legítima respeitando as normas semióticas correspondentes.[2]

A lógica do pensamento e sua transmissão é, então, um requerimento inicial da atividade em Criminologia, como em qualquer outra disciplina científica, para evitar desenlaces disparatados ou irracionais com fundamentos de aparência científica que, ainda que pareça estranho, se tem formulado reiteradamente na história científica, até a atualidade.[3]

Outra questão de interesse inicial é a de tomar devida nota das diferenças que existem entre saber cotidiano e saber científico, distinguindo claramente o que compõe as explicações pré-científicas, os preconceitos, as "verdades estabelecidas", do que poderia reunir requisitos suficientes para ser tornado por um juízo com base científica.

---

[2] Ver DÍAZ, Esther e HELLER, Mario. *El conocimiento científico*. Buenos Aires: Eudeba, 1989, p. 19.

[3] Em 1996 apareceu – em francês – o livro dos físicos Alan Sokal e Jean Bricmont, *Imposturas intelectuales* (edição em espanhol: Buenos Aires: Paidós, 1999), denunciando incongruências e falsificações conceituais na obra da intelectualidade francesa mais reluzente: Lacan, Kristeva, Baudrillard, Deleuze, Guattari, Virilio, Lyotard, entre outros. Criticam-se muitos textos por serem contraditórios, ou diretamente incompreensíveis, englobando-os em um relativismo conceitual pós-modernista. A obra assinala, minuciosamente, falácias e deformações que, pela via metafórica, analógica e de abstrações caprichosas, invalidariam trabalhos desses autores.

Na Europa dos anos noventa, chegou a adquirir relevância na Criminologia a aplicação de investigações históricas, que vieram a revelar interessantes aspectos, muitas vezes desconhecidos, da evolução disciplinar. Compartilho a convicção sobre a importância do enfoque historicista, a isso explica o espaço que dedico neste trabalho ao estudo da evolução histórica das idéias criminológicas, com referência especial ao acontecido na Argentina, que foi um país precursor na matéria, desde o final do século XIX até meados do XX. As obras de Beccaria, Darwin e Spencer, e as dos representantes italianos e argentinos do positivismo criminológico – Lombroso, Garófalo, Ferri e Ingenieros – merecem uma prolixa análise, orientada à explicação de diversos textos legais e instituições que foram consagradas pela aplicação dessas idéias.

Os desdobramentos criminológicos a partir da Sociologia norte-americana do pós-guerra inauguram uma nova etapa teórica na disciplina, que abandona totalmente o modelo positivista e tem um rico desenvolvimento que chega até a atualidade. Como em outros temas, só serão expostas aqui algumas das correntes teóricas que, a partir da Sociologia, mudaram o panorama analítico da Criminologia. Em particular, será exposto o modo como essas idéias influíram profundamente na América Latina a partir dos anos setenta, por via de diversas recepções prévias, gerando uma forte expansão da chamada Criminologia crítica, caída logo em uma crise de esgotamento teórico após a queda do muro de Berlim e a recomposição global do final do século XX.

É importante recordar que a Sociologia *tem reclamado todo o campo criminológico para si.* A crise teórica atual nas ciências sociais tem favorecido também a irrupção de tendências niilistas ou céticos de franca negação das possibilidades científicas e teóricas de uma Criminologia autônoma ou interdisciplinar. Em um livro cuja parte primeira publiquei em 1996, sustento o ponto de vista oposto, afirmando e defendendo as possibilidades da Criminologia como disciplina autônoma de investigação dos sistemas penais com olhos no presente século.[4] Essa tendência parece ter-se afirmado regionalmente, conforme os debates e a documentação produzida no Congresso Internacional "A Criminologia do século XXI na América Latina", celebrado em Buenos Aires, em setembro de 1999.[5]

---

[4] *Criminologia latino-americana:* teoria e propostas sobre o controle social do terceiro milênio. Tradução de Ruth Gauer e Ney Fayet Júnior. São Paulo: LTr, 2000. A mesma Editora lançou o segundo volume dessa obra em 2002 [Tradução de Ney Fayet Júnior]. Previamente, um autor italiano, Adolfo Ceretti, havia abordado um intento similar em seu trabalho *L'orizzonte artificiale* (*O horizonte artificial, problemas epistemológicos da Criminologia*), CEDAM, Milano, 1992. (Já traduzido ao espanhol: Buenos Aires, Editorial B. de F., 2008, número 5 da Coleção "Memoria Criminológica".)

[5] ELBERT, Carlos A. (coord.). *La Criminología del siglo XXI en América Latina* (Parte Primera). Santa Fe: Rubinzal e Culzoni, 1999. E com os mesmos título e Editora a Parte Segunda, 2002.

Por último, devo dizer que os programas dos meus cursos de pós-graduação se têm estruturado sobre a base dos que desenvolvi entre 1992 e 1994 para a Universidade Nacional do Litoral, a partir dos quais se organizaram os cursos semestrais de pós-graduação para as faculdades de Direito da Universidade Nacional da Patagônia (1995, 1999, 2005 e 2008), da Universidade Nacional do Nordeste (1998), da Universidade Nacional do Sul (2002), da Universidade Nacional do Pampa (2002), da Universidade Nacional de Comahue (2003) e da Universidade Nacional de Buenos Aires (1995 e 1998 a 2008), em cujos cursos das faculdades de Direito, *Criminologia* é uma matéria fundamental obrigatória. Também incluo nessa relação os cursos de pós-graduação ditados no Colégio de Advogados de San Isidro, na Associação de Magistrados de Necochea e na Universidade Nacional de Tucumán e os das universidades do Brasil, do Paraguai, de vários países centro-americanos e de Cuba. O conteúdo do presente manual desenvolve-se seguindo as exigências desses programas.

Agradecerei aos leitores que me façam chegar todo tipo de críticas, sugestões e observações que permitam enriquecer esta ferramenta didática, a maior parte de cujos conteúdos não são criação do autor, mas, sim, patrimônio do conhecimento criminológico acumulado pela disciplina ao longo de quase um século e meio de evolução.

Capítulo I

O acesso ao conhecimento

1. Saber cotidiano, explicações pré-científicas

O conhecimento pré-científico é o que surge de estimativas e valorações diretas dos fenômenos, com base na pura observação ou análise assistemática, nos registros de dados, nas comparações ou medições. Essa via de acesso ao conhecimento está muito ligada às influências subjetivas e, por conseqüência, aos chamados preconceitos, ou seja, juízos apriorísticos muito difundidos, que não podem ser comprovados, mas que, apesar disso, possibilitam a aceitação de algumas verdades aparentes. Por exemplo, "todos os portugueses são burros", "os pobres são preguiçosos e ladrões", "todas as mulheres dirigem mal". O saber comum ou popular está ligado estritamente a experiências práticas, generalizadas a partir de algum caso; nesse sentido, poderia ser-lhe atribuída uma metodologia empírico-indutiva, que, como logo veremos, predomina nas ciências sociais. Não obstante, o saber comum se produz por meio da convivência social, na qual se instalam tabus, superstições, mitos e preconceitos, isto é, verdades estabelecidas que condicionam fortemente a vida social pela pura convicção cultural do grupo.

A maior parte dos juristas que participa dos cursos de Criminologia de pós-graduação tem uma experiência profissional prévia que os atrela vigorosamente às convenções sociais e interpretações jurídicas que reforçam tais convenções. Durante anos, temos tido contato com a realidade do controle formal mediante as tarefas desempenhadas em tribunais, defensorias, prisões e institutos de menores. Acumulamos uma bagagem de experiência da qual nos vangloriamos e que é reconhecida por terceiros como uma forma do saber: e que "emana da experiência". Com o passar do tempo, tornamo-nos "homens de consulta" e chegamos a crer que nossas certezas são pouco menos que irrefutáveis. No entanto, nossa aprendizagem técnica – empírica social – está repleta de preconceitos que costumam afetar seriamente essas capacidades de interpretação adquiridas. Sem querer, forçamos conclusões tendenciosas, que logo incidem intensamente nas decisões "objetivas" e "legais" com as quais seguimos operando sobre a realidade. Quando esses critérios se fixam repetitivamente e alcançam certo grau de elaboração e aceitação pela comunidade jurídica, podem chegar a se constituir em uma ideologia útil para justificar situações em nome de uma suposta objetividade racional normativa ou jurídica, como se o intérprete fosse neutro, e os textos admitissem uma única leitura possível.

A progressão desses raciocínios atribui concludentemente aos excluídos diversos vícios, como a vadiagem, a sujeira, a malícia, a indolência, a brutalidade e a promiscuidade. Chega-se a oferecer como provas da certeza dessa construção que "a vantagem da pobreza é não pagar impostos", pois, na realidade, os pobres têm conforto e, apesar de tudo, sempre se ajeitam para passar bem, o que se comprova com o número de antenas de televisão que existem nas favelas.

A linha de raciocínio anterior é a base para fundamentações de sentido comum que predispõem decisões jurídicas, como a que os presos passam admiravelmente bem nas prisões, com boa comida e alojamento gratuito; tudo isso sem trabalhar. Essa última conclusão, de conteúdo jurídico-criminal, está ligada a preconceitos sociais amplamente aceitos e difundidos.

Pretender opor-se aos discursos arraigados ao saber cotidiano com hierarquia de evidência é extremamente difícil, dada sua natureza e assimilação. Todo o questionamento racional desses pressupostos ideológicos do sistema penal se depara com barreiras emocionais que os defendem.

Quando os partidários da pena de morte se constituem em uma legião, muitos fundamentos partem da pura emoção e até da *biologização* de argumentos sociais, como é preciso "extirpar os órgãos enfermos", "jogar fora a fruta podre" ou "podar a erva-daninha". Esses resultam muito sensatos nos seus campos técnicos de origem, mas não podem transferir-se a um objeto não-biológico, como a sociedade.

Proponho agora um exercício que tome como base a relação que medeia entre pobreza e criminalidade, a partir da evidência de que as prisões estão cheias de pobres e marginais. Poderíamos formular uma interrogação, com essa aparência objetiva que brindam os juízos apriorísticos, a saber: por que os pobres e marginais praticam tantos crimes? A resposta recorreria ao catálogo "causalista", assinalando problemas de educação, de miséria, de ignorância, de carências, ressentimentos e violência (ou seja, o catálogo que se conhece como paradigma causal-explicativo). Todavia, nossa pergunta é uma falácia total. Em primeiro lugar, *todos delinqüimos em algum momento de nossas vidas,* independente de nossa posição social, seja quando nos apoderamos de uma pequena coisa na escola, seja quando retemos um objeto alheio, uma coisa perdida ou um livro emprestado. Ao guardarmos cinzeiros, toalhas ou pesos para papéis como "recordações de viagem"; ao deixarmos de pagar impostos, contrabandeado aparelhos eletrônicos, álcool ou fumo, como acontece diariamente nas cidades de fronteira; ao usarmos o telefone do escritório para resolver questões privadas. Os casais, os sócios e os funcionários em litígio, por exemplo, podem falsificar, muitas vezes a pedido de seus advogados, provas para demonstrarem fatos inexistentes, com testemunhas e documentos falsos, em processos civis, do trabalho, comerciais e até penais. Sabemos que muitos motoristas lesionam ou matam com seus veículos, que fogem após o acidente, ou que encobrem fatos similares cometidos por seus filhos adolescentes com espírito "protetor". Muitos motoristas subornam funcionários para que deixem de lhes aplicar uma multa por uma infração, e outras pessoas – para assinalar fatos mais graves generalizados nas classes médias e altas – negam a paternidade, propiciam a realização de abortos, espancam a suas esposas ou filhos causando-lhes graves danos físicos e psíquicos. São legiões de ex-esposos que se abstêm de cumprir os deveres de assistência familiar, ou os bons pais de família que abusam sexualmente de seus filhos ou empregadas dosmésticas etc.

Como vemos nos exemplos anteriores, a ignorância não tem nada a ver com a realização de condutas antijurídicas consideradas delitos. A existência comprovada de um modelo delitivo chamado de "colarinho branco" anula o valor do ressentimento social como explicação possível. Evidentemente, os grandes empresários e funcionários de alto cargo têm plena identificação com a sociedade em que vivem, na qual pretendem melhorar sua posição. Trata-se, por outro lado, de pessoas bem-educadas e de bons modos, que se destacam na vida social, onde gozam de muito respeito.

Outro freqüente enfoque explicativo falso recorre, como vimos, às fundamentações biológicas, empenhadas em provar a inferioridade de certas raças ou de certos grupos sociais ou culturais que seriam um fardo para a sociedade "decente". Essas explicações positivistas e estigmatizadas conservam um poder que se projeta para além de toda evidência. Por exemplo, na Argentina, não existem negros, mas assim se denominam os marginais e pobres. "Negro" é um atributo polifuncional, que pode referir-se aos excluídos que vêm do interior, aos habitantes dos bairros periféricos ou a seres considerados inferiores na escala social em geral. Trata-se de um conceito que não exige esclarecimentos, na medida em que, evidentemente, não é um dado da realidade. Explicações desse tipo têm alimentado a Criminologia – como veremos nos próximos capítulos – como uma ciência respeitável e objetiva durante meio século, com a convicção de que possuíam categoria científica.

Em conclusão, as elucidações de saber comum possuem a propriedade de constituir-se facilmente em explicações ideológicas com aparência científica, capazes de alcançar amplo consenso. Em outras palavras, chega-se a crer nessas proposições com a certeza de que possuem uma categoria de conhecimento superior.

É preciso recordar que a ciência tampouco proporciona verdades absolutas ou definitivas, mas sua estrutura de conhecimento mais complexa e exigente propicia maior possibilidade de certeza.

Se o conhecimento cotidiano está à base de toda especulação racional, seria um erro idealizar seus méritos e suas possibilidades. Malinowski, um estudioso das culturas primitivas, assinalou que "se entendemos por ciência um *corpus* de regras e concepções baseadas na experiência e derivadas dela por inferência lógica, personificadas em conquistas materiais em uma forma permanente de tradição, continuada, além disso, por alguma sorte de organização social, então não há dúvida de que inclusive as comunidades selvagens menos evoluídas possuem os princípios da ciência, por mais que esses sejam rudimentares". Contudo, o mesmo autor reconhece que "é certo, a toda evidência, que a maior parte dos epistemólogos não se satisfaria com tal 'definição mínima de ciência', pois também poderia ser válida para as regras de uma arte ou oficio".[6]

Veremos logo como certas explicações de corte biológico ou intuitivas chegaram a alcançar *status* científico com o positivismo, segundo foram desvendando a Epistemologia, a Sociologia e a Psicologia social, permitindo-nos ver, a partir da perspectiva de nossa disciplina, por que essas classes de argumentos são tão sedutoras e aparentemente exitosas, apesar de sua falácia.

Analisemos agora, brevemente, o efeito que o fenômeno criminal provoca na cultura, adiantando que é muito intenso e motivador. Grande parte do interesse pelo crime e pela transgressão das normas é inconsciente e arraigado em setores obscuros de nossa personalidade. Assim se demonstra o êxito permanente das publicações sensacionalistas, desde a generalização da imprensa escrita. A narração minuciosa dos feitos antigos, e hoje as fotografias e filmagens mais cruéis, abrem interessantes campos de análise à Psicologia e à Antropologia. É possível que quem se interessa por esses fenômenos, até mesmo um simples cidadão, detenha uma admiração oculta pelo transgressor, um desejo individual de atrever-se a tanto ou uma abjeção profunda que provenha de traumas ou vivências negativas passadas. O certo é que o interesse (que pode traduzir-se em morbidez, deleite ou repulsa) pelo crime criou um mercado de informação e espetáculo que inclui uma respeitável tradição na literatura policial, em documentários, no romance ou no cinema.

O crime, na consciência coletiva, é, basicamente, o mal, a face negativa dos instintos e apetites humanos. O conceito de "mal", por outro lado, está ligado a idéias religiosas muito arraigadas na formação cultural de nossa área e ainda mais em outras culturas, como as islâmicas, nas quais o Alcorão per-

[6] MALINOWSKI, Bronislaw. *Magia, ciencia y religión*. España: Planeta-Agostini, 1994, p. 29.

mite resolver, segundo as leis de Talião, conflitos com condutas proibidas. Todos querem ser detetives, todos querem opinar sobre um crime, todos querem ser juízes ou carrascos em certos casos que apresentem muita repercussão popular. *Todos querem livrar a sociedade de criminosos, o que é uma extirpação do mal,* no melhor estilo São Jorge contra o Dragão, que os positivistas traduziram como uma "cura da sociedade". Evidentemente, sentir-nos-emos melhor se exorcizarmos o mal, mas algumas tentativas de alcançá-lo conduziram à Inquisição, à caça às bruxas, às matanças de negros, judeus e outras minorias; todos esses erros irracionais, consumados com declarado afã de fazer o bem, dos quais a consciência atual deve tirar conclusões. A intenção de extirpar o mal (o delito), "curando a sociedade", está, seguramente, ligada a mecanismos psicológicos atávicos, a crenças e superstições que se expressam, ainda hoje, em mecanismos como as oferendas ou o bode expiatório.

Recapitulando, o preconceito é um conceito apriorístico e falso que, empregado como ferramenta, produz diversos efeitos sociais que veremos em seguida. Freqüentemente, os preconceitos são generalizados mediante *estereótipos* que consistem na adjudicação de características especiais ou abstratas a pessoas ou a grupos de pessoas, de modo automático, que o pensamento científico não pode confirmar. É conhecida, por exemplo, a imagem do ladrão, representado com gorro xadrez, camiseta listrada, máscara e nariz quebrado. Assim será encontrado nas novelas e no cinema, e qualquer pessoa encontrada à noite com alguma dessas características será denunciada como suspeita.

Raúl González Tuñón zombou poeticamente desse estereótipo, quando escreveu:

> Os ladrões usam gorro cinza, cachecol escuro e camiseta listrada e se não, não.
> Alguns levam uma lanterna escondida no bolso.
> Por outro lado, se apaixonam por robustas mulheres, colecionam cartões postais e às vezes ostentam uma tatuagem no braço esquerdo: uma flor, um barco, um nome: ROSITA.
> Todos os ladrões estão enamorados por Rosita, e eu também.

Geralmente, essas ferramentas se aplicam a fim de estabelecer distâncias, separações e estruturar o social em hierarquias de pertinência ou exclusão. Desde muito pequenos, somos treinados a usar esses mecanismos, o que explica o grau de internalização nas pessoas adultas. No lar e na escola, ensina-se às crianças quem são "boas e más pessoas" e, especialmente, quem são as "boas companhias" com as quais podem estabelecer amizade. Os valores do lar são honrados como verdadeiros e sublimes e logo reproduzidos para as gerações seguintes. É certo que, na atualidade, o modelo familiar está debilitado, e a liberalidade é a regra na relação com os filhos; no entanto, o modelo ainda tem muita vigência, sobretudo em sociedades tradicionais e conservadoras. Os pais costumam parecer grandiosos para o filho pequeno, como parte de um processo de mitificação que se desmorona, em certa medida, com o tempo. Não obstante, os valores que esses pais inculcaram costumam se fixar no inconsciente até no dos filhos iconoclastas. Os preconceitos e estereótipos costumam operar como uma expressão do conflito de grupos em sociedade, *afastando os diferentes e enaltecendo o seu próprio segmento social.* Essas ferramentas são poderosas, porque são usadas para neutralizar, prejudicar ou eliminar rivais. Há rivalidade por muitos motivos: trata-se de potenciais competidores por um cargo, um negócio ou alguma vantagem, em suma, de pessoas que aspiram ao mesmo que outras. Em toda sociedade há grupos ou forças que se opõem e que mantêm uma luta silenciosa por poderes ou privilégios. As diferenças podem ser de classe, nacionalidade, religião, hierarquia profissional e outras.

As diferenças de classe estabelecem barreiras naturais e visíveis no modo de se estruturar a vida em sociedade. Diversos sinais externos adquirem, assim, grande relevância, como o vestuário, o perfume, o bairro de residência ou o carro que se dirige. Esses *códigos de sinais* variam com o tempo, e pode-se ver, por exemplo, como há zonas urbanas que se desvalorizam, gerando êxodos para outros lugares. Ao longo da história, verifica-se que a geografia social interna de uma cidade é rotativa. Como esses, há uma infinidade de *símbolos de distância* que funcionam sob a percepção recíproca de nossos contatos sociais, relações de amizade, de competência, ou classe, aspecto físico, cor, vestuário etc. Tais signos permitem identificações imediatas no meio da massa ativa de pessoas; assim, mostra-se ilustrativa uma experiência social que se levou a cabo na Alemanha, comparando as reações do público com base na identidade sociocultural. Foram situadas duas pessoas, uma bem vestida e outra esfarrapada e suja, em diversos semáforos para pedestres, comprovando-se que, quando a primeira cruzava o semáforo com luz vermelha, a maioria das pessoas tendia a segui-la. Em compensação, a indigente, ninguém seguia, pelo contrário, as pessoas reunidas no local repreendiam-na, criticavam ou insultavam-na.

Falamos antes de bode expiatório, que é um instituto que a Psicologia explica como um *mecanismo projetor,* ou seja, a tendência de projetar nos outros os vícios, defeitos e erros que não suportamos em nós mesmos. É lembrada a imagem religiosa das oferendas, pela qual se sacrificava um bem importante, animal ou humano, a fim de contar com a complacência dos deuses. Nos sacrifícios humanos maias e astecas, o papel do sacrificado (oferenda) era altamente conceituado e inclusive invejado, porque se tratava dos melhores guerreiros ou desportistas da comunidade os quais, por outro lado, ganhavam a graça dos deuses por mais tempo. Hoje, como ressaibo dos velhos costumes religiosos, segue existindo a vítima propiciatória, porém com outras características: agora se trata de uma pessoa a que, coletivamente, se atribuem vícios, defeitos ou culpas dos quais se vêem livres os demais. Assim como o preconceito leva a definições, o mecanismo do bode expiatório é uma ferramenta de ataque-exclusão que pode alcançar formas discriminatórias severas, geralmente dirigidas contra o mais fraco, exposto e carente de poder no grupo social. Recordemos que, dentro de cada família, há uma "ovelha negra" que carrega os defeitos de todos e que, geralmente, foi o filho tímido, de caráter débil ou introvertido. Mecanismos parecidos repetem-se nas escolas e nos escritórios, onde sempre a alguém cabe fazer o papel de tolo e ser o alvo de gozações.

Na sociedade, há setores que têm alto grau de "cobertura", e outros que padecem de uma forte exposição que se acentua quanto mais abaixo se encontrem na escala social. Chamamos "cobertura" a disponibilidade de recursos para superar situações críticas ou difíceis (por vias legais ou ilegais) e "exposição" ao contrário. Como se verá neste curso, a *exposição social* tem importante influência para definir a criminalidade e atribuir papéis criminais ou "desviados".

O estereótipo é, então, a adjudicação apriorística de características não-confirmadas pela razão, ciência ou experimentação a pessoas, grupos, raças ou nacionalidades, para assinalá-los e detectá-los sem análise prévia. Nossa cultura está repleta desses lugares-comuns, estereotipados, especialmente aos que aludem a nacionalidades ou regiões: os franceses não se banham, os portugueses são tontos, os judeus são avaros, os italianos gritam etc. De habitantes de certas regiões, diz-se que são simpáticos ou antipáticos, falsos ou leais, honestos ou ladrões. Muitas vezes, um estereótipo é confirmado institucionalmente, transformando-se em uma desqualificação permanente da pessoa. Por exemplo, descobre-se que o autor de um roubo à mão-armada é feio, mal-encarado, que tem antecedentes policiais, é alcoólatra, abandonou seus filhos etc. Nesses casos, dizemos que tal sujeito corporifica um processo de estigmatização. O estigma é uma marca oficial, que antes era gravado a fogo nas costas ou no rosto de escravos ou sujeitos que cometiam certas ações. Nossos estigmas, hoje, parecem menos severos, mas nem por isso são menos eficazes para discriminar e segregar. Por exemplo, dizer que alguém esteve na prisão, ou que cumpriu pena, tornará muito mais difícil toda tentativa de inserção social. Tão grave é essa marca que a ciência jurídica a tem repreendido e, por tal motivo, nem os diplomas da Universidade de Buenos Aires, outorgados a detentos que cursam carreiras terciárias do Plano UBA XXI, nem os registros universitários, possuem referências à condição de detento do estudante. Também o artigo 51 do Código Penal argentino impede registrar antecedentes que somente cumpram função estigmatizante.

Para o dicionário da Real Academia Espanhola, "estigma" é um desdouro, afronta, má fama e tem transcendência aos familiares como um insulto grave. As condições consideradas negativas pela sociedade desqualificam, criam dificuldades, fecham portas e terminam relações, transmitindo-se, em muitos casos, aos familiares do estigmatizado. Por exemplo, a condição de prostituta, homossexual, drogado, alcoólatra, delinqüente, aidético etc. Um estudo magnífico sobre o tema é o trabalho de Goffman, por meio do qual se pode, proveitosamente, ampliá-lo.[7]

Chegando a este ponto, estamos em condições de conhecer algumas das reservas que merecem o saber cotidiano e o proveniente da experiência profissional. É certo que algumas explicações pré-científicas resistem à passagem do tempo, superando a vigência de alguns paradigmas científicos, mas sua capacidade explicativa costuma ser muito reduzida. Vejamos, então, o que nos pode oferecer, por oposição, o chamado conhecimento científico.

2. As dificuldades e vantagens do saber científico

A possibilidade de conhecer cientificamente a realidade é altamente sedutora, porque é vivenciada como saber assegurado, comprovado, de categoria superior. Trata-se – dizemos – de um conhecimento confiável, organizado sobre a base de princípios explicativos que, em geral, são verificáveis ou sustentáveis. No entanto, é paradoxal o quão difícil é definir a ciência, quando parecera se cuidar de um conceito tão importante e óbvio. No estágio atual de evolução epistemológica, deve-se aceitar, por exemplo, que não existe uma noção unívoca de ciência que não tenha resposta precisa. Não obstante, existem importantes definições, como a de Husserl, que sustentou que ciência é "Um certo universo de proposições [...] que surge de modo constante da atividade teórica e em cujo ordenamento sistemático um certo universo de objetos alcança sua determinação".[8] Ainda há muitas outras, de autores reconhecidos, que não coincidem com ela, entre outras coisas, porque cada época tem aplicado uma noção distinta de ciência que surge, como veremos, do que se denominam os "paradigmas científicos dominantes" em um momento histórico.

O grave problema que norteia a definição de ciência resulta de seus perfis mutantes, porque é histórica, contingente e objeto de constante reelaboração epistemológica. No cotejo do saber científico com o cotidiano, a ciência parece oferecer uma opção segura, rigorosa, exata, precisa, na qual se poderia confiar plenamente. No entanto, tal intuição não encontra sempre correspondência com a realidade; hoje, muitos epistemólogos negam sincera e claramente a possibilidade de definir a ciência, porque cada dado que se integra nela deixa automaticamente excluídas certas parcelas do conhecimento possível. Não obstante, creio – junto com numerosos epistemólogos

---

[7] GOFFMAN, Erving. *Estigma*. La identidad deteriorada. Buenos Aires: Amorrortu, 1980.

[8] Em *Teoría crítica*. Buenos Aires: Amorrortu, 1990, p. 224.

de opinião mais autorizada – na necessidade e possibilidade de delimitar um conhecimento científico como um saber que se distinga de outras vias de conhecimento, porque a ciência deve obter descobertas e conclusões mediante métodos ou fundando-se em argumentos que permitam sua evolução, ou seja, submetendo-se à prova, com a obrigação moral e material de admitir erros. Quem afirma trabalhar cientificamente tem a obrigação de exibir os conhecimentos conquistados, justificando sempre como os obteve. O cientista não deve emitir opiniões caprichosas, repetir o que escuta ou se mover no nível da conversa de café. Pelo contrário, contrai sérias responsabilidades sobre o que afirma, porque lhe foi concedida uma credibilidade especial, uma confiabilidade que deve se assegurar em cada uma de suas proposições. *Fazer ciência é, a meu entender, um grau especial de responsabilidade moral.*

Na atualidade, é preciso sustentar um conceito aberto de ciência, porque se tem compreendido os excessos em que caíram algumas escolas científicas, pretendendo encapsular o desenvolvimento do conhecimento científico dentro de parâmetros rígidos, tal como aconteceu com o positivismo. Pelo contrário, no fim do século XX, ficou demonstrado que não existem sobre a Terra verdades definitivas nem absolutas, nem sequer na Física ou na Astronomia.

De todo modo, se conseguíssemos definir o que é ciência ou nos conformar com alguma de suas concepções, caber-nos-iam outras tarefas árduas, como precisar se as ciências sociais são realmente ciências. Caso a resposta seja positiva, fica, ainda, a pergunta sobre a cientificidade da Criminologia, da qual me ocupo com vagar em outra obra e em outro capítulo.[9]

A opção pelo modelo científico não implica que fiquemos a salvo dos riscos que dizem respeito ao saber comum ou cotidiano. Já se verá que a cultura individual, com seus preconceitos e suas vaidades, penetra também no campo científico, distorcendo muitas conclusões. Por esse motivo, as ciências sociais apresentam importantes problemas ainda sem solução satisfatória, como o da verificação, devido à natureza do objeto de estudo: o *social é extremamente difícil de medir, quantificar e verificar.* Por outro lado, o pesquisador social não tem perante si um objeto inerte que deve analisar, mas *está imerso pessoalmente dentro do objeto que analisa.* Todos os reparos que formulamos ao saber cotidiano valem, então, para o exercício das ciências sociais, porque sua objetividade é extremamente discutível, ou pelo menos muito difícil de alcançar. Um biólogo ou um físico são estranhos aos objetos que manipulam e podem afirmar com maior propriedade sua "falta de contaminação" da matéria analisada. Não sucede o mesmo a um sociólogo ou a um jurista que, como vimos, trazem uma carga de cultura e socialização que

[9] Ver o meu livro *Criminologia latino-americana*, obra citada, 2000.

pode encerrar armadilhas como os preconceitos e outras subjetividades que relativizam as conclusões obtidas.

Antecipamos então que tanto no saber cotidiano quanto no científico existe o problema da subjetividade do observador, presente dentro do observado. Veremos, no próximo capítulo, quais as precauções a ciência adota para sobrelevar uma situação tão complexa.

3. Saber científico, Iluminismo e razão

O que hoje ainda denominamos "saber científico" está estreitamente ligado ao ideal iluminista, fonte de nossos conhecimentos e nossas instituições, que finalmente entrou em uma profunda crise ao longo do século XX, particularmente em suas últimas décadas. Sabemos que a Ilustração foi um fabuloso movimento cultural do século XVIII, com epicentro na França republicana, que laicizou o sistema político, eliminando a monarquia, gerando os sistemas constitucionais ainda vigentes que colocam o cidadão no centro do sistema, considerando que o princípio de igualdade abarca todos os habitantes de uma nação, fixando-lhes idênticos direitos e possibilidades. No campo científico, o Iluminismo caracterizou-se por sua fé na razão, como aptidão humana capaz de todas as explicações e todas as transformações. O aprimoramento da humanidade somente poderia vir por meio da educação e da difusão do ideário estabelecido pela Revolução Francesa, que devia se expandir pelo mundo, iluminando com sua potencialidade todas as zonas obscuras que a ignorância do passado havia constituído em obstáculos ao progresso. *O progresso, por outro lado, volta-se à utopia fundamental do sistema, sendo considerado como linear, perpétuo e fatal.* A humanidade devia alcançar, mediante esse sistema de idéias presidido pela razão, a solução de todos os seus males, de todos os fatores de atraso e infelicidade. Essa capacidade absoluta atribuída à razão humana, e a ingênua fé na inviolabilidade dos princípios fundamentais, escritos nas constituições, pareceu encontrar uma confirmação inicial no século XIX e princípios do XX; todavia, logo se pôde perceber, cada vez com maior nitidez, que a razão tinha limites e era capaz de produzir também resultados espantosos em total contradição com o discurso proclamado.[10]

O certo é que tanto nossas instituições jurídicas atuais quanto nossa compreensão do fenômeno científico estão profundamente ligadas ao ideal iluminista, aspecto que convém realçar, porque se trata de idéias que se fecharam em

[10] Ver ADORNO, Theodor. "La educación después de Auschwitz", em *Delito y sociedad,* Buenos Aires, n° 3, 1993, p. 39.

si mesmas até proporcionarem explicações absolutas com pretensão de verdade, o que não é possível admitir no campo do pensamento e da investigação.[11]

As ciências sociais são ciências "jovens" que foram nascendo por imitação das chamadas ciências "duras" e as precederam largamente em sua evolução teórica, sistemática e metodológica. Nossas ciências sociais nascem pela necessidade de dar suporte teórico e compreensão racional às novas instituições que o Iluminismo foi concebendo e expandindo pelo planeta, tal como era seu propósito. A Sociologia é, nesse sentido, paradigmática, porque o crescimento das cidades, a Revolução Industrial, os movimentos de massas, requereram, em um dado momento, interpretação, explicação e previsibilidade. Esses saberes diretamente não existiam até que se impôs a evidência de que há uma realidade social diferente das pessoas que a compõem, e essa se desenvolve com princípios e reações distintas aos indivíduos.

Havíamos descrito a ciência como um *saber assegurado,* que o Dicionário da Real Academia define nestes termos: "Corpo de doutrina metodicamente formado e ordenado que constitui um ramo particular do saber humano". Também dissemos que a ciência era histórica, porque seu conceito e seus conteúdos variam com o passar do tempo, as necessidades e os desafios que afrontam a humanidade em cada época. Houve um pensamento, hoje chamado clássico, que floresceu na Grécia, marcado pela especulação lógica fundamental. Muitas dessas regras lógicas do raciocínio correto ficaram consagradas para sempre, e poder-se-ia deduzir que *essa seria a verdadeira ciência.* Não obstante, as necessidades humanas impulsionaram em outra direção, precisamente a de conhecer e dominar os processos da natureza. Quando se consagrou *o modelo de investigação experimental,* cujas estrelas intelectuais são Galileu e Newton, o saber superior passou a se apoiar no domínio do curso da experiência, superando o anterior saber técnico artesanal. A ciência experimental, com sua interpretação dos processos materiais e seus efeitos concretos, afastou-se daquela especulação filosófica abstrata sobre as razões profundas. O modelo experimental ocupou-se, a partir de então, de outros fenômenos, com outra metodologia e outras finalidades. Deixou por isso de ser ciência o pensamento clássico? Qual ciência é verdadeira: a fundamental ou a experimental? Veremos que não se pode responder a essas interrogações com tanta simplicidade como as que reivindicam as perguntas. Em primeiro lugar, não há uma ciência *verdadeira,* mas apenas, como em todos os assuntos humanos, *modelos explicativos* que podem ter uma vigência e uma utilidade mais intensa em um dado momento histórico. Cada mudança de modelo explicativo constitui o que hoje comumente se denomina, mas com pouca precisão, *mudança de paradigma.* Cabe destacar que, na história da ciência, a evolução não termina com o modelo experimental. Com a ciência experi-

[11] Ver em meu livro *Criminologia latino-americana,* obra citada, 2000, Capítulo XVI, "A ciência e a crise da razão".

mental, o homem lançou-se a dominar racionalmente o curso da realidade, e os êxitos alcançados deram grande prestígio a essa idéia do saber *superior,* que se estruturou metódica e ordenadamente, evoluindo nessa direção até que a eclosão iluminista, à mercê do formidável aporte metodológico de Bacon e Descartes, impôs um novo paradigma: agora a razão passou a constituir a substância última do real, por via da qual se chega a uma fé cega no progresso indefinido e na capacidade humana de resolver tudo. Assim, entenderam-no Montesquieu, Voltaire, Diderot, D'Alembert e logo outros teóricos, no ponto de nascimento das ciências sociais, condicionadas pelo saber experimental precedente que logo o positivismo imitará até a exasperação.

A razão entronizada tornou-se, então, uma mediadora infalível "da verdade", gerando uma idealização arrogante e extrema da noção de ciência. A realidade reduz-se, erroneamente, àquilo que aprovava a ciência, considerada, de fato, estática e definitiva. Por esses caminhos, a ciência chegou a encerrar-se em si mesma, petrificando-se de um modo hoje inaceitável. Aludindo aos excessos do positivismo na questão epistemológica e sua obsessão de classificar as ciências, disse Geymonat que "o vício original radicado em sua base era a pretensão inconfessa de aplicar ao conhecimento científico uma categoria característica da velha metafísica, a sistematização absoluta, a absoluta coerência lógica das investigações. Em contrapartida, a história humana, em seu caráter concreto, demonstra que o pensamento científico se ramifica em novas formas, relacionadas a inumeráveis circunstâncias, a fatos não previsíveis nem sistematizáveis em uma única fórmula *a priori.* A pretensão de descobrir uma classificação de todas as ciências, sem dúvida, tendia a deter aquele desenvolvimento e a circunscrevê-lo a limites preconcebidos, o que engendrou o seu fracasso, na medida da impossibilidade de apresentar uma solução que não fora irremediavelmente dogmática".[12]

4. Métodos, paradigmas, revoluções científicas

Como acabamos de ver, há vários conceitos-chave que reclamam nossa atenção: as noções de *epistemologia, método e paradigma científico.* O pouco esmero com que tem sido empregada a terminologia dentro das distintas ciências, particularmente em seus contatos recíprocos e inter-relações, torna imperioso que nos ocupemos de unificar nosso vocabulário técnico antes de continuar com o desenvolvimento desses temas.

Klimovsky adverte que muitos autores utilizam a palavra "epistemologia" para designar algo que em nosso meio se denomina teoria do co-

[12] GEYMONAT, Ludovico. *El pensamiento científico.* 12ª ed. Buenos Aires: Eudeba, [s.d.], p. 51.

nhecimento ou gnoseologia, ou seja, a parte da Filosofia que se ocupa do conhecimento geral, seja o comum, científico ou filosófico. Por sua vez, o conhecido epistemólogo argentino emprega o conceito em sua acepção mais restrita: a de referi-la exclusivamente ao conhecimento científico. A epistemologia se ocuparia de investigar as circunstâncias históricas, psicológicas e sociológicas que conduzem à obtenção do conhecimento científico e aos critérios com os quais se justificam ou invalidam esses conhecimentos. Disse Klimovsky:

> O epistemólogo formula-se uma pergunta de crucial importância para compreender e analisar a significação cultural da ciência na atualidade: por que devemos crer naquilo que afirmam os cientistas. Não aceita sem crítica o conhecimento científico, mas sim, examina-o do modo mais objetivo possível. Igualmente a um filósofo, frente a qualquer teoria (independente de estar apoiada pela tradição ou que seja muito recente), perguntar-se-á por sua aparição como fenômeno histórico, social ou psicológico, por que há que considerá-la boa ou má, ou quais são os critérios para decidir se uma teoria é melhor ou pior que outra. A epistemologia é, por isso, uma atividade crítica que se dirige a todo o campo da ciência.[13]

Quanto ao método, surgem alguns equívocos que é preciso levar em consideração desde o início deste curso. Podemos adiantar, elementarmente, que a ciência busca o saber por determinados caminhos ou vias de acesso. As maneiras de recorrer a esses caminhos são o que poderíamos definir como métodos. O conjunto de vários deles seria, então, uma metodologia.

Até aqui tudo parece muito claro, mas sucede que, como a ciência é *uma forma de procurar conhecimento*, se poderia dizer que é, em si mesma, um método de investigação e, por esse motivo, em muitos trabalhos, os conceitos de ciência e método são empregados como sinônimos. Além disso, muitas vezes se sobrepõem como equivalentes os conceitos de ciência, teoria e método, porque a noção de "teoria" é empregada como ciência em geral ou em particular. A título de exemplo, pode-se ver o tratamento que dá ao tema o conhecido trabalho de Chalmers, *O que é essa coisa chamada ciência?*[14]

Cabe recordar que as teorias propõem caminhos de investigação oferecidos como os mais adequados e, muitas vezes, *a teoria dominante é utilizada também como sinônimo de ciência.* (Fala-se, por exemplo, de "ciência positiva", identificando o científico com o enfoque positivista.)

Schuster, outro importante epistemólogo argentino, assinala que:

> Certo é que desde concepções diversas da ciência se tem pretendido reivindicar, às vezes, algum tipo de monismo metodológico, seja afirmando o método hipotético-dedutivo, de uma perspectiva, ou o método dialético de outra. Todavia, pensamos que

[13] KLIMOVSKY, Gregorio. *Las desventuras del conocimiento científico*. Una introducción a la epistemología. Buenos Aires: A-Z, 1994, p. 28.

[14] CHALMERS, Alan. *¿Qué es esa cosa llamada ciencia?* Madrid: Siglo XXI, 1982.

esses métodos, de importância reconhecida, se integram junto a outros métodos possíveis da ciência.

O autor amplia posteriormente a exemplificação, dizendo que as ciências sociais poderão utilizar frutiferamente métodos como o axiomático (um método básico das ciências sociais), o indutivo ou o hipotético-dedutivo (empregados nas ciências naturais), assim como métodos mais específicos de seu campo: o abstrato-dedutivo e o dialético, o da compreensão, o fenomenológico e o progressivo-regressivo.

Precisamente, a esse conjunto de métodos nos referiremos no presente trabalho, sem pretender exauri-los, já que muitos deixarão de ser tratados (semióticos, investigação participante, investigação-ação etc.).[15]

Esse autor assinala que, para eleger o modo de trabalho e acesso nas distintas disciplinas, também devem ser consideradas as idéias filosóficas e políticas, que, às vezes, pesam muito no campo das ciências sociais. Assim, é fácil imaginar como se estruturaria a análise econômica de um investigador marxista, ou a de um neoliberal. Deve-se recordar, também, que o método é concebível a partir de distintas perspectivas de acesso ao objeto, por exemplo, como via de valoração das descobertas, questão que, como veremos mais adiante, se relaciona com o problema da objetividade na investigação científica.

5. A classificação das ciências e seus métodos

No campo epistemológico, é tradicional classificar as ciências e disciplinas por seus traços comuns, entre os quais desponta a questão do método. Sem prejuízo de que todas as classificações são meros esquemas sistemáticos, orientadores e provisórios, existe consenso generalizado sobre alguns aspectos do quadro geral das ciências. Uma proposta atual poderia ser a do Figura n° 1.[16]

[15] SCHUSTER, Félix. *El método en las ciencias sociales*. Buenos Aires: Centro Editor de América Latina, 1992, p. 23 e 24. Muito importante sobre o tema é o livro de MIRALLES, Teresa: *Métodos y técnicas de la criminología*. México: Instituto Nacional de Ciencias Penales, 1982.

[16] Figuras realizadas a partir das lições proferidas em 8 e 9 de setembro de 2000, pelo Professor Félix Schuster, no Curso de Especialização em Criminologia que dirigiu em Santa Fé, Argentina.

a) Formais
- Seu objeto é inexistente na realidade
  - Exemplos: matemática lógica
    - Seus enunciados são analíticos (estabelecem relações entre signos). O método: dedutivo

b) Fáticas
- As que têm por objeto: realidades empíricas, fatos
  - Naturais
    - Exemplos: Biologia Medicina
      - Seus enunciados são proposições sintéticas (feitos) O método: a verificação
- As que estudam aspectos da realidade que podem ser problematizados. Objeto: O HOMEM (livre, com linguagem e cultura, a partir de fatos do mundo real)
  - Sociais (ou humanas, culturais, ou espirituais)
    - Exemplos: Direito Sociologia Psicologia Pedagogia
      - Seus enunciados são descritivos
      - PLURIDADE DE MÉTODOS
        - empírico-indutivo
        - hipotético-dedutivo
        - compreensivo
        - dialético
        - interdisciplinar
          - conjunta ou alternativamente

Outro modelo de classificação poderia ser o Figura n° 2.

Ciências
- Formais (método axiomático)
- Fático-naturais
  - indutivo
  - hipotético-dedutivo
- Fático-sociais
  - • método indutivo
  - • método hipotético-dedutivo
  - • método dialético
  - • método fenomenológico (descritivo)
  - • método semiótico
  - • método progressivo-regressivo (Sartre)
  - • método compreensivo
  - • método hermenêutico
  - • método biográfico

Os dois primeiros têm aplicação alternativa, tanto em ciências naturais como sociais

Em algumas *ciências naturais,* como a Física, a Química e a Biologia, a possibilidade de circunscrever os métodos é muito alta. Nessas disciplinas, o método hipotético-dedutivo e a estatística são essenciais para a investigação, o que não ocorre nas *ciências formais,* como a Matemática, nem nas *ciências sociais*, nas quais não se dispõe de estratégias fundamentais de investigação. Ao contrário da metodologia consagrada das ciências naturais, nas *ciências sociais* não se pode superar a diversidade existente e em uso, que inclui, ademais, grande quantidade de *técnicas.*

É oportuno recordar também que a eficácia do método levou a reservar uma supremacia excludente para as ciências experimentais e a sustentar, como têm feito autores de grande nível científico, que *as ciências humanas ou sociais não são realmente ciências, porque não aportam teorias de validez universal, nem dispõem de métodos unitários nem específicos.*

Quando nos ocuparmos de definir o objeto de estudo da Criminologia, veremos que nossa disciplina obtém e se vale de conhecimentos diversos. Se reconhecermos a necessidade de que nessa área científica participem simultaneamente diversas disciplinas sociais, serão suscitadas em nós dificuldades metodológicas das quais é preciso ter, pelo menos, uma idéia prévia.

Geralmente, admite-se que os métodos aplicáveis em Criminologia são empírico-indutivos, com pouca diferença dos utilizados em outras ciências sociais. É preciso partir do empírico, para tanto, analisaremos fatos do mundo real, alguns dos quais são mensuráveis e quantificáveis. Interessar-nos-emos por fatos, e não por argumentos ou silogismos. Analisaremos dados, tiraremos conclusões e as transformaremos em informação. Por esse motivo, quando as conclusões se generalizam, requerem uma grande sistematização ou marco de referência que pode se transformar em uma *teoria.* Apesar de tudo, o método empírico não será excludente em Criminologia, porque nela só se podem alcançar conhecimentos parciais, fragmentários e juízos de probabilidade.

Nas ciências sociais em geral, mas mais acentuadamente na Criminologia que se praticou na América Latina nas últimas duas décadas do século passado, o habitual foi a arbitrariedade, a indiferença ou o capricho no emprego das regras do método, a tal ponto que a maior parte dessa produção, especialmente a do campo crítico, esteve constituída por teorizações de fundamentação livre, ou seja, aquelas que se apóiam principalmente em idéias ou teorias (baseadas em informações, argumentos de autoridade, descrições ou hipóteses não verificáveis ou verificadas), deixando em segundo plano trabalhos sistemáticos de investigação empírica, qualitativa ou quantitativa.[17] Generalizou-se, então, o modelo da investigação independente, autônoma, que pode derivar-se da simples curiosidade do autor, e até de seu próprio capricho, não dirigido diretamente a um fim prático, mas buscando uma melhor compreensão intelectual dos fenômenos.[18] Possivelmente, tais características

[17] A investigação social-qualitativa empregaria, segundo a opinião mais geral, uma pequena quantidade de pessoas a investigar, nenhuma amostragem segundo o princípio da casualidade, tampouco variáveis métricas quantitativas, nem análises estatísticas. À investigação qualitativa pertenceriam: as observações não-estruturadas, entrevistas abertas, discussões grupais, transcrições de diálogos, constâncias filmadas de interações, documentos selecionados. À investigação quantitativa corresponderiam: os índices, testes, formulários de observação, formulários estandardizados e esquemas estruturados para a organização de atas.

[18] Ver Pierre de Bie, "La investigación orientada", em *Corrientes de la investigación en las ciencias sociales*, Tomo 1, Capítulo 2, Madrid: Tecnos-Unesco, 1981.

da investigação se originaram em uma forte rejeição ao empiricismo prévio de algumas ciências sociais, à acumulação de saberes sem valoração filosófica, ou às aporias que desencadeou o positivismo, com seus abusos da *investigação orientada*, ou seja, aquela que se centra em uma problemática social concreta (o delito ou a delinqüência, por exemplo).

Ao final do século XX, a opção de muitos criminólogos pelo marxismo como ideologia ou como teoria social pareceu generalizar o emprego de um "método" *presumivelmente dialético*. Não obstante, nunca se precisaram com clareza seus alcances, dando-os por subentendidos com referências a Marx e Engels. Nos fatos, essa opção metodológica funcionou melhor como simplismo ou anarquia metodológica, privilegiando a formulação de hipóteses ou teorizações a partir de uma perspectiva predominantemente ideológica, seletiva e simplificadora (as classes dominantes como responsáveis de toda a criminalidade; as dominadas, como vítimas sociais). De certo modo, atuou-se a partir da convicção de que possuir uma ideologia "correta" autorizava a interpretar a realidade de qualquer forma, incluindo subjetividades e idealizações diversas, sempre que visavam ao objetivo final de mudança do modelo sociopolítico.[19]

Na realidade, o método dialético não alude ao sistema hegeliano nem à mera oposição de teses e antíteses, mas ao estudo dos conjuntos e elementos constitutivos, às totalidades e suas partes. Como método, caracteriza-se por negar as leis da lógica formal, do geral, abstrato ou discursivo, para ver por trás das afirmações. A dialética nega as leis da lógica, por essas não estarem compreendidas em um conjunto que as supere, já que nenhum elemento é idêntico a si mesmo. A dialética sustenta que os elementos de um mesmo conjunto se condicionam reciprocamente e que, por isso, têm infinidade de graus intermediários entre os gêneros opostos.[20]

Aceita-se também, com freqüência, que o método mais comum a ser aplicado em Criminologia é o *interdisciplinar*. Em princípio, essa denominação não parece oferecer problemas interpretativos: tratar-se-ia de que várias disciplinas confluiriam a investigar um ponto, aportando cada uma seus próprios métodos. A noção de interdisciplinaridade está amplamente difundida não só em Criminologia, mas também em temas como família, educação, menores etc. Contudo, cumpre adiantar que sua existência e viabilidade oferecem amplos flancos de crítica, a tal ponto que afirmá-la requer prender-se à possibilidade ou à casualidade. Voltaremos com mais detalhes sobre esse tema no Capítulo 15.

---

[19] Recomendo ampliar esses temas em meu livro: *Criminologia latino-americana*, obra citada, 2000, Capítulo III: "À procura de um caminho no labirinto metodológico".

[20] GURVITCH, George. *Dialéctica y sociología*. Madrid: Alianza Editorial, 1969.

Quanto ao conceito de *paradigma*, vimos anteriormente alguns exemplos quando aludimos aos modelos científicos dominantes no curso da história. O conceito é uma criação de Kuhn, um físico dedicado a temas de epistemologia, e alude a algo assim como os conjuntos de idéias dominantes em uma comunidade científica em um dado momento da história da ciência. Todavia, a noção é ambígua e tem-se discutido muito em torno dela, obrigando o próprio Kuhn a efetuar correções.

Os paradigmas, nas palavras do autor, seriam as "realizações universalmente reconhecidas que, durante certo tempo, proporcionam modelos de problemas e soluções a uma comunidade científica".[21]

Kuhn sustenta que nas ciências se produzem *revoluções,* caracterizadas pela mudança do paradigma ou modelo de ciência precedentemente dominante. A Física de Newton, por exemplo, substituiu as explicações precedentes que eram dominantes na comunidade científica nessa matéria. Outro tanto se pode dizer da teoria da evolução das espécies ou da concepção copernicana do universo. Nosso autor destaca uma série de etapas progressivas, hoje muito questionadas, que constituíram uma evolução próxima à crise e aos processos de ruptura no campo científico, até que essa comunidade decida abandonar o velho modelo e adotar uma nova explicação, mais satisfatória e consensual. Em cada época, seria o consenso dos pesquisadores o que determinaria o que é ciência. Diz Guibourg que: "Esta afirmação pode suscitar alguma estranheza já que soa como afirmar que um conjunto de proposições constitui uma ciência quando geralmente se admite que o é; e tal critério parece decepcionantemente subjetivo, frente à paixão pela objetividade que declamam os cientistas. Todavia, é preciso levar em conta que a história mostra uma constante interação entre fatos e idéias: estas tendem a produzir fatos, mas os novos fatos modificam as idéias preexistentes e assim sucessivamente".[22]

O conceito de revolução em Kuhn é analógico ao que se emprega em política, com características similares. Quando as instituições vigentes não satisfazem as demandas sociais, produzem-se enfrentamentos e divisões na comunidade que, finalmente, se traduzem na troca total ou parcial de instituições. De acordo com Kuhn, os princípios pelos quais se decide a mudança na ciência são do tipo sociológico e psicológico e não se baseiam necessariamente na lógica ou na experiência.[23]

---

[21] KUHN, Thomas. *La estructura de las revoluciones científicas*. Breviarios. México: Fondo de Cultura Económica, 1971, p. 13.

[22] GUIBOURG, Ricardo e outros. *Introducción al conocimiento científico*. Buenos Aires: Eudeba, 1987, p. 189.

[23] Ver *Thomas Kuhn*: de los paradigmas a la teoría evolucionista, de GAETA, Rodolfo e GENTILE, Nélida. Buenos Aires: Eudeba, 1998, p. 18 e 19.

6. Limites do conhecimento científico

Os conceitos de Kuhn têm produzido um grande impacto na epistemologia, e suas noções de paradigma e revolução científica nos ocuparão mais adiante quando analisarmos de forma concreta a natureza científica da Criminologia.

De todo modo, não se pode negar a importância dessas teorizações para compreender a relatividade temporal da ciência, a provisoriedade de seu conceito, a transitoriedade e transformação das idéias ao compasso da evolução histórica das sociedades e de seus problemas. Fica enfatizado, então, mais uma vez o caráter relativo do que chamamos conhecimento científico.

7. Objetividade e ideologia no trabalho científico

Por último, cumpre-nos analisar um problema muito complexo, vinculado à objetividade da ciência. Hoje em dia é cada vez mais difícil afirmar, taxativamente, que a ciência possa ser objetiva. Até as ciências duras se vêem obrigadas, constantemente, a modificar suas concepções, porque novas descobertas, ou novas propriedades dos elementos, levam a reformular teorias que se acreditava definitivamente estabelecidas. Basta citar o que ocorre na Astronomia ou na Astrofísica. Por outro lado, paradigmas ainda vigentes, como a formidável criação de Darwin, têm sofrido tantas modificações, limitações e retoques que é difícil afirmar que se trate das mesmas idéias originárias.

Um dos últimos aportes teóricos de transcendência à postura objetivista foi o de Hans Reichenbach, em seu livro intitulado *Experiência e predição*. Nessa obra, o autor introduz o enfoque, que entre nós é aplicado por Klimovsky, segundo o qual se deve diferenciar, quando se investiga, entre *contexto de descobrimento* e *contexto de justificação*. O primeiro alude à produção de uma hipótese ou de uma teoria, ou seja, à formulação de uma idéia. Por sua vez, o segundo ocupa-se da validez que se pode atribuir a essas hipóteses, teorias etc. Em outras palavras, se o descobrimento realizado é autêntico ou não, se é certa ou falsa a hipótese, se se podem confirmar as propostas e se isso representa algo útil.

No contexto de descobrimento, quando o investigador formula suas hipóteses, estariam pesando plenamente sobre ele suas circunstâncias biográficas, culturais, psicológicas, sociais, políticas, religiosas etc. Em compensação, no contexto de justificação, abordam-se questões de validação para definir se as hipóteses são corretas, verdadeiras ou falsas, se estão apoiadas em boas premissas, se se pode dar o *status* de uma criação digna de reconhecimento etc.[24]

A objetividade das ciências é um tema arduamente debatido, e seu último reduto defensivo parece encontrar-se no esquema dos contextos de descoberta e verificação. No entanto, não é difícil imaginar que as convicções dos cientistas estejam predispostas por suas visões de mundo e impregnem toda a sua atividade – presumivelmente objetiva – com elas.

Os objetivistas têm sido fortemente questionados, especialmente sobre o confuso final do século XX. Tem-se indicado que, no contexto de verificação, também se penetram fatores externos à ciência, como os subjetivos, inconscientes, e esses condicionamentos do pesquisador em seu contexto de descoberta influirão necessariamente no de justificação. Em momentos de grande radicalização ideológica, como os que viveram na Argentina nas décadas de sessenta e setenta, a impossibilidade de que a ciência fosse ideologicamente neutra deu lugar a riquíssimos e apaixonados debates. Um exemplo disso é o livro *Ciência e ideologia, aportes polêmicos,* onde podemos nos aprofundar sobre toda a complexidade do tema, tão importante em uma etapa como a atual. Por meio dele, podemos nos aprofundar em aspectos como a noção de ideologia e os resultados a que nos conduz a aplicação de suas distintas acepções.[25]

Para concluir, em tempo de resgatar o valor e a ontologia da ciência, mais além do que seja necessária ou útil, parece que a única possibilidade é raciocinar no sentido que propõem Díaz e Heller:

> Uma reflexão sobre a objetividade científica implica superar a separação entre contexto de descoberta e contexto de justificação. Significa compreender a história interna em sua relação com a externa. Do contrário, nos encontraremos com uma realidade cerceada, com um saber mutilado, com uma ciência fossilizada. [...]. A ciência está ligada ao resto do saber e aos jogos de poder. As relações de força, que se dão entre eles, condicionam-se mutuamente. Saber e poder contribuem à estratégia dos acontecimentos. A tarefa da epistemologia deveria ser a de lançar luz em toda multiplicidade do mundo científico e técnico, sem se afastar do resto da realidade. A possibilidade de se delinear um panorama da episteme atual requer assumir a complexidade dos conflitos.[26]

[24] KLIMOVSKY, obra citada, p. 29.

[25] Recolhe contribuições de Klimovsky, Varsavsky e outros. Buenos Aires: Ciencia Nueva, 1975.

[26] DÍAZ e HELLER. *El conocimiento científico,* obra citada, p. 189 e 190.

Capítulo 2

Precedentes e precursores da Criminologia

1. A atração do fenômeno criminal

Havíamos dito anteriormente que o fenômeno criminal despertou sempre uma atração muito forte no público leitor de jornais, revistas e livros, atualmente potencializada pelas vias audiovisuais. É curioso que, perversões à parte, o crime atraia tanto, sendo uma conduta transgressora. De acordo com a imagem que pretendem irradiar a lei e as instituições, caberia pensar que os fenômenos delitivos deveriam despertar repulsa, desprezo e indiferença, mas, na prática, ocorre justamente o contrário. O que ocorre é que a transgressão é tão antiga quanto as normas, porque, onde quer que se estabeleçam, haverá alguém que as desobedeça ou desafie, e nós, os seres sociais, somos parte inseparável desse jogo.

É impossível que um conglomerado social se desenvolva e administre sem considerar as normas de referência; os seres humanos criam signos de identificação sem os quais não poderiam relacionar-se com seus semelhantes. Assim o indicam diversos estudos experimentais realizados no campo da Psicologia e da Sociologia. Mas, tal como o ser humano necessita permanentemente das normas de referência, também as transgride freqüentemente e se vê exposto a suportar certas conseqüências.

A pretensão de construir sociedades ou associações livres do delito é uma utopia absoluta; inclusive, desde Durkheim até hoje, sabemos que certa cota de delinqüência poderia expressar a saúde de uma sociedade, tese que logo analisaremos.

Essa relação norma-transgressão-castigo é um processo em que somos treinados desde a infância. No início da infância, dissuade-se a criança que toca o que não deve (por exemplo, uma tomada de luz) por meio de reprimendas e castigos físicos. Aprendemos pela dor, ou por estímulos desagradáveis, o que não devíamos fazer. Poder-se-ia dizer que aprendemos por meio de mecanismos dissuasivos ou de prevenção especial. Tais mecanismos aplicam-se aos atos mais insignificantes da vida social e também aos mais transcendentes. Talvez desde essas vivências profundas nasça certa admiração ou inveja em relação ao aventureiro que se libera dos grilhões legais e sociais para realizar sua vontade à margem das normas ou contra elas. Por ventura daí nasça a fascinação pelos delinqüentes populares, que se chamaram Robin Hood, Lampião, Jesse James etc., e que chegam até o épico, como no caso dos *cangaceiros* do Brasil ou dos *gauchos* perseguidos do *Martín Fierro*, da Argentina.[27] Em muitos desses casos, deparamos-nos com situações fictícias ou reais de conflito com a autoridade, que obriga determinadas pessoas a fugir da civilização ou a esconder-se dentro dela, seja nos toldos indígenas, seja na clandestinidade de "algum lugar" na selva de pedra. Pessoalmente, penso que essa relação conflitiva dos seres humanos com os costumes, os tabus e as normas da comunidade vem desde o princípio dos tempos, mas, por razões didáticas, considero aconselhável situá-la historicamente em momentos transcendentes da humanidade que possam ser marcados, como as contas de um rosário, como uma série de marcos importantes em direção à construção do que logo acabou se tornando um conjunto de conhecimentos, com categoria científica, sobre o fenômeno criminal: a Criminologia.

2. "Pré-história" da investigação criminológica: o metafísico

Podemos partir com nosso excurso histórico desde o *Código de Hammurabi,* levando em consideração que esse é o primeiro texto codificado que nos chegou completo, de 1700 a.C. até a atualidade, através de quase quatro mil anos de cultura.

Nós, os juristas, abrigamos sempre o sentimento auto-suficiente de que nossa estrutura legal supera técnica e filosoficamente as antigas, mas, não obstante, o passado nos apresenta muitas surpresas, representativas de níveis de justiça que perdemos nos modelos sociais contemporâneos. O *Código de Hammurabi,* mesmo contendo disposições que instituíam castigos muito severos, incluía algumas outras de grande sabedoria; por exemplo, dispunha que pobres e ricos fossem julgados de modo distinto, correspondendo aos últimos a maior severidade em razão das maiores oportunidades que tiveram pelo acesso a melhores bens materiais e culturais.

No antigo Egito, sua relevante civilização praticava um *ritual dos mortos,* celebrado após o falecimento de cada pessoa, entendendo-se que eram os deuses quem efetuavam o juízo final daqueles defuntos. O procedimento consistia em contrapor os méritos do desaparecido com seus defeitos e erros

[27] Ver: CHUMBITA, Hugo. *Jinetes rebeldes (historia del bandolerismo social en la Argentina).* Buenos Aires: Javier Vergara Editor, 2000.

a fim de concluir um veredicto. O parâmetro de valoração era também, nessa cultura, o das oportunidades que a vida havia dado a cada um, para aperfeiçoar-se, ou o contrário. Não cabe dúvida de que, em cada cultura, existem aqueles que, buscando a maior eqüidade dentro da imperfeição humana, ainda com o profundo convencimento de que as instituições vigentes são as melhores possíveis, tentam compreender por que existem pessoas que a elas não se adaptam.

Também é óbvio que tais colocações abrem notáveis espaços éticos e filosóficos para melhorar a co-existência em uma direção mais justa, porque se trata de desenvolver a capacidade de indagação da alma humana, atribuindo-lhe transcendência. Em outras palavras, pretendia-se procurar o sentido da vida por intermédio da proposta de existência que cada pessoa pôde ou quis realizar. Em particular, o forte conteúdo religioso e até teocrático das organizações sociais do passado, até o despotismo ilustrado do século XVIII, freqüentemente, insistia na idéia de uma alma que devia redimir-se mediante castigos que adquiriram um valor metafísico. Na Idade Média, por exemplo, o aprimoramento espiritual e a redenção por via da dor física e da penitência carnal que estavam amplamente difundidos, na religião católica, são até hoje de uso comum às penitências voluntárias de todo tipo.

3. A alma, o corpo e a psique dos transgressores

Em certa etapa histórica, os pensadores deram as costas à "alma" e se concentraram cada vez com maior interesse no corporal como fonte de condutas humanas. Gradualmente, foi-se suspeitando que a hidrofobia não era uma possessão satânica, mas, sim, uma doença do corpo que afetava a mente, algo parecido ao que ocorria também com a epilepsia. Esse deslocamento de interesse científico da alma para os corpos termina de se consagrar com o advento da Modernidade. Assim como Foucault descreve as alternativas do interesse pelo corpo dos condenados como objeto de sanção,[28] houve, no nascimento da Criminologia, um evidente *interesse pelo corpo* como objeto de estudo para explicar as condutas desvaliosas. Esse processo se fortaleceu institucionalmente a partir de duas circunstâncias muito específicas: a aceitação e a generalização, a partir do século XIII, das *autópsias,* que permitiram investigar corpos humanos sem tabus, em busca de dados verificáveis, a cargo de médicos; uma antecipação – diríamos – dos atuais médico-legistas.[29] Por outro lado, o estudo dos corpos vivos não se limitava às ações físicas,

[28] FOUCAULT, Michel. *Vigilar y castigar*. México: Siglo XXI, 1981.

[29] Segundo a investigação de Arturo Lazcano Colodrero, a primeira autópsia praticada na Argentina de que se tem notícias teve lugar em Córdoba, em 22 de outubro de 1700. Ver *La Prensa*, 29.4.1962, segunda sessão.

mas foi abrangendo, em medida crescente, a indagação das *motivações* nos seres vivos. A outra circunstância relevante nessa progressão histórica foi a evolução das normas e dos sistemas de procedimento penal a partir do século XVIII, *incorporando a medicina legal nos processos*, modernização que resta plasmada em uma instituição fundamental do Direito Penal posterior, que é a *inimputabilidade do louco*. Para apreciar devidamente o valor desta mudança, basta compará-la com a situação medieval dos dementes, aos quais, como disse, se atribuíam possessões satânicas e se executavam das formas mais cruéis, como resultado da mistura de ignorância com superstição religiosa.

Posteriormente, a modernização processual teve um marco decisivo, constituído pela Ordenação Processual Penal de Carlos V, a famosa "Carolina",[30] que soube resumir e sistematizar os progressos alcançados na matéria, servindo de plataforma para a evolução posterior de muitas legislações penais do Ocidente. Chegamos assim, então, a processos penais com médico-legistas, peritos e regras cada vez mais orientadas em descobrir a verdade real, a materialidade dos acontecimentos investigados. Desse modo, reúnem-se historicamente os elementos básicos para os primeiros modelos de investigação que poderíamos denominar criminológicos. Agora, sim, eclode abertamente o interesse dos investigadores pela possibilidade de determinar, no aspecto psicofísico, a razão de ser do delito. Por razões didáticas, deixaremos para mais adiante esse ponto do desenvolvimento explicativo, sem esquecer que, nesse panorama histórico, muitas biografias e obras que mostrarei separadamente discorreram com freqüência sobre esse assunto, simultaneamente, ou em uma sucessão não-cronológica. Nesse sentido, vai se analisar, por exemplo, a obra de Lombroso, por um lado, a de Ferri ou Ingenieros, por outro, mas, em geral, esses processos de investigação são contemporâneos dentro da mesma geração de teóricos. Em alguns momentos, será difícil determinar quem é o verdadeiro "pai" de uma tese, como acontece com Darwin, a respeito da gestação de sua teoria.

4. Dúvida, crítica, comprovação: Morus, Beccaria, Howard e Bentham

A investigação criminológica começa – como tudo na ciência – com uma busca de conhecimento racional e fundamentado. É difícil afirmar que uma disciplina nasça repentinamente, por obra de um iluminado ou de uma publicação específica. Parece mais lógico seguir algumas linhas evolutivas do pensamento e da busca até desembocar em um resultado sólido, forjado com contribuições múltiplas. Por esse motivo, podemos dizer que a busca de co-

[30] *Constitutio Criminalis*, sancionada em Ratisbona (Regensburg) em 1532, a qual Lacassagne considerou o primeiro documento que previa uma organização da medicina judicial.

nhecimento científico sobre o fenômeno criminal se originou por meio de três circunstâncias que habitualmente acompanham o processo de investigação: o questionamento das idéias antes dominantes, a crítica à situação reinante e a necessidade crescente de comprovação que se afirmava com o paradigma de ciência do século XIX. Vamos, portanto, examiná-las com vagar.

Os questionamentos às idéias que embasavam a sociedade pré-moderna começam no século XVI, com a publicação da *Utopia,* de Thomas Morus, em 1516. A obra acarretou ao posterior santo conseqüências tão graves que levaram à sua decapitação por negar-se a reconhecer a autoridade espiritual do brutal rei Henrique VIII, de quem nasceu a religião anglicana. O certo é que Morus (Thomas Moro ou More, 1478-1535) fez cambalear a validade da iníqua justiça penal vigente nessa etapa histórica. Historiadores ingleses registraram que, durante o reinado de Henrique VIII, à razão de 2.000 por ano, foram executadas 72.000 pessoas somente pelos delitos de roubo e furto.

Era inevitável que, ao questionar a legitimidade do Direito, Morus entrasse em conflito com o monarca, dado que as leis eram sua própria obra, ou seja, a de Deus. Não é estranho, então, que Morus terminasse no martírio, porque nesse momento histórico (e outros posteriores, como veremos em referência a Beccaria) era pouco menos que impossível o questionamento institucional, e, quando era formulado, deviam tomar-se numerosas precauções e medidas de salvaguarda e prudência, o que seguramente fizeram cair no esquecimento ou no anonimato outras obras não menos meritórias.

Morus reagiu contra a sociedade inglesa, contra a ganância e o egoísmo de seus ricos, contra a crueldade com que se condenavam os pobres ladrões necessitados, contra o luxo e o desperdício junto à miséria, contra a manutenção de grandes exércitos dedicados à conquista etc. O tema central de suas disquisições sobre o sistema penal consistia em se perguntar se a justiça existente era a melhor que se podia ter, e desembocou, fatalmente, no questionamento do poder religioso. Durante a reforma, outros importantes críticos dos valores estabelecidos, como Calvino, Lutero, Erasmo, se ocuparam também de fazer objeções ao sistema de sanções ao crime a partir de uma perspectiva teológica.

Quanto à *crítica aos sistemas processuais,* incluindo o sistema de sanções, o marco principal, em plena modernidade, a partir da perspectiva do direito positivo e da origem contratual da sociedade, foi uma obra de Cesare Bonesana, posteriormente Marquês de Beccaria (1738-1794): *Dos delitos e das penas,* aparecida em 1764.[31] A leitura atual desta obra não deixa de provocar surpresa pelo enorme grau de antecipação histórica que encerra, com-

[31] Consultar as edições espanholas com o comentário de Voltaire, Madrid: Alianza, 1968; e a latino-americana, com estudo preliminar de AGUDELO BETANCUR, Nodier, Bogotá: Linotipia Bolivar, 1992. Também se pode consultar o comentário de LLOBET RODRÍGUEZ, Javier. *Garantías y sistema penal.* San José: Ediciones Jurídicas, 1999.

binando-a com a situação atual da Política Criminal. Beccaria pronuncia-se pela origem contratual do direito a castigar, e sustenta, entre outros pontos de vista, que a aplicação da lei não é uma função divina, mas social e deve ter limites, pois não basta sua vigência legal, mas, sim, o anseio pela sua legitimidade; não devem ser aplicadas torturas nem impostas penas inumanas, e, ao invés disso, as penas devem ser proporcionais ao delito e aplicadas igualmente a todos os cidadãos; a lei e o juiz devem ser prévios ao juízo, que deve ser público, e no qual se deve admitir o princípio da inocência e o direito de defesa etc.

Beccaria era um homem talentoso mas intratável, e a crônica diz que, em seu caso, "a obra superou o homem". Antes de tudo, foi uma pessoa que guardou muitos ressentimentos contra sua educação religiosa, que considerava totalitária. Em larga medida, sua obra é uma reação de abertura ao quadro institucional, monopolizado até então pela Igreja. Seu afã libertário tornou-o um apaixonado leitor de Rousseau, Montesquieu e Voltaire. Por conselho de seu amigo Pietro Verri,[32] para sair de um profundo estado de depressão, decidiu escrever um opúsculo sintetizando suas idéias, o que resultou, finalmente, a obra que comentamos.

O livro, escrito quase sem correções, foi publicado sob pseudônimo em Livorno. Inesperadamente, teve tanto êxito que se esgotou em um mês, e depois de três edições, já era um sucesso intelectual. O Vaticano começou a analisar se o livro poderia ser herético e chegou a incluí-lo no *Index*, mas a popularidade da obra e a origem aristocrática de Beccaria o preservaram de males maiores.

Chama a atenção que os iluministas franceses, que se ocuparam de tantas questões filosóficas e políticas, houvessem prestado pouca atenção ao problema político-criminal. O certo é que o descobrimento da obra de Beccaria deslumbrou-os e brindou-os com uma interpretação e um programa liberal acabados, sistemáticos e simples, sobre o funcionamento do sistema penal. Voltaire escreveu um comentário sobre a obra, iniciando um intercâmbio epistolar com o autor, solicitando-lhe assessoramento e conselho nessa problemática. Convidado a visitar a França como uma autoridade, seu desempenho pouco brilhante ali decepcionou seus anfitriões, que, não obstante, seguiram valorizando a obra. *Dos delitos e das penas* é a pedra fundamental do Direito Penal liberal e alvo dos maiores ataques do futuro positivismo.

Passando agora ao tema da *necessidade de comprovação ou relevância da realidade*, ou seja, a não simplesmente filosofar sobre ela, mas a reconhecê-la e valorizá-la, deve-se fazer alusão, sem dúvida, à obra de dois ingleses: John Howard (1726-1790) a Jeremy Bentham (1748-1832). O primeiro realizou uma minuciosa análise e descrição das prisões da Inglaterra, Escócia

[32] Desse autor pode-se ler *Observaciones sobre la tortura*. Buenos Aires: Depalma, 1977.

e País de Gales, um verdadeiro clássico da investigação de campo penológica, datada de 1777, e descrições e análises de estabelecimentos penais da Espanha, Holanda e outros países europeus. Graças às suas investigações sobre essas prisões, chegaram aos nossos dias valiosas informações sobre o universo carcerário do século XVIII.

Howard influiu na sanção de várias leis e regulamentações inglesas, tendentes a melhorar a situação dos presos e a preservação de sua saúde. Uma das suas idéias passou à realidade, conseguindo que se separassem os presos por sexo, idade, condição e conforme a gravidade dos delitos cometidos, mediante a introdução do sistema de celas individuais. É um mártir da Penologia, pois faleceu na Criméia, contagiado pela peste em uma das prisões que visitou. Graças à sua obra filantrópica, firmou-se a idéia do tratamento penitenciário de seres humanos. A profusa tradução de O *estado das prisões* fez com que suas análises críticas se difundissem por toda a Europa.

Por sua vez, Bentham influiu muito na reforma penal inglesa do século XIX e em outras legislações, como a francesa. Sua obra fundamental é teórica, mas sua criação do *panóptico* é um achado que alcançou universalidade. Esse sistema de construção de penitenciárias seguiu sendo aplicado após o início do século XX em muitos países e consiste, como sabemos, em um centro de controle por observação sobre as alas radiais dos pavilhões, semelhante a uma roda de carro. Deixando-se de lado as críticas que merece a ideologia de Bentham, o certo é que ele foi um modernizador técnico dos sistemas carcerários, que, a partir de então, se conceberam como um suporte de tratamento e controle racional sobre a população penitenciária do qual careciam. Bentham é um dos *utilitaristas* mais representativos, isto é, defende a concepção de que a pena, para justificar-se, deve ter uma finalidade útil.[33]

5. As origens científicas: Darwin e Spencer

Neste ponto do desenvolvimento, faremos, como antes anunciei, um corte na temática filosófico-social e jurídica para entrarmos no campo biológico, no qual encontraremos grandes investigadores e trabalhos que predispuseram a mudanças nas idéias do campo normativo, ou seja, na valoração das condutas dentro do campo legal. Concentrar-nos-emos agora no século XIX e na pessoa de um gênio científico: Charles Darwin (1809-1882), que conseguiu, com o conjunto de sua obra, mas especialmente com *A origem das espécies,* publicado em 1859, provocar uma revolução científica paradigmática. Essa

[33] Ver MARÍ, Enrique. *La problemática del castigo* (El discurso de Jeremy Bentham e Michael Foucault). Buenos Aires: Hachette, 1983 e ZAFFARONI, Eugenio Raúl. *Manual de derecho penal.* Buenos Aires: Ediar, 1985, p. 224.

obra – pode-se dizer – pôs de cabeça para baixo tudo o que a ciência havia construído até aquele momento no plano das idéias biológicas e antropológicas. Seu trabalho é de uma hierarquia excepcional, centrado, profundo, documentado após longos anos de observação e análise sistemática do objeto. A obra de Darwin permite incursionar em dois temas relevantes para os objetivos deste Manual: o nascimento, a evolução e o desenvolvimento das teorias científicas, por um lado (tema analisado no Capítulo 1) e, por outro, a influência da teoria evolutiva nas ciências sociais, que se verá a seguir.

A maior virtude científica de Darwin foi, possivelmente, a de nunca se satisfazer com as convicções que alcançava, pondo-as à prova uma e outra vez, até poder sustentá-las com uma grande quantidade de dados verificáveis. Darwin evitava a exposição pública dos debates; levou uma vida afastada dos centros científicos e tomava nota minuciosamente de todas as objeções que se lhe opuseram. A construção darwiniana é, então, de uma magnitude com a qual qualquer cientista desejaria ficar registrado na história da ciência. Passaram-se quase duzentos anos desde a consagração científica desse paradigma evolutivo sem que, apesar das sucessivas modificações, se possa afirmar que esteja completamente superado. Assim, por exemplo, reativou-se, em pleno século XXI, a polêmica sobre o alcance explicativo da teoria darwiniana nos campos da Biologia Molecular e da *Neurociência*, isto é, da Psicologia e da Biologia evolutivas.

O que torna tão espetacular a obra de Darwin? Alguém sustentou que graças a ela a história do conhecimento deu um salto de 100 ou 200 anos de uma só vez, o que não é exagero. O certo é que conseguiu unir concepções da filosofia, da fé, das ciências e da razão, impregnando até hoje a concepção do mundo que nos rodeia. Ninguém discute hoje que o homem descende dos primatas, completando uma linha de evolução que começa em formas vivas elementares até que o hominídeo domine os elementos com suas mãos. Nenhuma explicação alcançaria uma intensidade visual comparável à primeira cena do filme *2001: Uma odisséia no espaço,* de Stanley Kubrick, na qual um homem primitivo lança ao céu um osso que, depois de umas voltas, se transforma em uma nave espacial voando para a lua. Darwin está presente por trás dessa imagem de fabulosa capacidade de síntese.

Darwin descreveu o processo da *seleção natural.* Essa teoria implicava afirmar que a humanidade não resultou de processo criativo repentino, mas, sim, de uma evolução biológica natural, espontânea e complexa. O universo darwiniano estava em permanente interação e transformação. O mundo estático, criado por Deus repentinamente, com todas e cada uma de suas espécies no estado em que as conhecemos, conforme detalha o Gênesis, era, pelo contrário, absoluto e indiscutível, e se revelou logo como insuficiente para explicar tantas transformações encadeadas ao longo de milhões de anos.

Respondia-se, assim, a numerosas questões não-resolvidas no campo das ciências naturais da época.

Quando *A origem das espécies* apareceu em Londres, não contou com nenhuma publicidade especial nem com recursos de comunicação que atualmente asseguram a demanda de um produto antes de seu lançamento no mercado. Mesmo assim, a obra, que tinha 1.200 exemplares, *esgotou-se em uma hora*, marcando um autêntico recorde bibliográfico para a época. O livro, que rapidamente ganhou várias edições, tornou-se um sucesso, transformando Darwin em uma celebridade.

A obra estabelecia uma relação dialética entre o mundo e as espécies que o povoam, sintetizada por Darwin com estas palavras:

> Estou convencido de que as espécies não são imutáveis. Os membros do que se denomina gêneros idênticos são descendentes lineares de alguma outra espécie, geralmente distinta. Mais ainda, estou convencido de que a seleção natural tem sido o meio de modificação mais importante, mas não o único.

Observe-se que Darwin está limitando o alcance de sua própria verificação, evitando uma conclusão absoluta, ou seja, permitindo a reelaboração das idéias que a sustentam em lugar de réplicas absolutas que a desautorizem.

A nova concepção da origem das espécies incomodou as esferas eclesiásticas e não deixou de causar problemas a Darwin. A sociedade vitoriana, escandalizada, em oposição, reagiu de forma militante. Darwin incomodava-se tanto com esse escândalo quanto com a popularidade e as honras. Mandou discípulos para defender suas idéias nos debates com a Igreja e pôde realizar seu sonho de viver retirado, no campo, desde os 40 anos de idade, apoiando-se na segurança econômica que lhe proporcionavam as sucessivas edições e múltiplas traduções dos seus livros. Do rico relato de sua vida, há um aspecto que nos vincula diretamente: Darwin visitou o atual território argentino e chileno, na viagem de investigação científica que realizou durante oito anos a bordo do navio *Beagle,* de onde se tirou o nome para o canal que separa a Terra do Fogo da ilha Navarino. Como se fosse pouco, o capitão da embarcação era Robert Fitz Roy, cujo nome distingue um dos picos mais importantes do sul argentino. Essa viagem, suas peripécias, as comprovações que Darwin ia recolhendo, suas discussões com Fitz Roy, que era um interlocutor bem preparado, e – especialmente – o traslado à Terra do Fogo de quatro índios yaganes civilizados na Inglaterra – cuja história entre dois mundos opostos é tão assombrosa como pouco conhecida – foi reconstruída em alguns livros recentes muito interessantes.[34]

[34] LEE MARKS, Richard. *Tres hombres a bordo del* Beagle. Buenos Aires: Javier Vergara, 1994. Também *El fueguino* de CANCLINI, Arnoldo. Buenos Aires: Sudamericana, 1998; e, em versão novelesca, IPARRAGUIRRE, Sylvia. *La Tierra del Fuego*. Buenos Aires: Alfaguara, 1999.

Não é este o lugar para nos estendermos sobre a natureza científica da obra de Darwin, que pode ampliar-se por meio de outros textos.[35] Entretanto, convém lembrar alguns aspectos de sua obra, sua influência na Argentina e avaliar brevemente as funções ideológicas de que foi derivada a teoria da evolução das espécies.

Em primeiro lugar, não há dúvidas sobre a honestidade de Darwin, mas sua teoria tem pontos de contato, realmente assombrosos, com outras obras, que em certos momentos puseram em xeque a originalidade da sua. Desse modo, deve-se citar um importante geólogo britânico, Lyell, partidário da teoria evolucionista em matéria geológica, cuja obra Darwin levou consigo no *Beagle.* Por certo a estudou cuidadosamente nesses anos, chegando à conclusão da certeza total desse trabalho, principalmente quando analisou o conteúdo das capas geológicas superpostas do litoral da Patagônia e teve contato com os aborígines da Terra do Fogo. Arrematou suas observações nas ilhas Galápagos, comprovando a assombrosa diferença evolutiva em espécies que haviam permanecido insuladas do continente em condições geológicas e biológicas constantes. Como se fosse pouco essa incidência de Lyell, um pouco antes de publicar sua obra, Darwin recebeu uma carta de um cientista, Alfred Rusell Wallace, biólogo britânico radicado no Taiti, *que havia chegado a conclusões idênticas à teoria da evolução simultaneamente a Darwin.* Darwin comunicou-lhe dessa circunstância, oferecendo provas da seriedade de seu trabalho, que Wallace não questionou, pondo-se, por sua vez, à sua disposição. Resolveram registrar conjuntamente a paternidade da idéia evolutiva comum, frente à Sociedade Britânica de Ciências, mediante uma apresentação que não produziu nenhum efeito e foi esquecida nos arquivos até a aparição de *A origem das espécies.* Também se discute se a obra precedente de Spencer foi decisiva para a construção darwiniana, o que pode ser verdade, pois foram contemporâneos e fizeram intercâmbio pessoal e científico, tendo publicado Spencer anteriormente teorizações de claro conteúdo evolucionista. Inclusive, uma obra prévia de Spencer desenvolve a idéia de seleção natural; é *Hipótese sobre o desenvolvimento,* aparecida em 1852, citada por Darwin em *A origem das espécies,* sete anos mais tarde. Apesar disso, ver-se-á logo que a obra de Spencer está aplicada ao funcionamento social; seus conceitos estão permeados de falácias, e sua metodologia subjetiva e tendenciosa é muito mais frágil que as hipóteses desenvolvidas por Darwin. De qualquer modo, essas notáveis coincidências demonstram que a evolução das idéias depende do momento, das circunstâncias e do efeito conjuntivo para alcançar consagração no desenvolvimento teórico da ciência.

O impacto da obra darwiniana foi muito forte na Argentina, o que se reflete na nossa topografia e na veneração que lhe demonstraram algu-

[35] KLIMOVSKY, Gregório. *Las desventuras del conocimiento científico*, obra citada, p. 173 e LEITH, Brian. *El legado de Darwin*. Barcelona: Biblioteca Científica Salvat, 1986.

mas autoridades científicas de nosso país. Sarmiento, por exemplo, foi um dos oradores em um ato de homenagem a Darwin na época de sua morte. Curiosamente, Sarmiento sustentou a idéia de que a teoria da evolução das espécies *era uma teoria argentina*, pois se baseava em observações e dados tomados de nossa realidade biogeográfica. Florentino Ameghino também foi um entusiasmado seguidor dos trabalhos e das observações de Darwin, os quais ampliou e aplicou em suas próprias produções científicas.

Não obstante o escândalo que provocou a difusão da teoria de Darwin, seu efeito foi bem mais conservador na esfera social, na medida em que assentou princípios nos quais se baseou o organicismo para identificar a sobrevivência do mais forte com os interesses do mais poderoso, dando ao colonialismo uma sustentação de aparência científica e uma lógica evolutiva própria. Darwin não foi um conservador e defendeu idéias igualitárias no plano social, apesar de ter deixado páginas com observações depreciativas, poder-se-ia dizer até racistas, sobre as aptidões humanas dos yaganes e outros povos do sul, mas devem-se levar em consideração os resultados de seus contatos com eles, em relação às expectativas culturais de um europeu letrado da época.

As idéias segundo as quais há organismos superiores estruturados hierarquicamente para sobreviver por sua maior aptidão foram traspassadas ao plano social, indicando nele sociedades, classes, forças produtivas e modelos econômicos superiores que pareciam dar direitos diferentes na divisão de benefícios de um mundo que tinha no topo o Império Britânico. Vejamos agora como se estruturou a concepção darwinista no plano social e a visão do mundo que se obtinha dessa perspectiva.

Herbert Spencer (1820-1903), apesar de ser engenheiro, interessou-se pelas sociedades e pelas teorias econômicas e publicou incansavelmente, desenvolvendo um estilo narrativo tão sedutor como arbitrário, com o qual se tornou um autêntico ideólogo do liberalismo econômico. Vale lembrar que durante sua formação cultural estavam vigentes as idéias de Thomas Malthus (1766-1834), que, em seu livro *Ensaio sobre o princípio da população* (1798), sustentou que a população crescia muito mais rapidamente que a produção de recursos para alimentá-la, impondo-se a necessidade de reduzir drasticamente o crescimento demográfico do mundo.

Spencer aplica as idéias do evolucionismo, convencido de que os ineptos deviam desaparecer por decantação, e os melhores deveriam ocupar os postos de direção em todos os terrenos da vida social. Só as pessoas mais dotadas tinham adaptabilidade e capacidade, confirmando a vanguarda do progresso, que devia ser o modelo a ser imitado. Em algumas de suas obras, levou as analogias entre o social e o biológico a extremos ridículos que hoje não resistem à menor análise científica, como afirmar que entre o funcionamento de um fígado e o da cidade de Manchester não havia nenhuma diferença. Muitos de seus exemplos e argumentos ilustrativos são claras falácias com aparência de verdade lógica. Spencer, sem dúvida, beneficiou-se com o êxito e a difusão da obra de Darwin, que trazia uma espécie de "certificado de cientificidade biológica" a seus pontos de vista socioeconômicos. Spencer desenvolveu regras para determinar como se organizam e funcionam as sociedades para realizar seus objetivos, de acordo com modelos estatais diversos, alguns dos quais são superiores aos outros. Para ele existiam, basicamente, um estadismo prussiano e um liberalismo mercantilista britânico. O primeiro era antidemocrático e tendia à militarização e à paralisia burocrática, e o segundo assegurava uma evolução saudável e científica das forças produtivas em democracias pluralistas. A sociedade, dizia, é um órgão, e como todo órgão tem funções superiores e inferiores, se alimenta, digere, se nutre, excreta, transpira etc. Em 1852, já havia publicado uma obra que lhe valeu muito reconhecimento: *A teoria da população deduzida das leis gerais da fertilidade animal,* cujo título basta para imaginar a linha de raciocínio. Outras obras de Spencer dignas de menção são: *A teoria da população, O homem contra o Estado, Hipótese sobre o desenvolvimento, Princípios de Psicologia, Os primeiros princípios, Estatística social* e *Criação e evolução.*

O afã organicista de Spencer levou-o a traçar comparações diretas entre o biológico e o social, que estabeleceram todo um estilo que sobrevive ainda hoje e se filtra em nosso vocábulo cotidiano, onde empregamos noções tais como "corpo profissional", "órgãos diretivos", "braço da lei", "depuração de elementos", "eliminação da delinqüência", "funções diretivas", "cabeça do poder" etc.

No econômico, Spencer era partidário de um ultraliberalismo, de um discurso que parece contemporâneo: nada deveria interferir na iniciativa privada, cujas forças se desenvolveriam assim, harmonicamente, deixando de lado problemas de interesse secundário para o progresso. Tudo o que era estatal deveria ser privatizado, pois o Estado era um anacronismo que terminava obstaculizando o bom andamento dos melhores, dos fortes com iniciativa e capacidade; as burocracias deviam servi-los e não travar sua marcha. Qualquer interferência no funcionamento do organismo social alterava a harmonia cósmica com as forças naturais que o rodeavam. Os fenômenos da sociedade são para Spencer os da "vida humana especializada", e a evolução era um problema orgânico. O progresso é, para ele, a integração das pequenas comunidades em outras maiores, seguindo a progressão família-tribo-associação intermediária-Estado. A autoridade dos fortes se impõe, com o apoio do clima, do solo e do tipo de tradições. O vencedor é o verdadeiro homem apto, e o fracassado é o único culpado pelo seu fracasso. Para ele, "*a rapina faz sofrer, e os sofrimentos devem ser suportados. Nenhuma reforma que os homens introduzam vai diminuir o sofrimento humano*"; interferir era, portanto, o mesmo que matar ou debilitar o organismo. Essas idéias dão forma a um verdadeiro fatalismo social, um conformismo absoluto com o *establishment*, ou seja, com o esquema político-social estabelecido, que excluía toda possibilidade de retrocesso ou a conveniência de reformá-lo. Assim, atacando o projeto legislativo da chamada "Lei dos pobres", de 1832, disse que:

> A pobreza do incapaz, as penalidades que caem sobre o imprudente, a fome dos preguiçosos ou aqueles seres fracos que o forte joga para um canto são conseqüência de uma benevolência grande e visão ampla. Devemos qualificar de bastardos aqueles filantropos que, por impedir a miséria de hoje, desencadeiam uma miséria maior sobre as gerações futuras e nesta categoria temos que incluir todos os defensores da lei dos pobres. Aos amigos dos pobres lhes repele a rude necessidade de que, quando se lhes permite atuar, é um estímulo tão potente para o preguiçoso, um freio tão forte para o desorganizado. Cegos diante do fato de que, na ordem natural das coisas, a sociedade está excretando continuamente seus membros doentes, imbecis, lentos, vacilantes, pérfidos, esses homens que não raciocinam advogam por uma interferência que não só interrompe o processo purificador, mas também aumenta a depravação.[36]

Apesar de sua proclamada "liberalidade", as idéias organicistas e biológico-sociais implicam uma visão racista, oligárquica, estática e fatalista da sociedade, que não se compadece com a realidade, porque as sociedades estão em constante transformação (avanço e retrocesso), mesmo que às vezes alguns sistemas aparentem estar estabelecidos para toda a eternidade, tal como aconteceu com o Império Romano. Assim como a antiga Roma justificava a escravidão com argumentos racionais de aparência científica, a exploração e a mediatização dos seres humanos "inferiores" é a chave da política imperial britânica e a de outros impérios que o imitaram ou competiram com ele. Os pobres, doentes, inválidos, incultos eram ineptos, não podiam ter chances sociais e estavam fatalmente condenados a prestar algum serviço transitório para logo desaparecer sem deixar rastros, como toda espécie incapaz de adaptação aos requisitos do meio. *Tinham o que mereciam*, por tratar-se de sujeitos "carentes de virtude". Em troca, as funções superiores de intelecção e condução ficavam, *naturalmente*, reservadas para os melhores, os que aperfeiçoavam a espécie com cada geração exitosa de descendentes.

A idéia de eliminação dos ineptos, da morte natural das células doentes, decorria, nas palavras de Spencer, mais ou menos assim:

> Eliminar o doente, o deformado, o menos veloz ou potente, impede toda a degeneração da raça pela multiplicação desses representantes menos valiosos. Assegura-se assim a manutenção de uma constituição completamente adaptada às condições do entorno, e por conseguinte, produtora de um grau máximo de felicidade.[37]

Esses pontos de vista "depuradores" teriam, como sabemos, desenvolvimentos terríveis para os teóricos da eugenia e da eutanásia e nas práticas de

[36] Tomado de *Social statics*. New York: Appleton, 1888, p. 353.

[37] Obra citada.

purificação racial do nacional-socialismo. Famosos teóricos racistas foram influenciados por Spencer, como Galton, em seus trabalhos sobre eugenia, e Ploetz, que publicou, na Alemanha, em 1895, *A excelência de nossa raça e a proteção do fraco,* propiciando a eutanásia e a esterilização que, em um holocausto paralelo, custou a vida de 275.000 doentes mentais na Alemanha nazista. Por último, a influência de Spencer é apreciável na obra de diversos cientistas relevantes, como o discutido Konrad Lorenz.

Também veremos até que ponto muitas dessas idéias reaparecem uma e outra vez em certos programas político-criminais quando o delito é considerado uma doença, e os delinqüentes, células doentes.[38]

Um estereótipo criminológico de clara raiz spenceriana é o que julga a sociedade e seus indivíduos conforme seu aspecto, deduzindo dali conclusões morais, biológicas, econômicas etc. Parece um óbvio ululante que os mais miseráveis sejam feios, desdentados, agressivos, sujos e que careçam de educação, trabalho e perspectivas de melhora. Com efeito, se eles são responsabilizados por sua situação, a limpeza racial é quase tão fácil de postular como o costume de varrer o chão da cozinha depois do almoço.

As idéias de Spencer tiveram uma enorme influência na Argentina, que se avaliará quando analisarmos a expansão do positivismo na América Latina. Veremos que alguns governos, como o do General Roca, orientaram quase programaticamente suas realizações a partir das idéias spencerianas. Não é uma mera coincidência, então, o aniquilamento dos povos araucanos e mapuches, a cargo de um exército encabeçado pelo próprio Roca para "integrar definitivamente a Patagônia à civilização".[39]

Em suma, Spencer construiu um aparato de justificação de base biológica, ideal para a estrutura, a ideologia e os planos expansivos e dominantes do Império Britânico. O que em Darwin é possibilidade e movimento, em Spencer se transforma em um programa certo e definitivo que, por sua exitosa recepção, o transformou em celebridade internacional. Na obra spenceriana, o progresso é linear e mecânico, e a sociedade se apresenta artificialmente dividida em réprobos e eleitos, ignorando que os eleitos são, em realidade, eleitos pelo berço, e não por sua constituição biológica. Nesse sentido, a relação britânica com os povos de raça negra ou indígena está orientada por esses ideais, de características discriminatórias e eurocentristas, que podem ser reconhecidos desde já até as construções de Marx, o grande ideólogo da estatização dos bens, que, ironicamente, descansa no mesmo cemitério que

[38] Pode-se consultar o livro *No está en los genes* (racismo, genética e ideología), LEWONTIN, R. C., ROSE, Steven e KAMIN, Leon. México: Grijalbo, 1991. Sobre o racismo, ver também sobre os problemas atuais do racismo: VAN DIJK, Teun. *Racismo y discurso de las elites*, Barcelona: Gedisa, 2004; e *Dominación étnica y racismo discursivo en España y América Latina*, Barcelona: Gedisa, 2004.

[39] Ver Curruhuinca-Roux. *Las matanzas del Neuquén, crónicas mapuches*. Buenos Aires: Plus Ultra, 1987 e a abundante bibliografia ali citada.

Spencer. Ambos jazem em tumbas opostas uma à outra, que se contemplam como que mantendo um diálogo implícito ao longo dos tempos.

Figura nº 3

Evolução das idéias precursoras da Criminologia

A) *Argumentos filosóficos sociais e jurídicos*

- 1516 – "Utopia", Thomas Morus
- 1532 – "Carolina" (autópsias, motivação do comportamento)
- 1764 – "Dos delitos e das penas", Beccaria
- 1777 – "O estado das prisões", Howard
- Século XIX – Panóptico, Bentham

Evolução das idéias biológicas

B) *Organicismo, Biologismo, ou darwinismo social (argumentos sociais de base biológica)*

- 1798 – "Ensaio sobre o princípio da população", Malthus
- 1852 – "Hipótese sobre o desenvolvimento", Spencer
- 1859 – "A origem das espécies", Darwin
- Galton, Ploetz, Lorenz (Seleção, eugenesia)
- Eurocentrismo, classes e raças superiores
- Positivismo: delito como doença, delinqüente como doente: seleção e limpeza social mediante o controle

Capítulo 3

O Positivismo criminológico

1. Introdução

Com o exposto nos capítulos anteriores, o leitor dispõe de um marco de referência histórico e científico do momento em que se reuniram as condições indispensáveis para que a Criminologia começasse a conceber-se como ciência e a explicar os mistérios do delito e do delinqüente como patologias individuais e sociais, dentro e fora do campo do Direito Penal. Há um século, a obra teórica de Lombroso alcançou ressonância mundial até o ponto de transformar seu nome praticamente em um conceito carregado de significação científica, que eclipsou a lembrança de muitas outras obras que haviam influenciado a sua. Havíamos caracterizado o momento histórico de meados a fins do século XIX, quando irrompem numerosas disciplinas novas, que se estabeleceram rapidamente no panorama cientifico, produzindo descobertas notáveis que geraram mudanças técnicas e acelerações sociais que, por sua vez, granjearam enorme reconhecimento universal à investigação científica. É um momento de eclosão de ciências, no qual se afirmam a Gnosiologia, a Antropologia, a Sociologia, a Fisiologia e a Psiquiatria Criminal, entre outras. Até a publicação de um livro de Garófalo, que se intitulou *Criminologia* – em 1885 –, a reunião de conhecimentos prévios, ou seja, seus precedentes imediatos, tinha *uma visível estrutura híbrida de ciência social e natural, que não encontrava um ponto de equilíbrio integrador.* Nesta multidisciplinariedade sobre o fenômeno criminal, pode detectar-se a origem da muito complexa e sempre atual *natureza interdisciplinar* da Criminologia.

Em geral, entre 1850 e 1880, a Medicina mantinha um papel hegemônico e de vanguarda, que se expressou nos nomes que seus diversos enfoques foram recebendo e que logo se transferiam às denominações das cátedras universitárias: Antropologia Criminal, Psiquiatria Criminal, Sociologia Criminal, Fisionomia Criminal, Estatística Criminal, Física Social, Medicina das Paixões, Morfologia Criminal, Fisiologia Criminal etc. Os três primeiros foram os mais difundidos e subsistiram, inclusive em faculdades de Medicina da Argentina, até bem entrado o século XX.

Surgiram múltiplas correntes de investigação, mas aqui nos limitaremos a recordar, somente, as essenciais, como os trabalhos de Quetelet (1796-1874) (autor de uma famosa obra com o título de *Física social*, publicada em 1835, com uma segunda edição em 1869) quem, junto com Guerry, é precursor dos estudos quantitativos do delito, aos quais se denominou "estatísticas morais". Podem-se acrescentar os nomes de Esquirol, Pinel, Morel, Maudsley, Descuret etc.[40] Cabe mencionar também importantes interpretações psiquiátricas do delito, como a de J. Bruce Thomson, médico de prisões na Escócia, que, em 1870, foi o primeiro a falar de *imbecilidade moral* e a buscar as relações entre criminalidade, debilidade mental e epilepsia. Muito relevante resultou também a corrente, especificamente médica, Escola Francesa, ou criminal-sociológica, ou Escola de Lyon, cuja figura mais destacada foi o médico e biólogo Alejandro Lacassagne (1843-1924), que se opôs frontalmente a Lombroso, desenvolvendo uma original combinação sociobiológica, segundo a qual o sujeito é um micróbio inofensivo até que, em contato com um meio ambiente propício (caldo de cultura), encontra as condições que lhe permitem se transformar em um criminoso. Gabriel Tarde, influenciado por essas idéias, chegou a afirmar que "todo mundo é culpado, exceto o criminoso".

Hoje, esse tipo de estudo de caráter biológico da conduta do delinqüente se fez em cátedras denominadas de Medicina ou Psiquiatria Forense e tende-se a englobá-las com a denominação de *Criminologia Clínica.*

O aporte jurídico à estruturação da Criminologia é mais tardio – fez-se notar a partir de 1880 – e logo se tornará dominante, a partir de 1900, no seio da Escola Positiva de Direito Penal desenvolvida na Itália. A obra *Sociologia criminal* de Ferri, surgida com esse nome em 1892, mas cuja primeira edição datava de 1880, é, provavelmente, o antecedente jurídico mais relevante, que marca o começo do emprego, dentro da ciência jurídica, de conhecimentos e classificações que provinham do campo antropológico e médico em oposição à chamada Escola Clássica. Eugenio Florián também faria uma síntese de ambos os campos de conhecimento, o normativo e o dos comportamentos e das personalidades, em sua obra *Dos delitos e das penas em geral*, publicada em 1900.

Se tivéssemos de expressar em uma equação a seqüência de idéias que resultou em nossa disciplina, essa deveria ser assim formulada:

Spencer
+ Lombroso
+ juristas
= Criminologia

[40] Ver com mais detalhe suas trajetórias em NICÉFORO, Alfredo. *Criminología*, Tomo I, México: Editorial Cajica, 1954.

Cuidou-se, em suma, de uma tentativa de ver mais além do Direito positivo, renegando-o, mas tão-somente no que dizia respeito à concepção dominante, expressa pela Escola Clássica do Direito Penal, cujo expoente mais notável foi Carrara, de quem, curiosamente, Ferri foi aluno e sucessor na cátedra de Pisa.

O Positivismo foi uma postura filosófica agnóstica que teve uma enorme influência no campo científico, em virtude da consagração do método experimental. Essa corrente de pensamento generalizou, exultante, a convicção, em um primeiro momento, industrialista e, logo a seguir, capitalista, do progresso linear do saber humano, por meio de ciências que se entendiam quase como religiões laicas, capazes de explicar, prever e manipular todos os fenômenos da vida. O Positivismo está estreitamente ligado à busca metódica sustentada no experimental, rechaçando noções religiosas, morais, apriorísticas ou conceitos abstratos, universais ou absolutos. O que não fosse demonstrável materialmente, por via de experimentação reproduzível, não podia ser científico. Cabe recordar que, para os positivistas, não existia uma diferença real entre essência e aparência e que, portanto, o mundo era, segundo eles, um complexo de fatos observáveis. Os valores resultavam ser, então, *qualidades objetivas das coisas*, negando-se que pudessem provir de normas ou juízos subjetivos estranhos às coisas mesmas.

O Positivismo expandiu-se exitosamente, como um pensamento progressista, revolucionário, capaz de tirar o mundo do atraso e do obscurantismo religioso ou supersticioso dos séculos precedentes. O homem e a ciência seriam os artífices de todas as explicações e de todos os descobrimentos, capazes de superar todas as doenças, todos os obstáculos sociais e até a própria natureza. O certo é que os formidáveis avanços científico e tecnológico experimentados pela humanidade entre 1880 e 1910 pareciam corroborar a onipotência da razão que recebia, em 1912, o prenúncio simbólico do *Titanic*, para desembocar dois anos mais tarde na hecatombe da Grande Guerra.

A avidez de saber positivista levou a buscar além das normas penais o porquê da conduta transgressora e, dada à inexistência de uma Psicologia, tentou-se aprofundar na exterioridade (Fisionomia, Frenologia) ou nos distúrbios de conduta de caráter patológico (Psiquiatria) ou em vários desses fatores simultaneamente, para dar a explicação científica suscetível de demonstração verificável, ou seja, "válida".

2. Antropologia criminal

Cesare Lombroso (1835-1909) foi um, entre tantos investigadores italianos, que se rendeu ao positivismo de origem francesa, mas sua obra permanece, até o presente, como uma referência indispensável no nosso campo.[41] Lombroso foi um médico forense e alienista que produziu uma obra profusa, na qual percorreu temáticas das mais diversas, não somente dentro do campo da Medicina, mas, também, da história, demografia, política e outras atividades. Lombroso foi sempre um médico ativo em instituições públicas, como o exército, as penitenciárias e os manicômios, dos quais aproveitou conscienciosamente a possibilidade de conhecer uma infinidade de casos individuais. Realizou, no melhor estilo darwiniano, uma enorme quantidade de estudos e observações de pacientes, especialmente de caráter antropométrico, que organizou e classificou com esmero. Em sua atividade médica, sua inclinação em direção à psiquiatria foi central; assim, sua tese de doutorado de 1858 versou sobre o cretinismo; em 1871, foi diretor do Manicômio de Pesaro; em 1876, foi nomeado professor de Medicina Legal em Turim, faculdade onde, em 1878, criou, com sucesso, um Curso Livre de Psiquiatria e Antropologia Criminal. O interesse científico de Lombroso pelas taras genéticas hereditárias ou congênitas, que tão reiteradamente observara em loucos e delinqüentes perturbados, foi levando-o gradualmente à idéia de que *devia existir uma relação de caráter biológico entre a degeneração e os instintos perversos ou destrutivos*. Por essa via, acentua-se em seu pensamento a intuição de que o delinqüente tem uma *tendência maligna inata* ligada à sua estrutura física e psíquica que se manifesta até em sua fisionomia. Lombroso estabelece uma Antropologia Criminal centrando sua atenção em caracteres somáticos e biológicos do delinqüente, convencido de que atavismo e degeneração se combinam de tal modo que, em cada delinqüente, pode detectar-se um bom número de características degenerativas, como a relação peso-altura, a capacidade craniana ou detalhes externos como visão estrábica, orelhas grandes, assimetrias, lábios leporinos, verrugas etc. Esse foi o modelo da denominada Antropologia Criminal.

Não obstante, parece incompreensível que um observador sério e consciencioso como Lombroso tenha agido tão precipitadamente quando acreditou ter descoberto uma deformação cerebral congênita no crânio de um famoso delinqüente em que realizou autópsia. Esse "achado" de uma fosseta occipital média, que não era encontrada em crânios normais, o induziu ao erro essencial de generalizá-la, atribuindo-lhe a razão de ser da conduta delinqüente. Associou o aumento de tamanho da parte média do cerebelo (muito desenvolvida em roedores e macacos) ao atavismo, como forma regressiva do homem a etapas de sua genealogia primitiva.[42]

Evidentemente, Lombroso, como muitos outros positivistas que invadiram campos sociais, ao utilizar o método experimental, caiu na *teia da*

[41] Pode-se consultar a biografia: *Lombroso*, de Luis Jiménez de Asúa. Buenos Aires: Perrot, 1960.

[42] BASILE, Alejandro e WAISMAN, David. *Medicina legal y deontología*. Buenos Aires: Abaco, 1987, Tomo 2, p. 778.

verificação. No afã de consegui-la, enredaram-se em descrições e tipologias intermináveis, caprichosas, superficiais e meramente exteriores que, pela mesma aparência desagradável dos marginais descrita por Spencer, pareciam mostrar o evidente, provando que "o rosto é o espelho da alma".

Lombroso expôs em detalhe suas observações e teorias na obra *O homem delinqüente*, cuja primeira edição apareceu em 1876, convertendo-o em uma celebridade. Em 1885, realizou-se em Roma um Primeiro Congresso de Antropologia Criminal, e as teses e propostas de Lombroso obtiveram grande sucesso e reconhecimento. Esses dez anos transcorridos entre seu livro e esse congresso demonstraram a rapidez com que se alcançava o "êxito científico" nas sociedades européias, ávidas por novidades, descobertas espetaculares e "gênios", à base de uma imprensa alimentada com os descobrimentos do fim do século XIX.

O certo é que, em *O homem delinqüente*, Lombroso lança afirmações tão erradas quanto espetaculares. São famosos os tipos básicos de delinqüentes que classificou: nato, louco moral, epilético, louco ocasional e passional. *O delinqüente nato era uma subespécie humana diferente, por suas características, da morfologia do homem honrado.* Suas teorias sobre esses grupos estão repletas de descrições e apreciações subjetivas, nas quais se misturam, como dissemos, Biologia com moral, feiúra com perversão, ignorância com brutalidade etc. Grande parte da bagagem descritiva da Psiquiatria transvasou por esses canais até a linguagem popular, adquirindo conotações morais, como as qualificações de "idiota", "imbecil", "tarado", "degenerado", "cretino", "pervertido", "mongolóide", equiparadas, em geral, ao caráter maligno, torpe e primitivo.

Em *Los hombres de presa*, de Luis M. Drago, publicado em Buenos Aires em 1888, alude-se assim à obra de Lombroso:

> Em 1876, um professor da Universidade de Turim, cujo nome ressoa hoje em todo o mundo civilizado, César Lombroso, aceitando as conclusões de Despine e tirando proveito de seu grande talento e de um espírito de observação tão paciente e minucioso quanto rigorosamente científico, publicou um livro, *L'uomo delincuente*, em que agregou ao estudo das manifestações psíquicas anômalas que caracterizam os delinqüentes o estudo das suas degenerações somáticas, procurando a origem do delito nas raças primitivas e ainda nas espécies inferiores do homem, fez das ciências repressivas uma verdadeira *história natural* com método próprio e tendência definida.[43]

Em muito pouco tempo, diversas verificações médicas foram relativizando a validade das descobertas de Lombroso, que teve de retificar constantemente suas afirmações mais ousadas; assim, no princípio, sustentou que entre 65% a 75% do total dos criminosos tendiam à classificação de "natos", para

[43] Buenos Aires: Félix Lajouane Editor, 1888, p. 21.

depois fixar essa quantidade em 40%, e finalmente em um terço. Terminou atribuindo à epilepsia a causa da delinqüência, tese que também foi rebatida rapidamente. Cabe citar parte da plêiade de autores italianos, anteriores ou contemporâneos a Lombroso, que favoreceram ou elaboraram suas idéias, como Romagnosi, Cattáneo, Gioia, Bovio, Ardigó, entre outros.

O ponto de contato entre Lombroso e os juristas produz-se pela assistência de Garófalo ao seu curso de Psiquiatria e Antropologia Criminal de Turim. Em pouco tempo se estabelece uma comunhão de interesses entre eles e Ferri, que se consolida, em 1880, com a fundação da revista *Arquivo de Psiquiatria e Antropologia Criminal*, pedra fundamental e órgão difusor da chamada Escola Positiva de Direito Penal, que solidifica o prestígio da Criminologia como uma ciência fortemente identificada com essas três personalidades.

Com a obra da Escola Positiva, mas particularmente com a tese de Lombroso, fica consagrado o chamado *paradigma etiológico* (na Medicina: estudo sobre as causas das doenças), ou seja, a busca de alguma origem patológica do comportamento desviado ou criminoso. Ainda hoje esse enfoque segue tendo simpatizantes, em especial nas cátedras de Medicina Forense, Psiquiatria e Psicologia, e nas escolas de órgãos de segurança, se bem que com alcances explicativos mais modestos que os gestados na Itália do século XIX.[44] Chegando ao século XXI, podemos afirmar que ainda está muito arraigado no saber cotidiano a idéia de que o delinqüente é um enfermo que deve ser tratado, ou eliminado, segundo as circunstâncias. Essa concepção é parte de um conjunto de estereótipos criminais, que, como vimos, inclui até um "rosto de delinqüente" cuja exibição ocasiona diversos problemas em sociedade. Também são ainda usuais as classificações de delinqüentes, de cunho lombrosiano, que seguem sendo utilizados nas polícias e nos serviços penitenciários, cujas academias de formação ensinam visões do fenômeno criminal marcadamente influenciadas por idéias positivistas.

Lombroso também teorizou sobre a estrutura do sistema penal, tendo-se oposto veementemente às idéias da Escola Clássica; por exemplo, na sua luta contra o *Projeto Zanardelli* de Código Penal.[45] Era da opinião, logo desenvolvida por Ferri, de que a sociedade não tem o direito a castigar, mas deve prevenir ou controlar a periculosidade social, na medida em que o delito é uma *enfermidade social*.

---

[44] Ver TIEGHI, Osvaldo N. *Tratado de Criminología*. Buenos Aires: Universidad, 1989; SABATÉ, Domingo. *El cromosoma del crimen*. La nueva teoría del delincuente nato. Santa Fe: Castellvi, 1972, e ESCOBAR, Raúl Tomás. *Elementos de Criminología*. Buenos Aires: Universidad, 1997.

[45] Esse Código italiano, de 1888, adotou as idéias centrais da "Escola Clássica", em particular o conceito de "livre arbítrio".

3. Os juristas criminológicos e a Escola Positiva do Direito Penal

Enrico Ferri (1856-1929), de origem humilde, caráter polêmico e conflitivo, e grande fama no exercício da advocacia, foi quem encarnou os aspectos mais controvertidos da Escola Positiva italiana, especialmente no plano ideológico e institucional. Ferri começou sendo marxista, foi eleito reiteradamente deputado, durante sua longa militância no Partido Socialista Popular, e terminou aderindo ao fascismo, conversão que teve importantes conseqüências para a respeitabilidade científica que havia alcançado o ideário criminológico positivista. Com Ferri, pode-se observar que a Criminologia ingressa, cronologicamente, no século XX, logrando manter sua força explicativa e influência hegemônica sobre as idéias político-criminais ao longo do primeiro terço desse século.

Desde sua época de estudante, Ferri insurgiu-se contra a Escola Clássica e contra o pensamento do Direito Penal liberal. Já na sua tese de doutorado, apresentada nada menos que perante a cátedra de Carrara, opôs-se (insolentemente, para a época) à possibilidade do livre arbítrio e conseqüentes concepções que surgiam do ideário de Beccaria. Para Ferri, o homem era uma verdadeira máquina, condicionada por distintos fatores, e não podia escolher seus comportamentos. Segundo ele, o livre arbítrio era um mito, uma ficção abstrata que dava lugar a uma responsabilidade de caráter moral, sendo que o delito, por sua natureza objetiva, devia dar lugar a uma *responsabilidade do tipo social.*

A conduta humana respondia, no discurso ferriano, a fatores de diferentes tipos, que desencadeariam fatalmente, em um dado momento, no cometimento de um delito. Como vemos, novamente o método causal explicativo força a construção de teorias para conseguir sua compatibilidade com o modelo vigente de ciência.

A obra de Ferri chegou a conhecer um grande peso internacional, assumindo o caráter de uma reação contra certa letargia e abstração das idéias penais dominantes na Europa. Não obstante, na Alemanha, onde o positivismo não logrou uma influência significativa, as idéias penais continuaram com um brilhante desenvolvimento teórico que possibilitou o atual grau de evolução da Dogmática Penal.

As teses de Ferri sobre a conduta delitiva afirmavam que o homem é *uma máquina*, que não fornece em seus atos nada mais do que recebe do meio físico e moral em que vive. Portanto, não há nada de autodeterminação no homem, que está vivendo apenas para operar de maneira automática, sujeito à lei universal da causalidade, segundo a qual, submetido a certa combinação de causas fisiológicas e psíquicas, não pode reagir senão de uma forma predeterminada. Em busca de uma formulação desses fenômenos, chegou a elaborar a *lei de saturação criminal*, segundo a qual, "*assim como em um volume de água de igual temperatura se dissolve uma quantidade determinada de substância química, nem um átomo a mais, nem um átomo a menos, em um meio socialmente determinado com condições individuais e psíquicas dadas, se comete um número determinado de delitos, nem um a mais, nem um a menos*". Por isso, o nível de criminalidade é determinado, cada ano, pelas diferentes condições do meio físico e social, combinados com as tendências congênitas e os impulsos ocasionais do indivíduo.

Apesar da pomposidade dessa formulação, que uma vez foi levada a sério, cabe perguntar qual é o meio social com as "condições individuais e psíquicas dadas" e qual é a "quantidade fatal de delitos" que cada ser humano cometerá nas mencionadas "condições constantes".

Ferri foi um precursor convencido da *idéia multifatorial da gênese delitiva*, que von Liszt acolheu e que tem ainda influência na Criminologia tradicional da Alemanha e em certas sociologias dos Estados Unidos.

Em matéria de teorizações sobre delinqüência juvenil é onde mais se recorre, nos dias de hoje, a esta idéia de que "existem fatores determinantes" que predispõem à realização de condutas delitivas as quais devem ser neutralizadas por meio de certas medidas de "profilaxia social", que viriam a ser uma versão suavizada das idéias radicalmente causal-explicativas defendidas por Ferri, para quem os fatores determinantes eram antropológicos, cosmotelúricos, físicos e sociais.

É na matéria de reações penais que se desenvolvem melhor as teorias ferrianas, sustentando que a sanção penal a ser imposta deve ser medida não por uma escala abstrata, mas, sim, pela quantidade de prevenção ou repressão necessária para preservar a sociedade; ou seja, a idéia da defesa social que também havia sido formulada por Lombroso. Assim como o indivíduo está predeterminado a cometer delitos, diziam os positivistas, a sociedade está predisposta a defender-se. De tal modo, o ato e a imputabilidade devem ceder lugar a uma proporção de necessidade de defesa social. Ferri propõe também uma tipologia criminal muito próxima à de Lombroso, afirmando que o Direito Penal e a Criminologia têm um objeto comum: o delito como fenômeno social, natural e jurídico. *A Criminologia é uma ciência para o estudo das causas, das condições e dos remédios para a conduta delitiva, e seu método era o empírico-indutivo.*

Ferri fundou, em 1892, outra importante revista, *La scuola positiva*, que completa o trabalho desenvolvido pela revista precedente, *Archivos,* que havia realizado com Lombroso.

Ferri representou diversos papéis em relação a Lombroso: foi seu discípulo em Turim, logo seu colaborador, e mais tarde quem persuadiu o famoso médico a moderar suas afirmações antropológicas, para terminar dando-o por superado, como fizeram outros positivistas no começo do século XX.

Ferri dedicou grandes esforços para converter suas idéias em lei vigente, e esteve próximo de consegui-lo, quando presidiu a comissão que elaborou o Código Penal de 1921, de transição entre o Positivismo e a Escola Clássica. Não obstante, o triunfo do fascismo interrompeu esse projeto, ainda que Ferri, aderindo-se a ele, tenha conseguido tornar-se membro da comissão encarregada de redigir um novo Código Penal conforme os objetivos do regime. O projeto, apresentado em 1927, foi aprovado – sendo Ferri já falecido – em 1930, e é lembrado como *Código Rocco-Mussolini.*

À periculosidade – outra descoberta positivista – Ferri a denominou *"temibilidade do autor"* e, a partir dela, deduziu que era indispensável estabelecer *penas indeterminadas,* guiadas pelo tratamento necessário para que o sujeito supere sua propensão delitiva, o que impunha também uma *individualização da pena,* aspectos que chegaram até nossos códigos penais de hoje.

Ferri considerou que as penas eram ineficazes e propôs substitutos penais, elaborando um "código preventivo" que abarcava uma grande quantidade de medidas de reforma social.

Rafaelle Garófalo (1852-1934) é o terceiro grande representante da Escola Positiva. Sua condição social, seu temperamento, sua mentalidade e projeção foram bastante divergentes das características do temperamental Ferri. Garófalo descendia de uma família nobre, exerceu a magistratura e era uma pessoa moderada e conservadora. Não obstante, suas coincidências com Ferri, no plano das idéias criminológicas, foram essenciais, uma vez que, ao longo de suas vidas, compartilharam todas as atividades científicas e, próximo ao final, também as políticas; pode-se dizer que Garófalo é o sistematizador do ideário e do programa positivistas. Como vimos, em 1885, publicou um livro com o título de *Criminologia* (traduzido ao espanhol por Pedro Dorado Montero) que o imortalizou como referência histórica do nascimento da disciplina.[46] Teve em comum com von Liszt um caráter pragmático, interessado na funcionalidade das idéias no campo legislativo e judicial, adquirida, possivelmente, por meio de seus longos anos de judicatura em Nápoles, sua cidade de origem e desempenho acadêmico e judicial.

Garófalo tinha a firme convicção de que o mundo estava habitado por seres, raças e classes superiores (que evoluem naturalmente até à perfeição), e outras, que não apenas são inferiores, como também qualificáveis – sempre a partir da perspectiva hegemônica – como "*povos baixos*", "*selvagens*", "*abjetos*" e "*monstruosos*". (Grupos, em suma, que obstaculizam a perfeição evolutiva.) Para o Positivismo, algo devia ser feito, a partir da ciência e da so-

[46] Reeditado em 2005 por Editorial B de F, Buenos Aires, número 2 da coleção "Memoria Criminológica".

ciedade, para solucionar essas forças em oposição. A influência de Malthus, Darwin e Spencer é citada, nesses programas, de modo explícito.

O edifício teórico de Garófalo apóia-se na idéia central de que a "*intuição moral*" do homem *tem uma origem biológica e hereditária*. Isso difere bastante da construção de Lombroso, centrado na caracterização do criminoso como um *tipo antropológico específico*, relegado por questões atávicas, que o tornaram uma verdadeira raça inferior, degenerada, mais próxima aos animais que aos homens. Garófalo, em contrapartida, diz que o delinqüente não herda vícios e virtudes, *mas, sim instintos*, e que, em conseqüência, a herança psicológica é uma verdadeira herança fisiológica. Sustenta também que muitos delinqüentes são indivíduos incompatíveis com a sociedade por causa de *anomalias morais* irredutíveis, adquiridas durante a infância, cuja adaptação, em numerosos casos, resulta impossível.

O discurso positivista está afetado de uma mescla de aporias e dogmatismos, proclamados como "científicos" com solenidade racionalista, sendo que, em muitos casos, não se baseavam em prova tangível alguma ou até se proclamavam admitindo que as provas "eram de impossível obtenção". Em boa medida, toda a ideologia político-criminal do positivismo foi um *enorme ato de fé*, sobre umas presumíveis provas científicas que nunca apareceram ou que foram aparências, rapidamente refutadas, como a legendária hipótese da *fosseta occipital média*. Em outras palavras, a ciência do positivismo esteve, paradoxalmente, aferrada a proposições metafísicas (e, em conseqüência, não-racionais), atuando em nome de uma busca irredutível da *positividade dos fenômenos* e sua definição pelas aparências externas. Esse discurso, de nula objetividade ou seriedade científica, foi capaz de reciclar-se uma e outra vez com condimentos físicos, antropológicos, psicológicos, genéticos etc., logrando condicionar boa parte da Política Criminal do Ocidente durante o século XX, e conservando, inclusive, certa incidência nas do século XXI.

Podem destacar-se também outros aspectos interessantes do pensamento de Garófalo:

- Rechaçou o automatismo do comportamento humano, apregoado por Ferri; o que é valioso, mas se desviou até o conceito de *anomalia "moral" irredutível*, no qual ficou preso definitivamente.
- Rechaçou (com bom critério) a noção de "loucura moral", porque a palavra loucura era sinônima de alienação mental, seguindo a noção psiquiátrica da época que somente admitia a de origem patológica. Todavia, com o passar do tempo, substituiu as idéias absolutas de são e enfermo pelas de *"normal e anormal"*, enredando-se na busca dessas tipologias. Por sua rejeição à loucura moral, Garófalo foi criticado por alguns autores, e se defendeu *negando que tivesse sustentado a existência de anomalias que pudessem ser exclusivamente psíquicas*. Garófalo perdeu assim, por pouco, a possibilidade de adiantar-se a seu tempo, admitindo a existência das anomalias puramente psíquicas, que estava desenvolvendo concomitantemente a Sigmund Freud.

• Entre duas hipóteses político–criminais, Garófalo escolhe sempre a mais oposta a um sistema jurídico de garantias individuais ou a que resulte mais cruenta, repressiva e extrema. Vejam-se alguns exemplos:

- Critica os sistemas penais pelo uso da prisão e a imposição de penas curtas, mas reclama, em seu lugar, melhores sistemas "eliminatórios". Classifica a esses sistemas em *absolutos* (a pena de morte, a deportação e a reclusão perpétua) e *parciais* (que somente devem aplicar-se *em proporção à "falta de aptidão social"*). Os sistemas eliminatórios absolutos representariam, para Garófalo, a grande virtude de *impedir a procriação desses sujeitos*, favorecendo assim a melhoria da raça.
- No que diz respeito aos custos de transporte e vigilância dos deportados e relegados a ilhas ou paragens desertas, estima que se justificam com um cálculo matemático, compensando esses custos com a diminuição que representam para o orçamento das prisões. (Um argumento similar foi utilizado pelos "novos realistas de direita" nos Estados Unidos, em 1970, justificando a construção ilimitada de cárceres, compensando suas despesas com a economia do custo dos delitos que *não seriam cometidos* pelos encarcerados).
- Está contra qualquer método correcionalista do delinqüente, seja pela via religiosa, educativa ou laboral, mas em particular contra a medida fixa da pena para a correção do culpado, que, para ele, equivaleria a que "um médico prescrevesse um tratamento a um enfermo, indicando-lhe o dia em que deva sair do hospital, estivesse ou não curado".
- Também está contra a liberdade provisória e a prescrição das ações penais e toda manifestação do direito de graça. Sustenta, inclusive, que o governo deveria responder por aqueles reincidentes aos que tivesse indultado com anterioridade. Assim mesmo, está contra o aumento de pena aos reincidentes, mas propondo sua substituição pela *relegação perpétua.*
- Critica o mau funcionamento da justiça penal e dos jurados, mas em todos os casos a objeção aponta à pouca rigidez e escassa disposição ao castigo que merecem.
- Considera que a escala penal e a determinação da pena pela culpabilidade não servem e propõe substituí-las pela *idoneidade do castigo para dissuadir* e pela necessidade de eliminar a periculosidade (à que chamou *temibilidade*) ou perversidade do delinqüente.
- Em alguns temas da teoria do delito adota também as posturas mais extremas; assim, o erro não deve eximir nunca de responsabilidade, porque o importante *é a aptidão danosa da intenção.* Por tal motivo, qualquer forma de tentativa, inclusive a inidônea, deve ser castigada.

Uma análise específica merece a argumentação de Garófalo em favor da pena de morte. A sua não é uma *mera exposição racional*, uma análise de argumentos filosóficos; em sua pluma, adota o caráter de *manifesto militante*, *fervoroso* e *clamoroso*, ainda que reconhecendo que, com essa postura, "marcha contra a corrente".

Garófalo sustenta que a pena de morte deve ser aplicada *e com muita freqüência*, porque, do contrário, não tem eficácia dissuasiva. Nosso autor considera que a pena capital é infinitamente melhor que a reclusão perpétua, porque essa *comporta os riscos da fuga e o perdão*. Formula que se o fim do homem é a vida social, não teria sentido conservar-lhe a vida, quando se sabe que já não ocupará nenhum posto na sociedade. Entende que o melhor da pena de morte é, justamente, *sua irrevocabilidade*, por quanto a reação "começa e termina no mesmo instante, sem deixar nenhuma porta aberta à falsa piedade".

As contribuições mais destacadas de Garófalo foram as referentes aos temas da periculosidade, da noção criminológica de delito e dos conceitos de prevenção especial mediante a individualização do tratamento. Pôs muita ênfase no "*prognóstico de periculosidade*" e elaborou a construção teórica do chamado "*delito natural*", ligando ambos os termos aos sentimentos de piedade e sensibilidade moral. Garófalo adiantou-se assim à futura Sociologia crítica quando advertiu que a noção de delito *dependia dos modelos fixados pela lei*. O delito natural era, pelo contrário, a ferramenta da Criminologia que permitia operar com independência dos tipos penais. O prognóstico de periculosidade era "a quantidade de mal previsto que se pode temer de parte do delinqüente" (temibilidade). A periculosidade é a perversidade constante e atuante do delinqüente. O diagnóstico de periculosidade devia levar em conta a gravidade do ato cometido só como *referência*, uma vez que o importante surge do estudo da personalidade do delinqüente.

Garófalo mostrou que os tipos de delitos mudam em nível internacional, mas que certas condutas puníveis se reiteram em quase todos os códigos, como o homicídio, o estupro e o roubo. Por isso concluiu que o positivismo não podia apenas se conformar com a definição do delinqüente, mas também devia ocupar-se do delito, criando uma noção própria, "universal", do mesmo. Isto tem a ver com sua convicção de que o delito é resultado de anomalias psíquicas ou morais hereditárias do autor, *diferentes da doença mental*, que hoje situaríamos próximo das chamadas psicopatias. Na opinião de Garófalo, na vida instintiva do verdadeiro criminoso, estava sempre presente um elemento específico, congênito ou hereditário, surgido de forma inseparável de seu organismo psíquico. É nesse ponto que afloram o determinismo típico da Escola Positiva e o darwinismo social, que se manifesta explicitamente na defesa da pena de morte e do desterro para delinqüentes incorrigíveis, entendendo que era a equivalência do princípio da seleção natural, para casos nos quais a carência de *sentimentos morais básicos* não deixava esperanças de reabilitação.

Os *delitos universais* seriam, para Garófalo, aqueles que provocam uma censura universal, lesionando regras que facilitam a vida social. Acreditava ser necessário que se sancionassem dois códigos penais: um que reuniria os delitos idênticos para toda a humanidade, por lesionarem o sentido ético, básico, e outro contravencional, válido para cada país, atendendo a suas características especiais.

Garófalo também esboçou uma tipologia que classificava os delinqüentes em assassinos, violentos, ladrões e lascivos, sendo igualmente imprecisos os parâmetros escolhidos para diferenciá-los, apesar de sua definição ser melhor que as de Lombroso e Ferri.

Garófalo distanciou-se claramente da Antropologia de Lombroso e do sociologismo de Ferri, cujas leis e fatalismos sociais rechaçava, do mesmo modo que suas antigas idéias e trajetórias socialistas. Não obstante, compartilhava o conceito de defesa social como fundamento da Política Criminal, e fez parte da Comissão de Reforma Penal de 1921, presidida por Ferri; além disso, aderiu com ele ao fascismo, em um gesto que custou caro para a sua lembrança e para o positivismo como corrente de idéias.

Em matéria político-criminal, Garófalo sustentou também a necessidade do tratamento individualizado, mas com toques muito específicos, uma vez que não acreditava na utilidade do castigo (retribucionismo), tampouco em tratamentos de caráter genérico, como o ensino de trabalho, escolar ou religioso (correcionalismo). Na realidade, pensava que só podia haver um tratamento que se guiasse *exclusivamente pelas particularidades do sujeito a suas patologias morais.*

Figura nº 4

Idéias centrais da Escola Positivista

1. O comportamento delitivo não é eleito (anormalidade por causas biológicas)
2. O comportamento é previsível (periculosidade) e curável (tratamento)
3. Defesa social (segregação) + tratamento (prevenção especial)
4. O delinqüente curado se torna "normal" e se reintegra à ordem social
5. A ordem social se compõe de pessoas normais (aptas) e conformadas

4. Franz von Liszt e o Direito Penal alemão

Franz von Liszt (1851-1919), austríaco, primo do famoso pianista e compositor, foi o criador da Escola de Marburgo, também chamada jovem Escola de Política Criminal ou Escola Sociológica Alemã. O nome da Escola de Marburgo se deve a que, nessa Universidade, ao encarregar-se da cátedra, em 1882, deu uma aula inaugural que mais tarde se publicou como livro, com o título de *O pensamento final no Direito Penal,* na qual desenvolvia um verdadeiro programa político-criminal.[47] Seu maior esforço centrou-se em tratar

[47] A tradução da obra e uma biografia de von Liszt podem ser encontradas em *Franz von Liszt, la idea de fin en el derecho penal,* sob a direção de Manuel de Rivacoba, Valparaíso, Chile: Edeval, 1984.

de conseguir um equilíbrio integrador entre Direito Penal e Criminologia, podendo dizer-se que, naquele momento de sua vida, estava localizado em uma zona intermediária ou eclética entre ambas as disciplinas. Considerava que os positivistas tinham razão quanto ao afastamento da realidade e abstração do Direito Penal, mas não compartilharia de suas posições antropobiológicas extremas e se opunha à pretensão de dissolver o Direito Penal na Criminologia como disciplina-mãe. Von Liszt foi mais pragmático que teórico, e sua obsessão foi tratar de obter conhecimentos úteis para melhorar a práxis das ciências penais, integradas em uma colaboração harmônica, além das disputas teóricas em curso. Essa visão foi denominada "ciência total (ou ciência integrada) do Direito Penal" e devia abarcar os trabalhos da Antropologia Criminal, da Psicologia Criminal e da Estatística Criminal. Precisamente, para impulsionar essas idéias, fundou em 1881 a *Revista para a Ciência Total do Direito Penal*, que, em pouco tempo, se tornou uma publicação excludente de temas dogmático-penais, afastando-se da Política Criminal.

Em vez de substituir as penas por tratamentos, von Liszt considerou que era necessário *estabelecer conjuntamente penas e medidas de segurança.* Questionou duramente os teóricos retribucionistas da pena, sustentando que ela devia ter uma finalidade útil, preventiva, mas com uma incidência terapêutica dirigida, especialmente em favor do criminoso, ou seja, o que veio a se denominar função especial-preventiva.

Liszt compartilhava com os teóricos italianos as noções de defesa social e estado perigoso, contudo foi ambíguo quanto ao problema do livre arbítrio. Sustentou que existem duas Criminologias: uma teórica, que se ocupa das causas e origens do delito, e outra prática, que, valendo-se de elaborações empíricas e observações, pode elaborar programas de mudança e definir medidas político-criminais que sejam consagradas na legislação e aplicáveis na prática.

Liszt fundou a *Associação Internacional de Criminalística,* conjuntamente com o belga Adolphe Prins e o holandês Gerard van Hamel, com o objetivo de destacar a necessidade da investigação sociológica e antropológica, tendo como tarefa comum a investigação científica do crime, suas causas e meios para combatê-lo. A partir da proposição dessa corrente, os juristas alemães dirigiram sua atenção a exigências de Política Criminal, aceitando uma distribuição de papéis, segundo os quais o jurista promove reformas, reconhecendo o assessoramento de outras disciplinas. Esse esquema é o que estabeleceu durante várias décadas a idéia de que *a Criminologia é uma disciplina auxiliar do Direito Penal*, que explica a este os fenômenos de sua aplicação e lhe propõe novas idéias transformadoras ou úteis para a teoria. Veremos mais adiante todos os problemas que se originaram nas ciências penais ao se romper essa presumida harmonia teórica e prática.

Liszt participava também de um conceito multifatorial do delito, convencido de que a conduta delitiva tem três causas: a personalidade, a socialização e as deficiências da justiça penal, que se demonstra, por exemplo, em sua incapacidade de diminuir a reincidência.

Os ensinamentos de von Liszt acomodaram melhor a Criminologia causal-explicativa aos limites especial-preventivos como proposta, o que explica a duração do modelo. Contudo, além disso, von Liszt opôs-se em sua época aos penalistas que, na grande maioria, rejeitaram a necessidade de se aproximar à Criminologia; precisamente, graças à Escola de Marburgo, nasceu na Alemanha um interesse pela Criminologia quase hegemônico no âmbito jurídico, diferentemente de França e Itália, onde se viu a grande incidência que tiveram as Escolas Positivistas de Medicina. Não obstante, apesar da admissão do criminológico pelos juristas, os dogmáticos mantiveram a hegemonia em questões de Política Criminal.

Muitos dos pontos de vista de von Liszt influenciaram aos autores do Código Penal argentino e, por fim, se expressam em sua aplicação.[48]

[48] O "Tratado de derecho penal" de von Liszt, traduzido por Jiménez de Asúa, foi publicado em diversas edições e tomos na Espanha. A segunda edição por Editorial Reus, Madrid, 1927.

Capítulo 4

A Criminologia argentina

1. Spencer e o Positivismo argentino

A influência do Positivismo na Argentina do século XIX e nas primeiras décadas do XX foi enorme e teve importantes conseqüências institucionais, se bem que seu emprego teórico e prático foi heterodoxo e contraditório: mais astuto, pragmático e utilitário que apegado aos princípios liberais que sustentou.[49] O nascimento e a raiz da Criminologia dentro desse lapso histórico parte, então, de um fenômeno cultural muito mais vasto, que marcou especialmente o campo universitário e científico, gerando rápidas transferências dessas idéias aos programas sociais. Em meio da ebulição de disciplinas sociais nascentes e muito dinâmicas, a Criminologia argentina chegou a ser uma vanguarda continental na matéria, alcançando grande prestígio nos foros internacionais onde se fez presente de maneira regular, circunstância pouco freqüente que merecerá logo uma análise mais detalhada.

Um intelectual talentoso, Eduardo Wilde (1844-1913), teve especial incidência estratégica na erupção positivista argentina a partir de suas funções ministeriais durante os governos de Juárez Celman (1886-1890) e Roca (1880-1886).

Wilde foi ministro do Interior do primeiro e de Justiça e Instrução Pública do segundo, havendo tido uma intensa atividade diplomática durante a segunda presidência de Roca (1898-1904) e posteriormente a ela. Durante esses mandatos presidenciais, a influência de Wilde, na expansão positivista, foi decisiva; no entanto, seus passos seguiam rigorosamente os ensinamentos que tomava de Spencer. O próprio presidente Juárez Celman foi apaixonado leitor de Spencer, a quem tratava de imitar em sua gestão prática, e se dizia que não tomava nenhuma decisão sem consultar previamente algum de seus

[49] Ver KORN, Alejandro. *El pensamiento argentino*. Buenos Aires: Nova, 1961; e o número especial da revista *Todo es Historia* dedicado aos positivistas argentinos, n° 173, outubro de 1981. Também MARTEAU, Juan Félix. *Las palabras del orden*. Buenos Aires: Editores del Puerto, 2003, Capítulos V e VI.

livros. O Positivismo marcou, na Argentina, uma divisão cultural que em outros países teve conotações de caráter especificamente político. No México, o positivismo teve a ver diretamente com a conformação ideológica dos grupos que disputavam o poder, e a oposição liberais *versus* conservadores refletiu com bastante nitidez essa divisão também na Colômbia e no Chile. Na Argentina, como está dito e como veremos a seguir, o processo teve outras características.

Wilde, um agnóstico militante e homem de vasta cultura, pôs em marcha o processo de secularização do Estado, separando suas funções e as da Igreja institucional, desencadeando um enfrentamento muito forte com os intelectuais ligados aos setores religiosos.[50] De fato, as classes acomodadas dividiram-se em dois setores: ou atrás das bandeiras laicas ou da defesa da religião católica, suas instituições e funções civis.

Na corrente que se denominou Geração de 80, agruparam-se genericamente os laicos, incluindo grande quantidade de intelectuais de prestígio, enquanto José Manuel Estrada e Pedro Goyena congregaram os opositores confessionais, que eram acentuadamente conservadores em um sentido tradicional, particularmente no que se refere à unidade institucional da Igreja e do Estado.

Wilde impôs, em 08 de julho de 1884, a sanção da Lei Nacional nº 1428, de Educação Comum para a Capital e Territórios Federais, consagrando a educação obrigatória, gratuita e laica, com grande resistência dos setores religiosos. Também conseguiu a sanção das Leis nº 1.565, de Registros Civis, e a nº 2.393, de Matrimônio Civil, como parte de um processo de secularização acompanhado de um liberalismo econômico acendrado, que impulsionou uma manutenção política de privatizações. A Geração de 80 representava o setor ilustrado da oligarquia argentina, detentor de muito protagonismo social e poder material, ligado à dinâmica real do poder e possuído pela avidez de imitar as novidades e o modelo de progresso provenientes da Europa.

Uma breve enumeração das figuras que se destacaram na corrente positivista pode conceder uma idéia da incidência cultural que alcançou esta orientação, com os olhos voltados para o futuro, especialmente nas universidades. Florentino Ameghino ensinava Filogenia; o Professor Dellepiane ensinava Sociologia; Carlos Ibarguren inaugurou a Faculdade de Filosofia e Letras da Universidade de Buenos Aires com um discurso explicitamente spenceriano etc. Nessa faculdade, ensinou também Nicolás Matienzo, o qual, além de tudo, era constitucionalista e participou da elaboração de um projeto de Código Penal. Em 1897, Francisco de Veyga criou a cátedra de Antropologia e Sociologia Criminal, nove anos antes que na Itália se estabelecesse uma semelhante. No começo do século XX, o jovem Carlos Octavio Bunge começou

[50] As *Obras completas* de Eduardo Wilde foram publicadas pela Editorial Belmonte, Buenos Aires, 1939. Uma interessante biografia é a de ESCARDÓ, Florencio. *Ensayo sobre Eduardo Wilde*. Buenos Aires: Editorial Lautaro, 1943.

a lecionar em várias faculdades, incluída a de Direito. No interior do país, o ideário positivista expandiu-se também com especial êxito, por exemplo, em Corrientes, onde Jorge Alfredo Ferreyra iniciou um singular experimento de renovação pedagógica: a Escola Popular de Esquina, alinhada no mesmo rumo que a Escola Normal de Paraná, onde se destacava Pedro Scalabrini, o qual publicou, em 1888, *Materialismo, Darwinismo e Positivismo* e fundou, em 1895, junto com Ferreyra, a revista *La Escuela Positiva*. Quando se inaugurou a Universidade de La Plata, em 1905, apresentaram-na sob a invocação de Spencer. Em 1904, Ernesto Quesada havia publicado importantes monografias sobre a obra de Spencer e Comte; esse professor de Sociologia conseguiu, além de tudo, que suas idéias influenciassem o Partido Socialista a partir da obra de Ferri, que, nesse período, era também socialista, em particular por meio de seu livro *Socialismo e ciência positiva,* no qual colocava em um plano de igualdade os aportes de Darwin, Spencer e Marx. No entanto, Juan B. Justo não aderiu com o mesmo entusiasmo à causa positivista, salvo em alguns aspectos metodológicos.

Quando Spencer faleceu, em 1903, o país comoveu-se, e as associações e os foros de todo o tipo competiram na realização de homenagens, como antes havia sucedido com respeito a Darwin. O jornal *La Nación* dedicou-lhe dois editoriais em um dos quais pode-se ler o seguinte:

> O enorme colosso do pensamento, um dos cérebros mais lúcidos e poderosos que jamais havia irradiado sua luz na escuridão infinita que rodeia a humanidade no espaço e no tempo, tem transposto ao fim desta fronteira do incognoscível até onde havia levado suas agudas investigações. A obra de Spencer constituía um poderoso reconstituinte moral, lendo seus livros como se uma mão poderosa nos ajudara a escalar ao pico de uma montanha. Lê-se, avança-se sem fadiga até o ponto em que maravilhados vemos a nossos pés os vales e as planícies, admirando-nos, então, por haver sido levados sem resistência e sem fadiga a tanta altura. A luz que irradiava a vida do falecido era como um farol, em direção ao qual a parte mais culta da humanidade costumava, às vezes, voltar os olhos (10/12/1903, p. 3).

O processo de secularização que se insinuou durante o governo Juárez Celman torna-se mais aguçado no de Roca, chegando a provocar a separação da Igreja e do Estado, a expulsão do Núncio Apostólico e a administração pública dos cemitérios, faltando pouco para alcançar a sanção da lei do divórcio civil. O debate teve um curioso caráter cultural-econômico, tendo sido os discípulos de Spencer muito coerentes no segundo aspecto, conforme as transferências à iniciativa privada que levaram adiante. Não assim, em temas como a educação, que se centrou na ação do Estado laico, isto é, em um *monopólio estatal,* totalmente em contradição com a crença de Spencer. A paradoxal luta do Evangelho de Cristo contra o de Spencer foi bastante artificial, referida a uma conjuntura circunstancial da intelectualidade argentina de origem oligárquica. Não havia outra razão de fundo para que semelhante processo se desse no marco de uma luta contra a religião. É certo que se retiraram atribuições do aparelho de poder religioso em temas sobre os quais exercia uma posição hegemônica, e isso foi resultado de uma luta que os positivistas definiam como "superstição contra saber científico". Por essa razão, alguns autores dizem que o positivismo não teve entre nós caráter ideológico, mas, sim, de apoio circunstancial para levar à frente um projeto que, em realidade, era econômico.[51]

Nas esferas do governo, especialmente nos campos executivo e legislativo, a vigência intelectual de Spencer era constante e manifestava-se em situações como, por exemplo, a forte discussão sobre o projeto de divórcio apresentado pelo Dr. Olivera, o qual fundamentou a necessidade de introduzir esse instituto, apoiando-se expressamente em citações de Darwin e Spencer.

Juárez Celman havia feito outro tanto, quando, valendo-se de citações de *O homem contra o Estado,* autorizou a privatização da Ferrovia Andina e as obras de saneamento da cidade de Buenos Aires. Também Carlos Pellegrini gostava de introduzir em seus discursos longas citações e referências a Spencer, e é fácil situar precedentes em todos os documentos e debates políticos da época.

À oligarquia latifundiária, radicada em Buenos Aires, onde controlava todos os meios de poder, convinham-lhe as idéias spencerianas; no entanto, a estrutura agrária modernizava-se e encontrava-se com o modelo econômico internacional, no qual a Inglaterra tinha o predomínio (algo assim como as "relações carnais" com os Estados Unidos na década de 1990). Associar-se ao império significava, de algum modo, participar de sua grandeza e de seu nível de progresso. A idéia de "progresso" formulava-se de modo bastante abstrato, mas o certo é que, na verdade, tendia a enriquecer e favorecer economicamente os setores de elite, antes aristocráticos e agora oligárquicos, que conservavam os meios do poder, alternando-os entre amigos de diferentes famílias.

O processo privatizador incrementou-se durante as gestões de Roca, até que não restassem praticamente empresas públicas ou propriedades estatais a licitar. No entanto, após o último período do roquismo, produziu-se uma forte reação política contrária ao liberalismo, que tinha redistribuído a estrutura das rendas públicas. Em 1906, projetou-se privatizar a obra do primeiro metrô argentino, em construção em Buenos Aires, dando lugar a um agitado debate parlamentar, em cujo transcurso se atacou diretamente o ideário liberal implantado. O deputado Castro referiu-se ao processo consumado como "uma época desgraçada para o país, na qual nos desprendemos de tudo, graças àquelas doutrinas spencerianas. Do espírito de iniciativa particular e do

[51] MAYO, Carlos e GARCÍA MOLINA, Fernando. *El positivismo en la política argentina (1880-1906).* Buenos Aires: Centro Editor de América Latina, 1988.

governo nada restou, porque essas teorias se desenvolviam para fazer negócios ...".

A tudo isso, e como costuma suceder historicamente, os setores poderosos haviam aumentado o seu enriquecimento no curso do modelo econômico liberal, concentrando mais poder que nunca. O esquema institucional do país, adequado à filosofia agroexportadora, carecia por completo de uma legislação trabalhista e social. As relações contratuais com os trabalhadores ficavam livres, como pretendia Spencer, à oferta e à procura, baseada na ocupação instável, os baixos salários e as extensas jornadas de trabalho em condições insalubres, que deram lugar a tensas relações entre trabalhadores e patrões.

Contudo, enquanto nossa oligarquia encontrava-se em Paris e Buenos Aires, desfrutando da *belle époque*, e desperdiçando despreocupadamente a riqueza obtida com o modelo agroexportador, as levas imigratórias, às quais se havia prestado pouca atenção, começaram a transformar a paisagem social e econômica do país, até constituir-se em um problema que alterava a "siesta" dos latifundiários depois do banquete da iniciativa privada. Muitos grupos de imigrantes que haviam sido colocados no interior do país, *no Chaco, Entre Rios, Misiones, Corrientes ou La Pampa*, tiveram que abandonar esses lugares de residência pela dureza do meio e pela falta dos recursos prometidos, começando a migração interna a Buenos Aires, que não deixava de receber levas de novos habitantes ultramarinos. A repentina superpopulação teve que se agregar nos famosos cortiços, que foram seu lugar fatal de residência entre 1880 e 1910. Nos últimos anos da década de oitenta, existiam em Buenos Aires cerca de 2.000 cortiços habitados por quase 100.000 pessoas. Apesar de algumas dessas casas já possuírem água corrente e esgoto, a aglomeração e a falta de higiene eram cada vez mais alarmantes. As autoridades mostravam-se indiferentes frente ao problema; as regras municipais sobre higiene não eram cumpridas, e as epidemias, que sucederam à da febre amarela, eram uma constante ameaça de mortandade.[52]

Segundo Suriano, esta situação de exposição à deterioração e às epidemias expressava fielmente o modelo econômico em curso:

> Não obstante a magnitude alcançada pelo problema habitacional, os poderes públicos fizeram quase nada para resolver a questão e, fiéis aos princípios liberais, não concederam a possibilidade de que o Estado interviesse para regular uma política de habitação de acordo com as reais necessidades; esse terreno era de incumbência da empresa privada, e o Estado não devia competir com ela. Na concepção das classes governantes, o trabalhador, para ter acesso ao bem-estar, teria de fazê-lo por conta própria, e o que não conseguia era por sua incapacidade ou por pouco apego ao tra-

[52] SURIANO, Juan. *La huelga de inquilinos de 1907*. Buenos Aires: Centro Editor de América Latina, Colección Historia Testimonial Argentina, 1983, p. 33. Sobre as condições de trabalho dessa etapa, pode-se ver, na mesma coleção, de GONZÁLEZ, Ricardo. *Los obreros y el trabajo*. Buenos Aires, 1901, editado por Centro Editor em 1984.

balho. Talvez por isso, durante esses anos, considerou-se o cortiço como uma peneira social que permitia filtrar os melhores e reter os piores.[53]

O crescimento repentino e multinacional de Buenos Aires tornou insuficiente, em escassos cinco anos, a rede de esgoto, a iluminação, a água e as habitações, com quase uma triplicação de seus habitantes. O crescimento registrado seguiu esta progressão:

1880 ⟶ 330.000
1900 ⟶ 823.319
1905 ⟶ 1.007.058 habitantes[54]

Uma porcentagem alta dessa população não falava castelhano, não tinha trabalho fixo, nem inserção social ou cultural etc. Essa troca abrupta de fisionomia e mentalidade, com o ingrediente provocativo das idéias anarquistas e socialistas, que os operários haviam trazido com seus escassos pertences, pegou desprevenido o governo, colocando-o frente à necessidade de dar respostas tranqüilizadoras aos setores conservadores que viam os estrangeiros como elementos agressivos e incompreensíveis, que afetavam sua segurança.

O Positivismo estava superado já na Europa como idéia filosófica hegemônica quando alcançou seu zênite em nossas terras, onde foi posto a serviço de um projeto de poder que se apropriou com inteligência da idéia de "progresso", mediante o discurso sedutor e ambíguo de Spencer, que, na realidade, identificava a idéia de progresso com uma evolução social e econômica em função dos interesses materiais do grupo social hegemônico. É certo que uma ferrovia é "progresso" em tese, porque melhora as comunicações, mas, no caso concreto, a construção da rede ferroviária argentina original, levada a efeito por uma gama de empresas estrangeiras, como se pode comprovar por meio da visualização de qualquer mapa, não foi pensada com a intenção de trazer o maior benefício geral possível à população argentina, mas, sim, o contrário. No lugar de integrar socioeconomicamente a atividade interior, conectaram-se malhas reciprocamente incompatíveis a um porto exportador convergente e excludente.[55] Não há, então, progresso em tese, mas, sim, modelos diferentes de progresso, pensados em função dos que recebem seus benefícios. Quanto mais eqüitativa seja a divisão de vantagens, mais justificada estará a realização que a possibilite.

---

[53] Obra citada, p. 13.

[54] BOURDÉ, Guy. *Buenos Aires, urbanización e inmigración*. Buenos Aires: Huemul, 1977, p. 145.

[55] SCALABRINI ORTIZ, Raúl denomina-os "Fator primordial de antiprogresso" em *Historia de los ferrocarriles argentinos*, 4ª edição, Buenos Aires: Plus Ultra, 1962.

A visão do progresso em tese está ligada à hoje rediviva idéia neoliberal de que o enriquecimento dos poderosos beneficia toda a sociedade, que recebe sua parte mediante a "teoria do gotejamento ou do derramamento".[56]

2. Os criminólogos do Positivismo argentino

A Criminologia afirmou-se fecundamente na Argentina, mediante um rápido transbordamento de idéias dentro do processo de irradiação positiva que vimos seguindo. Pode-se brindar uma idéia da intensidade e da transcendência da Criminologia argentina citando alguns dados e nomes, que suprem aqui a falta de uma historiografia exaustiva. Em 1873, já existia uma revista – precursora no seu gênero na América Latina – dedicada ao comentário dos fatos policiais, que se chamou *Revista Criminal,* dirigida por Pedro Bourel. Por sua parte, Pietro Gori publicou, a partir de 1898, a revista *Criminologia moderna*, e vimos que Luis María Drago havia publicado, em 1888, *Los hombres de presa,* obra que foi prefaciada por Lombroso em uma edição italiana de 1890.

Francisco de Veyga fundou a publicação *Arquivos de Psiquiatria e Criminologia* em 1902, nomeando como diretor José Ingenieros, o qual a dirigiu até 1911. Essa publicação deve ser destacada especialmente por sua qualidade e atualidade, assim como pelo importante reconhecimento internacional que alcançou.

Quando falamos de Criminologia positivista, não se deve perder de vista que, ao mesmo tempo, essa corrente monopolizou o ensino do Direito Penal. Norberto Piñero assumiu, em 1887, a cátedra de Direito Penal da Universidade de Buenos Aires, e como era de costume, então, saudou a Escola Positiva, "a que dará a volta ao mundo para o bem da humanidade". Nesse momento, acabava de regressar do Primeiro Congresso de Antropologia Criminal de Roma, em 1885, onde, como já vimos, Lombroso havia recebido sua verdadeira consagração como luminar científico. Piñero foi secundado por seu irmão médico Antonio Piñero, e homens como Osvaldo Magnasco, Francisco Ramos Mejía, José Nicolás Matienzo, Rodolfo Rivarola, José M. Ramos Mejía, Luis M. Drago, Francisco Pico, Luis Gonnet etc., todos eles pertencentes à *Sociedade de Antropologia Jurídica,* fundada em 1889, que foi criada para "promover o estudo científico da criminalidade".

A presença argentina nas reuniões internacionais de Antropologia Criminal e Direito Penal foi constante, numerosa e hegemônica com relação

[56] Ver CALCAGNO, Alfredo Eric e CALCAGNO, Alfredo Fernando. *El universo neoliberal.* Recuento de sus lugares comunes. Buenos Aires: Alianza, 1995.

aos outros países latinoamericanos; assim sucedeu nos encontros de Bruxelas em 1889, Paris em 1893 e Amsterdã em 1901.[57]

Várias personalidades do Positivismo integraram comissões de reforma do Código Penal: Piñero, Matienzo e Rivarola em 1890, e também 1906, incluindo Ramos Mejía. A corrente jurídica estabeleceu-se também na Universidade de Córdoba, por meio de Cornelio Moyano Gacitúa, outro correspondente argentino de Lombroso, que prefaciou seu trabalho *A delinqüência argentina* (1905). Várias dessas personalidades foram, também, juízes de Tribunais Superiores e da Corte Suprema de Justiça da Nação.

Em 1912, Eusebio Gómez registrou mais de 1.200 títulos de Criminologia já publicados no país, em seu trabalho intitulado *Índice bibliográfico de la Criminología argentina.*

A Argentina foi, também, o primeiro país onde se publicou um livro de Criminologia clínica: a *Criminologia,* de José Ingenieros, que apareceu pela primeira vez em Madri, em 1913, mas que resultava de trabalhos prévios, melhorados e acumulados, apresentados, em diferentes datas (1900, 1905, 1906 e 1910), pelo Instituto de Criminologia de Buenos Aires. Suas obras foram traduzidas para vários idiomas, publicando-se alguns trabalhos, pela primeira vez, em língua estrangeira, como ocorreu freqüentemente com as versões em italiano.

Esse fenômeno tão singular é interpretado por Rosa del Olmo não mediante o habitual festejo à "milagrosa irrupção de um grupo talentoso", mas, sim, por meio da situação interna da Argentina e do papel importante que cumpria na divisão internacional do trabalho, como "sócio" econômico do império britânico, levando seus intelectuais a estudar na Europa, transplantar seus novos conhecimentos e pretender equiparar Buenos Aires ao nível cultural dos grandes centros de poder mundial. Tratava-se, por outro lado, de pessoas de posição acomodada, de filhos da classe dirigente, possuidora de poder político e refinada cultura.[58] Em suma, uma posição herdada da aristocracia, com incidência direta no manejo da política, da ciência e da legislação.

As mudanças estruturais da Argentina no início do século XX e suas similitudes com a época atual têm sido sintetizadas de maneira precisa por Daniel García Delgado:

> Cada mudança estrutural reconhece no passado o espelho onde se julga e se analisa. Baseando-nos nas ciências sociais encontramos uma forte semelhança entre o processo de modernização atual vinculado à globalização, com as profundas transformações

[57] Ver DEL OLMO, Rosa. *América Latina y su criminología.* México: Siglo XXI, 1981, com uma análise minuciosa da presença argentina nos congressos de criminologia do século XIX e começo do XX.

[58] DEL OLMO, Rosa. *Criminología argentina.* Apuntes para su reconstrucción histórica. Biblioteca de Ciencias Penales, n° 10. Buenos Aires: Depalma, 1992. Também: SCALABRINI ORTIZ, Raúl. *Política británica en el Río de la Plata.* 4ª edição, Buenos Aires: Plus Ultra, 1965.

produzidas no século passado na sociedade mediante a introdução do capitalismo na sociedade tradicional ou as que provocara a segunda revolução industrial. [...]
Foi o impacto do mercado irrompendo em âmbitos guiados por orientações e valores tradicionais e em consolidadas identidades histórico-culturais. Essa modernização significou a transformação da sociedade tradicional por um processo de mudança induzido desde cima, que estabeleceu uma sociedade moderna, mas com base não em padrões industriais, mas, sim, em um modelo extrativo de agricultura extensiva.[59]

Sem dúvida, os positivistas argentinos sentiam-se, segundo o esquema spenceriano, os mais aptos, a elite, o cérebro do organismo social, os moralmente virtuosos,[60] em suma, a encarnação do processo civilizador que depuraria a Nação de seus elementos bárbaros, ignorantes e ineptos para o progresso, antes indicados por Alberdi e Sarmiento.

Da extensa lista de nomes do positivismo argentino, a figura mais famosa, destacada, polêmica e carismática em matéria criminológica foi o médico psiquiatra, político e filósofo José Ingenieros (1877-1925).[61] Nasceu na Itália, mas seu pai emigrou à Argentina devido à perseguição política causada por seu trabalho como jornalista. Ingenieros formou-se como médico em 1900, com uma tese sobre *Simulação da loucura,* que dedicou ao porteiro da faculdade.[62] No começo do século passado, militou ativamente no socialismo, havendo compartilhado essas atividades com o famoso poeta e logo depois convertido ao fascismo, Leopoldo Lugones, com quem dirigiu, a partir de 1897, um jornal socialista revolucionário denominado *La montaña,* por meio do qual mantiveram árduas polêmicas contra os teóricos e a ação dos já poderosos grupos anarquistas de Buenos Aires.[63]

Foi docente da cátedra de Medicina Legal e da Clínica de Doenças Nervosas na Faculdade de Medicina de Buenos Aires, e também professor de Psicologia Experimental na Faculdade de Filosofia e Letras da mesma universidade. Ingenieros fez numerosas viagens, tendo realizado residências na França, Suíça e Alemanha. Também visitou os Estados Unidos, Cuba,

[59] Em *Estado y sociedad.* Buenos Aires: Flacso y Tesis, 1994, p. 54.

[60] Recordar os trabalhos de José Ingenieros *Las fuerzas morales* e *El hombre mediocre.*

[61] Três biografias recentes, todas com o título *José Ingenieros* são: RODRÍGUEZ KAUTH, Ángel, Buenos Aires: Almagesto, 1996; DÍAZ ARAUJO, Enrique, Buenos Aires: Ciudad Argentina, 1998 e Colección *Grandes Protagonistas*, dirigida por LUNA, Félix, España: Editorial Planeta, 2000.

[62] Singularmente ilustrativa da importância desse teórico é a notícia aparecida em *La Nación* quatro anos depois, em 14 de maio de 1904: "Bibliografia: 'La simulazione della Pazzía'. Nossos leitores conhecem os juízos que mereceu na Europa, por parte dos mais eminentes sociólogos e criminalistas, a obra do doutor José Ingenieros, *Simulación de la locura.* Esses juízos, altamente honrosos para o jovem escritor argentino, refletiam a impressão do alto apreço que sua obra tinha produzido nos círculos científicos. Para tão eloqüentes testemunhos se agrega agora outro mais significativo: o de haver sido vertida ao italiano a obra e editada pela Biblioteca antropológica jurídica de Turim, em cujas coleções figuram os livros mais conhecidos sobre estas matérias. O Dr. Ingenieros tem justo motivo para estar satisfeito por esta consagração, que robustece o prestígio conquistado por seus dotes de pensador e estudioso".

[63] Pode-se ver a recompilação completa dos números de *La mantaña,* na coleção *La ideología Argentina,* publicada em 1997 pela Editora da Universidade de Quilmes.

México e Brasil. Sumamente prolífero, atribuem-se-lhe cerca de 200 artigos sobre Criminologia e temas diversos, e 20 livros. Em 1915, criou a editora *La Cultura Argentina* para difundir livros a baixo custo, conseguindo publicar perto de 150 títulos antes da falência que pôs fim a essa atividade.

Ingenieros foi o artífice do estudo sistemático dos delinqüentes no meio penitenciário, aperfeiçoando, involuntariamente, *o equívoco do patológico social circunscrito dentro dos muros carcerários*. O autor em causa compartilhava a idéia de que o indivíduo chegava ao delito por ação de alguma tara mental, não-genética, mas psíquica; e o lugar indicado para averiguá-lo seria a prisão. Ali estabeleceu métodos modernos para estudar presidiários, classificá-los e estabelecer prognósticos de recuperação. O tratamento devia ser diferenciado, específico para cada sujeito conforme as suas particularidades biográficas.

Ele foi, em 1899, Chefe do Serviço Policial de Observação e Reconhecimento do chamado "Depósito de Contraventores". Logo assumiu cargo no Escritório de Estudos Médicos e Legais, transformando-o em Clínica de Psiquiatria Forense. Posteriormente, após a instalação do Instituto de Criminologia e do Hospital Penitenciário na Penitenciária Nacional (criada em 1877) cumpriu um papel determinante nesses, onde contou com a colaboração de seu amigo, o jurista Eusebio Gómez, o qual investigava as questões penológicas e chegou a diretor do estabelecimento. Ingenieros foi um precursor mundial no estudo científico dos condenados para estabelecer seus tratamentos de readaptação, e a Penitenciária Nacional, visitada por Ferri, foi tomada como modelo internacional, imitado, logo, em outros países.[64]

Ingenieros chegou a refutar Lombroso depreciativamente, mostrando em detalhe os excessos que implicava esse aparato teórico. Por sua parte, fez contribuições relevantes para o progresso do modelo da Escola Positiva, levando-a em direção a objetos de maior cunho científico e verificação empírica. Sua contribuição teórica à Criminologia centrou-se no objeto de investigação, que situava, na problemática da Psicologia Criminal, seus famosos quadros de classificação de delinqüentes, e o estabelecimento de prognósticos e tratamentos com base científica, de execução penitenciária sistemática.

Se bem que Ingenieros tenha passado pela história como uma aura de socialista romântico, solidário com os necessitados e os fracos, o certo é que não pôde escapar à mentalidade positivista mais cruel, a das hierarquias étnicas e sociais; assim o atestam muitas de suas páginas, de um conteúdo racista, estremecedor, dirigidas a desvalorizar índios e negros, com os quais tomou contato no curso de suas viagens. Basta como mostra este parágrafo, inspirado nos negros de Cabo Verde, no artigo titulado: "As raças inferiores":

[64] Sobre Ferri e suas visitas à Argentina, pode ver-se: "La legislación penal argentina", pelo próprio Ferri e com comentários de BUNGE CAMPOS, Luis María, em: *Nueva doctrina penal*, 2003-A, p. 249.

"O quanto se faz em prol das raças inferiores é anticientífico; em síntese se lhes poderia proteger para que se extinguissem agradavelmente, facilitando a adaptação provisória dos que por exceção possam fazê-lo. É necessário ser piedoso com estes farrapos humanos; convém tratá-los bem, pelo menos como às tartarugas seculares do jardim Zoológico de Londres ou às avestruzes adestradas que passeiam no de Amberer". Não satisfeito com isso, acrescentou que: "Seria absurdo ter a sua conservação indefinida, assim como favorecer a cruza de negros e brancos. O sociólogo que observa as raças humanas com o cérebro e não com o coração está obrigado, pelo menos, a pensar o mesmo que o criador em matéria de raças eqüinas e ovinas... Nesse sentido, a abolição da escravatura tem sido um infortúnio para os negros".[65]

Nota-se que o primitivismo dos negros é comparado por Ingenieros aos animais exóticos, mas reduzidos à serventia nas cidades cultas da Europa. Em outras palavras, a animalidade das raças africanas e americanas era analisada a partir de uma ótica que, além de positivista, era escandalosamente eurocentrista e só poderia ter sido verificada por sul-americanos extremamente bem-sucedidos, únicos capazes de passear pelos zoológicos europeus no começo do século XX. A competência de nossos positivistas nas expressões de desprezo em direção ao que consideravam inferior, marginal ou degenerado, tem toda a aparência de haver sido – em última instância – um discurso dirigido a agradar ouvidos brancos europeus de primeiro nível social, em cabeças intoxicadas com os textos discriminatórios de Spencer. Em outras palavras, nos positivistas argentinos adverte-se uma atitude de subserviência intelectual em direção ao modelo eurocentrista então vigente, recoberto com veleidades românticas de "revolução implacável do pensamento".

Semelhantes reservas podem ser formuladas a outros textos de Ingenieros, nos quais o princípio da seleção natural é bem-vindo para estimular a "limpeza étnica". Quanto aos marginais – inclusive os brancos – deixou páginas eloqüentes, como o prólogo ao livro de Gómez de 1908, *La mala vida en Buenos Aires,* cheias de um desprezo moralista inconveniente, que traduzem a incapacidade de compreender o delito e a marginalidade a partir de uma ótica que não fosse a da moral oficial; isto chama mais a atenção na pluma de um médico que na de qualquer jurista, habitualmente envolvido em questões axiológicas.

Em suma, a personalidade de Ingenieros e sua obra oferecem, como ocorreu com vários positivistas da primeira geração, importantes flancos

---

[65] Tomadas do livro de INGENIEROS, *Crónicas de viaje,* em *Obras Completas,* v. V. Buenos Aires: Elmer, 1957, p. 116-124. Em DÍAZ ARAUJO, Enrique, obra citada, p. 257. Ver também: ZAFFARONI, Eugenio, *Criminología.* Aproximación desde un margen. Bogotá: Temis, 1988, p. 150. Cabe mencionar, além disso, a famosa conferência de Ingenieros "*La formación de una raza argentina*", pronunciada em 3 de setembro de 1915.

questionáveis em matéria de coerência científica e racionalidade para interpretar a sociedade humana.

Eusebio Gómez, autor, em 1912, da *Criminología Argentina,* onde fez uma importante busca histórica da legislação penal argentina, de um *Tratado de Derecho Penal* em vários tomos, de uma biografia de Ferri, de numerosos artigos e diversos livros,[66] foi talvez o mais prolífero e conseqüente positivista argentino no campo do Direito Penal.

Gómez esteve ligado estritamente à obra de Ingenieros e foi um ativo teórico e catedrático, autor de vários dos projetos positivistas da legislação penal argentina, que – talvez afortunadamente – nunca foram sancionados. Nesse sentido, sua frustração foi similar à de Ferri e demais positivistas locais, que não conseguiram se impor à versão do Código Penal de 1921. Na ocasião de cumprir 45 anos do Código argentino vigente, Ricardo Núñez disse, com seu estilo categórico:

> Quarenta e cinco anos de vida leva o Código Penal argentino. Tem resistido aos ímpetos dos redatores dos projetos de Coll-Gómez de 1936, de Peco de 1941, do Poder Executivo de 1951, de Soler de 1960 e de um *non nato,* pelo menos à luz pública, cuja responsabilidade, segundo creio, tomou por último a Ricardo Levene (h). Todas essas propostas pretendiam substituir o Código por outro, às vezes como os de Peco e de 1951, tão diferentes dele, que, se aceitos, teríamos que começar a estudar de novo o direito penal positivo.[67]

Gómez foi um exemplo de coerência em suas idéias, inclusive quando o positivismo começou seu evidente declínio. Democrata convicto suportou com estoicismo a desmitificação de Lombroso, o descrédito político de Ferri e Garófalo, as idiossincrasias de Ingenieros e a frustração de seus projetos. Não se pode negar coerência intelectual e política à sua luta, proposta dentro de limites de legitimidade democrática. Por certo, também se podem formular críticas às suas idéias positivistas, com alcance similar ao de outras figuras dessa corrente. Por exemplo, quando sustenta em seu tratado que:

> A Antropologia Criminal tem comprovado a inferioridade biológica do homem delinqüente, deduzindo-a de um cúmulo de anomalias que ele apresenta. Essas anomalias são atávicas, degenerativas e patológicas. Às vezes, as anomalias de um determinado caráter acompanham as de outro. É um fato demonstrado, em certas categorias de delinqüentes, a tendência a reproduzir ou a manter, por transmissão hereditária, caracteres que pertençam a raças humanas inferiores. As anomalias reveladoras de tal tendência são de caráter atávico.[68]

[66] A obra *Tratado de derecho penal* foi publicada pela Compañía Argentina de Editores, Buenos Aires, 1939/42. A biografia de Ferri foi publicada pela Ediar, Buenos Aires, 1947.

[67] "El origen bastardo de una reforma", *Derecho Penal y Criminología,* n° 1, p. 29, 1968.

[68] *Tratado...,* obra citada, Capítulo X, p. 249.

Gómez sucedeu a Ingenieros como Diretor do Instituto de Criminologia da Penitenciária Nacional entre 1923 e 1928. Esse centro que, como vimos, teve grande fama e irradiação internacional, perdurou até 1934, ano em que cessaram suas funções, ao se criar o Instituto de Classificação, pela Lei argentina nº 11.833. O programa elaborado por Ingenieros manteve-se até 1927 sem modificações. Gómez foi sucedido por Osvaldo Loudet, que conduziu o Instituto até 1941, completando trinta anos de Criminologia etiológica e positivista destinada a rastrear e curar as patologias ou anomalias psíquicas pressupostas em toda a conduta delitiva. É preciso traçar um balanço dos acontecimentos nessa etapa dos primeiros quarenta anos do século passado, que se poderia sintetizar dizendo que ficou refletida nestas realizações:

• *Estudos sistemáticos sobre o delinqüente*, realizados nas prisões, com o fim de elaborar terapias individualizadas. A evolução Política Criminal perante os governos radicais de Yrigoyen e Alvear caracterizou-se também pelo afã de prevenir a "periculosidade" ou "estado perigoso" e acentuar a necessidade da defesa social. Cabe recordar que, perante o primeiro desses governos democráticos de amplo consenso social, produziram-se sangrentos atos de repressão, como a Semana Trágica e os fuzilamentos de peões em greve da Patagônia. A busca da "defesa social" prolongar-se-ia tanto no tempo que a "Lei da Residência" só foi efetivamente derrogada em 1958.[69]

• *Grande influência sobre leis especiais, prisões e o modelo de controle*, especialmente manifestada nas duas primeiras décadas do século passado, com normas de caráter ideológico e social, como as tristemente famosas Leis n° 4.144, de 1902, e n° 7.029, de 1910, chamadas "Lei da Residência" e "Lei da Defesa Social", respectivamente.[70] Ambas leis trataram de controlar a crescente organização sindical e suas greves de solidariedade, assim como a agitação política operária, fundamentalmente de vertente anarquista. Ditas leis nasceram em meio de graves comoções sociais, uma vez que, em 1902, a Lei nº 4.144 foi sancionada sob Estado de Sítio, em razão de uma greve geral decretada pela flamante Federação Trabalhadora Argentina; isso determinou a mobilização forçada dos trabalhadores, a invasão de seus locais e a posterior expulsão de dirigentes por aplicação da nova lei. Apesar da repressão, em 12 de agosto de 1905, um trabalhador catalão atentou, ainda que sem êxito, contra o presidente Quintana. A Lei de Defesa Social, por sua parte, respondeu a um encadeamento de circunstâncias trágicas: a repressão policial do ato do 1° de maio de 1909, na Praça Lorea, sob a responsabilidade do Coronel Falcón, que deixou um saldo de 14 mortos e 80 feridos.[71] Depois das desor-

[69] Ver na Revista *Todo es Historia*, n° 226, de fevereiro de 1986, o artigo de Eduardo Giorlandini "Una historia negra: la Ley da Residencia", p. 8.

[70] Ver o texto de ambas as leis na obra de Rosa del Olmo, *Criminología...*, obra citada, anexos 2 e 3, p. 39 e segs.

[71] A maior parte da bibliografia argentina responsabiliza a polícia pelos acontecimentos do dia 1° de maio de 1909. Em sentido contrário, ver a versão policial em *Historia de la Policía Federal Argentina*, de RODRÍGUEZ, Alberto e ZAPPIETRO, Eugenio, vol. 316, Buenos Aires: Editorial Policial, 1999, p. 243 a 245.

dens, o próprio Falcón enviou ao Congresso um projeto para substituir a Lei de Residência por outra de maior severidade, na medida em que, segundo sustentou, muitos expulsos haviam regressado sub-repticiamente ao país. Em 14 de novembro de 1909, o próprio Falcón foi assassinado por um jovem anarquista, que lhe arremessou uma bomba dentro do carro em que se trasladava. Esses antecedentes e a necessidade de impedir a perturbação dos festejos do Centenário determinaram a adoção de medidas drásticas, assim como a sanção da Lei de Defesa Social, em 30 de junho de 1910. A perseguição desatada contra os sindicatos em geral e o anarquismo em particular fizeram com que esse movimento nunca recuperasse o protagonismo precedente nas lutas trabalhistas de Buenos Aires.

As greves foram consideradas nessa época como "delitos de multidões" e, em 1910, houve 2.000 presos acusados de participar de greves ou demonstrações operárias. Entre 1882 e 1910 criaram-se, na Argentina, quase vinte penitenciárias, incluindo os serviços especializados e manicômios e foram-se organizando, como vimos, os serviços de tratamento.

A terceira grande marca do positivismo foram as reiteradas *tentativas de modificar o Código Penal*, mediante de sucessivos projetos que, como se disse, não alcançaram seu objetivo.

3. Os projetos de legislação penal positivista

Durante o governo de Alvear (1922-1928), Eusebio Gómez realizou várias tentativas de legislar sobre o estado perigoso e a periculosidade predelitiva. Em 1923, o governo criou uma comissão de juristas e psiquiatras que teve por finalidade elaborar um código para desocupados, mendigos voluntários, ébrios e dementes. Gómez teve um papel de destaque na elaboração dos modelos que adotam a periculosidade social, mas o projeto, levado ao Congresso em 1924, não obteve sanção. Pouco tempo depois, designou-se outra comissão, integrada por Gómez e Juan P. Ramos, Rodolfo Moreno e Nerio Rojas, que produziu um projeto o qual adotou de forma extremada o estado perigo, o de 1926, propiciando a *periculosidade predelitiva* e a reforma dos artigos 34, 40, 41, 51, 52 e 53 do Código Penal; essa iniciativa não alcançou sanção. Uma terceira comissão partidária do estado perigoso sem delito esteve integrada em 1928 por Arenaza, Gómez, Seeber e Rojas, mas tampouco obteve êxito parlamentar.

Já durante a chamada *década infame,* em 1932, o Presidente Justo enviou ao Senado um projeto de lei que reiterava a filosofia dos projetos positivistas do alvearismo. Impulsionava, entre outras medidas drásticas, impor a pena de morte por fuzilamento ou eletrocussão. No mesmo ano, a Academia de Direito e Ciências Sociais de Buenos Aires tentou incorporar a pena de morte aos delitos do artigo 80 do Código Penal, apoiando a sanção dos projetos de 1926. Com esses precedentes, eleva-se, em 1937, a discussão do famoso projeto Coll-Gómez, que merece alguma referência especial. Surgiu de um decreto presidencial de 1936 e, em sua redação, colaborou também Enrique Ramos Mejía, sua concepção era de um positivismo ortodoxo. O projeto, muito ambicioso, não conseguiu superar a Câmara de Deputados, possivelmente pela influência negativa deixada pela colaboração do positivismo com o regime fascista, consagrada legislativamente na Itália, e todas suas conseqüências políticas.

Em 1941, José Peco, professor da Universidade de La Plata e deputado nacional, aproveitou uma série de trabalhos de investigação e os propôs como projeto de reforma. No momento da redação final pediu dois anos de prorrogação, e isso terminou condenando seu trabalho, interrompido pelo golpe de 1943 e pelas especificidades políticas ligadas à Segunda Guerra Mundial. Esse projeto de Peco foi denominado como "neopositivista". Em 1951, Isidoro Debenedetti apresentou um projeto legislando profusamente sobre periculosidade e defesa social, mas não alcançou estado legislativo. Posteriormente, esse respeitado penalista manifestou-se autocriticamente sobre aquele projeto. A última tentativa positivista de legislação penal foi um projeto, aludido por Nuñez na nossa transcrição, obra de Laplaza, Maldonado e Ricardo Levene (h), datado em 1953, ao que Sebástian Soler atribuiu "ideologia ditatorial".[72]

[72] A história dos projetos de legislação penal pode ser ampliada em ZAFFARONI, ALAGIA, SLOKAR, *Derecho penal*: parte general. Buenos Aires: Ediar, 2000, p. 179 e segs., e JIMÉNEZ DE ASÚA, Luis. *Tratado de derecho penal*. Buenos Aires: Losada, 1964, p. 1060 e segs.

Capítulo 5

A etiologia criminológica

1. O "Pequeno Orelhudo"

Em 1912, um caso criminal comoveu a opinião pública argentina e alcançou grande difusão, transformando-se em uma prova de laboratório para as idéias positivistas na Argentina. No dia quatro de dezembro, foi detido um menor, Cayetano Santos Godino, apelidado logo – com ressonâncias tenebrosas – "o Pequeno Orelhudo", o qual confessou ser autor de várias mortes de crianças, ocorridas em Buenos Aires, principalmente nesse ano. Esses assassinatos estiveram rodeados de características sádicas e cruéis que haviam despertado uma grande indignação pública, levando em conta a inocência e as características vulneráveis das vítimas, crianças entre três e seis anos. Conforme as confissões de Godino – que não puderam ser provadas em sua totalidade –, esse foi considerado autor dos seguintes feitos:

- Três homicídios de crianças, entre janeiro e dezembro de 1912.
- Um homicídio, anterior a 1908.
- Sete tentativas de homicídio ou lesões a crianças.
- Sete incêndios intencionais.
- Oito mutilações de animais (fascinava-o cegar cavalos).
- Diversos furtos.

Cayetano Santos Godino, nascido em 31/10/1896, tinha dezesseis anos quando foi detido. Era um notório débil mental, com desenvolvimento físico insuficiente para a sua idade, e uma personalidade altamente perturbada e agressiva, apesar de seu aspecto inofensivo. Só sabia desenhar seu nome, e suas declarações continham incoerências, contradições e expressões de satisfação pela notoriedade alcançada. Os meios de que se valeu para os homicídios foram os mais variados: golpes com pedras, estrangulamento, sufocação, emprego de fogo (incêndio das roupas) etc. Godino relatou haver selecionado suas vítimas buscando "crianças com cara de bobas e que não tivessem muita força", que ele tampouco possuía, devido à sua compleição física. Não abusou sexualmente de suas vítimas, mas sentia certo prazer sexual contemplando estertores e agonias, e inclusive golpeava com galhos os corpos sem vida, para procurar mais satisfação. Assistiu ao velório de uma de suas vítimas e colecionava as notícias alusivas dos jornais, que fingia ler, dado seu analfabetismo. Internado provisoriamente no Hospício de Las Mercedes, tratou de assassinar ali alguns internos inválidos, com métodos inidôneos.

A biografia de Godino era típica das condições próprias da imigração camponesa pobre, porque nasceu de pais calabreses, em família numerosa criada em cortiços, tendo sido seu pai alcoólatra, sifilítico e violento. Cayetano tinha vinte e sete cicatrizes na cabeça, produto dos castigos do pai e dos que recebia freqüentemente de outros menores em brigas de rua. Seu crescimento foi retardado, além disso, em conseqüência de uma grande infecção intestinal em sua infância, que o manteve muito tempo à beira da morte. Foi expulso de inúmeras escolas por sua escassa capacidade intelectual e caráter conflitivo, que motivou seus pais a solicitar que fosse internado na Colônia Marcos Paz. Nesse momento, Cayetano tinha doze anos, quando perdeu seu contato com o lar por três anos, durante os quais sofreu numerosas surras infligidas pelos menores internos, entre outras razões, por seu irrefreável impulso de torturar ou mutilar animais. Além disso, Cayetano registrava episódios de alcoolismo e tabagismo precoces.

O que mais chamava a atenção em Godino era o aspecto corporal de criança com rosto e sexo de adultos e uma personalidade basicamente instintiva. Seus gestos e o conteúdo de suas conversações evidenciavam um débil mental. Tinha orelhas e extremidades desproporcionalmente grandes e era, fisicamente, muito limitado. Carecia de capacidade para reprimir seus impulsos perversos e falava um castelhano elementar, mesclado com dialeto calabrês. Em síntese, parecia ser um exemplar perfeito de "delinqüente nato", instintivo ou por natureza, ou por perversidade brutal e gratuita; em suma, um "louco moral", um sádico incapaz de remorsos ou de sentimentos altruístas ou de piedade, dito tudo isso na linguagem dos autores positivistas analisados nos capítulos anteriores. Era inevitável, então, que Godino desse lugar a um debate criminológico que expressasse, em seu processo penal, as idéias e os conhecimentos científicos da época, o que efetivamente se sucedeu, dando-lhe um destino arbitrário de presidiário perpétuo em função do horror desencadeado por seus crimes.

2. Psiquiatria e Psicologia criminal

O caso Godino representa um interessante ponto de partida para nos introduzir ao desenvolvimento histórico e teórico da Psiquiatria e da Psicologia

Criminal na Argentina, em que participaram destacadas figuras intelectuais positivistas da área médica e jurídica, como Antonio Cabred, José Estévez, Antonio Piñero, Francisco Ramos Mejía, Carlos Octavio Bunge, Octavio González Roura, entre outros.

O primeiro relatório médico-legal sobre Godino, datado em 1913, avalia-o com parâmetros criminológicos que se aproximam da sua real situação de alienado, constatando que "os fatos denotam uma evidente anormalidade, seja do ponto de vista criminológico e do ponto de vista psiquiátrico, o que somente se explica pela analogia que existe entre a delinqüência congênita e a loucura moral".

Por esse motivo, as conclusões determinam que o imputado "é um alienado mental e insano ou demente, nas acepções legais; que é um degenerado hereditário, imbecil, que sofre de loucura moral, por definição muito perigosa", e que "é irresponsável". Em sentido contrário, o Promotor, Jorge Coll, apresentou um volumoso escrito, solicitando a prisão preventiva de Godino e sustentando uma curiosa tese, também de base positivista, segundo a qual, de acordo com as idéias mais modernas da ciência criminológica, os loucos morais *não eram loucos ou dementes no sentido estrito do termo.* Demonstrava isso sublinhando que Godino compreendia o que se lhe dizia e explicava suas ações, apesar de suas deficiências psíquicas. Portanto, impunha-se interná-lo nos institutos do tipo dos que propugnavam Ferri e Garófalo (a quem cita profusamente), para que recebesse o tratamento personalizado de que necessitava, pelo tempo que fosse preciso, a fim de "curá-lo" e restituí-lo à sociedade. Expressou assim:

> O delinqüente mais ou menos psicopatológico pode ser internado em um estabelecimento carcerário onde se lhe inculquem hábitos morais e sociais. Declará-lo insano por não existir o estabelecimento que requer seu tratamento de degenerado anti-social é uma injustiça ou um erro científico. Tenho fé nos efeitos da pena e que antes que cumpra a condenação se tenham implementado prisões especiais.

O Promotor admitia, em suma, que na Argentina esses institutos de correção não existiam, mas que, por razões de defesa social, era mais seguro encerrá-lo por tempo indeterminado em um estabelecimento penal distante, onde começaria seu tratamento, até que se pudesse efetuar plenamente sua internação em um estabelecimento especial, *quando se criasse.*

A argumentação do Promotor estava carregada de falácias, porquanto negava a inimputabilidade de Godino, sua menoridade e a possibilidade imediata de receber tratamento para doentes mentais em Buenos Aires, mantendo contato com seus familiares, tal como se havia decidido em primeira instância. A hipótese de um tratamento proposto "para favorecer" ao réu em "um futuro indeterminado", implicava, na realidade, cortar-lhe todos os laços afetivos, tirando-o de circulação de Buenos Aires, para levar tranqüilidade à imprensa e à opinião pública, que haviam destacado amplamente as características monstruosas e perigosas de Godino. Constata-se também a crença de que "quem compreende não é louco", com base em uma psiquiatria criminal alienista que não levava em conta que a vontade deve ser livre, para internalizar e escolher, como "capacidade de dirigir as ações", ou seja, que a capacidade de falar e compreender nada tem que ver com a estabilidade psíquica. Assim se começava a demonstrar nesses momentos a nascente Psicologia, da mão de um médico, Freud, que transformou os critérios dominantes do alienismo patológico com suas investigações, dando lugar ao nascimento de um novo ramo científico: a Psicologia. Cabe reiterar aqui que, para os positivistas, o livre-arbítrio era, sob todos os títulos, um mito jurídico, entendendo o comportamento humano como resultado de uma série de mecanismos e fatalismos hereditários.

O Juiz de Instrução, baseando-se nos ditames médicos, declarou Godino inimputável e internou-o provisoriamente no manicômio. Em novembro de 1914, o Juiz de Sentença, Francisco Ramos Mejía, absolveu Godino em razão da inimputabilidade, remetendo o feito à justiça civil. O Promotor Jorge Coll apelou da decisão, e o caso foi rapidamente apreciado na segunda instância ante a Câmara Criminal, onde o Promotor atuante, Carlos Octavio Bunge, manteve o parecer da primeira instância. A Câmara de Apelações também fez seu o parecer do Promotor e, em 12 de novembro de 1915, revogou a decisão apelada, impondo a Godino uma pena de prisão por tempo indeterminado, excluindo-se-lhe a pena de morte em face de sua menoridade. Em seu voto, o Dr. Vázquez afirmou que, posto que Godino fosse um irresponsável para a Medicina, não o era para a lei penal argentina, *cujos fundamentos repousam em motivos sociais*. Agregou que a prisão, mais que um lugar de castigo, "será para Godino uma escola de disciplina, ensinamento e regeneração". Em 28 de março de 1923, Godino, que havia mantido conduta exemplar na Penitenciária Nacional, ingressou na penitenciária de Ushuaia pelo resto de sua vida. A liberdade condicional lhe foi negada reiterada e injustamente, quando lhe podia ser concedida, com base em prognósticos médicos de periculosidade que remetiam obcecadamente ao momento dos fatos originais. Godino perdeu todo contato com sua família, faleceu na prisão em 15 de novembro de 1944, perto já do fechamento da instituição, em um acidente que parece ter sido uma perfuração intestinal por ataque de seus companheiros de cela, dissimulado no laudo como "*hemorragia interna por processo ulceroso gastroduodenal*". Tinha 48 anos, dos quais havia passado preso 35, à espera de uma ressocialização milagrosa, impossível de alcançar por meio de sua reclusão. O caso Godino é uma documentação clara, tanto da aplicação dos princípios positivistas – em particular os referentes à periculosidade e à defesa social – como das incongruências político-criminais a que esses princípios conduziam. Também prova a hegemonia dessas idéias no campo médico psiquiátrico internacional. É curioso que, recorrentemente, o caso seja ressuscitado por jornais e revistas, e reproduzido de maneira escabrosa, contribuindo para perpetuar o mito do criminoso nato, monstruoso e disforme.[73] Nesse sentido, Godino segue sendo o mais perfeito paradigma de criminalidade perversa para as concepções criminológicas que ainda permanecem ancoradas nas teorias do final do século XIX e começo do XX.

3. A Criminologia clínica

Neste ponto, cumpre sistematizar os temas expostos nos capítulos 3 e 4, e os debates relacionados com o caso de Cayetano Santos Godino, como precedentes do que na atualidade é denominado como "Criminologia clínica". Viu-se que, na Argentina, *a origem da Criminologia foi essencialmente clínica.* Em *Los hombres de presa*, Drago documentou, em 1888, o nascimento da nova ciência, fazendo arrancar em Despine a obra de Lombroso, e assinalando, a par disso, seu desenvolvimento por Ferri e Garófalo.

O livro de Rosa del Olmo, *A Criminologia Argentina,* analisa em detalhe o surgimento da Criminologia clínica em nosso país, com predomínio da Psiquiatria. Assinala-se, por exemplo, que, em 1889, o Dr. Domingo Cabred assistiu ao II Congresso de Antropologia Criminal em Paris, e que era diretor do hospital psiquiátrico (hoje, Borda), onde se estudavam os delinqüentes alienados e se praticavam suas autópsias. O Dr. Cabred, cabe recordar, é um dos peritos que se pronunciaram acerca da imputabilidade de Cayetano Santos Godino. O médico legista Francisco de Veyga, também visitante assíduo dos grandes congressos internacionais, era titular de Medicina Legal na Universidade de Buenos Aires, e organizou, já em 1897, um curso de Antropologia e Sociologia Criminal, tendo como discípulo José Ingenieros. A cargo desse ficou a Clínica Psiquiátrica do Depósito de Contraventores, e logo após o Instituto de Criminologia da Penitenciária Nacional, criado em 1907. Foi muito relevante também, para a difusão dos enfoques positivistas, a revista *Archivos de Psiquiatría e Criminología* que Veyga fundou em 1902 e que Ingenieros dirigiu até 1911. Por meio dessas páginas, Ingenieros propôs dividir a Criminologia em etiologia criminal, clínica criminal e terapêutica criminal, fazendo prevalecer o critério psicológico sobre o somático ou morfológico, na época muito em voga.

O Instituto de Criminologia, vale a reiteração, é considerado o primeiro no mundo que se propôs ao estudo científico dos condenados como meio para orientar o tratamento de readaptação, para o qual eram empregadas sistema-

[73] Ver, por exemplo, em *Todo es Historia*, n° 312, julho de 1993, o artigo "Los crímenes del Petiso Orejudo".

ticamente as noções de *temibilidade, adaptabilidade e reformabilidade* do delinqüente. A atividade desse Instituto durou quase 30 anos, e desapareceu em 1934, quando se criou o Instituto de Classificação, obra que completou Osvaldo Loudet.

A enorme obra da Criminologia clínica argentina enfatizou a relação entre loucura e delinqüência, atendendo aos dados de saúde mental para orientar a classificação e o tratamento. Atualmente, os enfoques clínicos são mantidos na Argentina nas cátedras de Medicina Legal e na formação penitenciária, se bem que com proposições muito mais prudentes e relativas em sua capacidade explicativa do que as da poderosa Criminologia de início de século, perpetuada, sobretudo, nas obras de Ingenieros e Nerio Rojas.[74]

Cabe recordar também que a Criminologia positivista havia surgido como uma reação contra um racionalismo lógico-jurídico, para o qual o conceito de delito havia guardado interesse exclusivamente como entidade abstrata de análise. A reação lógica foi interessar-se pelas pessoas envolvidas em conflitos, em especial, pelos responsáveis por fatos delitivos. É útil reiterar que a Escola Positiva se beneficiou com esse interesse em direção ao sujeito autor, na conjuntura histórica ascendente do desenvolvimento das ciências naturais e também por seu espírito independente frente aos compromissos de ordem filosófica, que eram considerados de natureza "metafísica", ou seja, não verificáveis. Como conseqüência disso, todas as formas de Criminologia de perfil naturalista tendiam a alcançar um poder explicativo semelhante ao da Biologia, da Química ou da Física. A partir das origens da Criminologia se fez presente a forte influência do modelo médico (Lombroso) e seu enfoque psiquiátrico posterior. A Sociologia também havia se desenvolvido nos fins da Física Social (Comte) com uma plataforma empirista. *A* Criminologia surgiu, então, a partir do campo clínico, como uma disciplina complexa, resultante da tentativa de fusão de um mosaico de disciplinas com objeto e métodos diferentes e em desigual estado de desenvolvimento (fatores antropológicos, físicos e sociais).

Na atualidade, pode-se dizer que a Criminologia chamada "clínica" toma a si a tarefa de *investigar, com a finalidade de prognóstico e terapia, a constituição psicofísica do autor*. Para essa corrente, a criminalidade é, antes de tudo, um *fenômeno individual*. Normalmente, a investigação se faz por meio de equipes integradas por psiquiatras, psicólogos clínicos, assistentes sociais e pedagogos, que realizam estudos sobre casos concretos. O interesse da clínica criminológica é centrado fundamentalmente na *solução prática de problemas de diagnóstico, prognóstico e terapia limitados aos casos sob acompanhamento*. Depois do fracasso das teorias de Lombroso e outras de corte antropológico-jurídicas, as investigações clínicas não puderam desenvolver

74 ROJAS, Nerio. *Medicina legal*. 9ª ed. Buenos Aires: El Ateneo, 1966.

teorias sobre a criminalidade, apesar das investigações sobre carreiras criminais e estruturas de personalidade, questões que, ocasionalmente, continuam sendo seu centro de interesse. Por exemplo, para Jean Pinatel, um dos últimos representantes dessa orientação, o delinqüente possui uma personalidade específica que, em seu núcleo, tem a característica de uma exagerada auto-referência, agressividade, incapacidade de adaptação e contatos, unidos à indiferença afetiva e emocional.

O conceito de Criminologia clínica *não é unitário*. Só há uma finalidade comum de compreensão e tratamento do autor e sua personalidade (diagnóstico, prognóstico e terapia). Em geral, consiste na *aplicação, em Criminologia, de conhecimentos de índole médica, antropológica ou psiquiátrica para a investigação e terapia clínica de algumas pessoas*.

A Criminologia clínica é, basicamente, uma Criminologia aplicada, de intervenção: por meio do estudo do caso, seja normal ou patológico, *impõem-se finalidades de natureza curativa ou corretiva*. Isso significa que, a partir de um reconhecimento interdisciplinar dos fatores responsáveis do comportamento anti-social e do prognóstico do caso, o clínico persegue a modificação de aspectos afetivos, cognitivos, tendenciosos, no caso dos psicológicos; anatômicos ou fisiológicos se eles são orgânicos, assim como os de ordem social, geralmente sugeridos por exceder as possibilidades de controle, que possam se vincular com a etiologia do comportamento delitivo. Esses aspectos vinculam-se substancialmente com a noção de *readaptação, ressocialização ou reabilitação do delinqüente à vida social*.[75] A segregação do sujeito criminal assemelha-se à de um enfermo contagioso, para que "se cure" por meio da intervenção clínica ou criminológica.

Alguns autores têm considerado herança da Criminologia clínica as especializações afins mais modernas, como a Penologia e a Vitimologia, e de ciências auxiliares, entre as quais se encontrariam a Estatística, a Medicina Legal e a Psiquiatria Forense. Aqui nos limitamos a reiterar que há cinco grandes grupos de explicações médico-biológicas da conduta delitiva:

1. *A antropométrica*, que se ocupa de temas de conformação física. Essa corrente alcançou relevância no início do século XX e esteve orientada a revisar a veracidade das teorias de Lombroso, destinadas a detectar um "tipo físico específico" de delinqüentes, com certos traços degenerativos verificáveis. Atualmente essa classe de estudos é escassa.

2. *A tipológica*, que se vale dos dados que fornecem a embriologia e a fisiologia do desenvolvimento para elaborar o tipo físico e mental com linhas específicas. A cada tipo lhe corresponderiam traços caracterológicos

---

[75] Nessa linha de pensamento, pode-se situar o livro de OLDANO, Iris. *Criminología, agresividad y delincuencia*. Buenos Aires: Ad-Hoc, 1998. As escolas clínicas podem ampliar-se por RODRÍGUEZ MANZANERA, Luis. *Criminología*, México: Porrúa, 1999.

próprios, que permitiriam detectar o "tipo constitucional" do delinqüente. (Destacaram-se nessas investigações, entre 1945 e 1955, W. Sheldon e o casal Glueck.)

3. *A endocrinológica*, que intenta reduzir o comportamento criminal a processos hormonais ou endócrinos (disfunções das glândulas e o sistema neurovegetativo ou o hipertireoidismo).

4. *A genética*, que estuda *os fatores hereditários* e que tem trabalhado baseada em árvores genealógicas em casos de família excepcionais, buscando determinar a distribuição da criminalidade nas gerações sucessivas. Também tem estudado o fator hereditário em investigações sobre gêmeos, por exemplo, de univitelinos nascidos de pai delinqüente.

5. *Os estudos sobre malformações cromossômicas*, baseadas na recontagem do número de cromossomos. Cada célula contém 23 pares de cromossomos, um dos quais determina as características sexuais. Como se sabe, o código XX é feminino, e o XY, o masculino.

Os desenvolvimentos mais recentes concentraram-se no campo da Genética e da Endocrinologia; por essa tenta-se explicar o comportamento humano segundo processos hormonais ou segundo disfunções das glândulas na relação com o sistema neurovegetativo. Têm-se feito experimentos e medições tendentes a demonstrar, por exemplo, a relação entre a testosterona e a criminalidade masculina e feminina, especialmente no que se refere a delitos violentos e sexuais. Benigno Di Tullio (1896-1979) foi um grande sistematizador desses estudos,[76] hoje postos em dúvida, porque não só se desconhece o efeito das drogas terapêuticas a longo prazo, mas, sim, porque De Greef, Sheldon e Glueck têm minimizado o poder explicativo das patologias endócrinas verificadas em casos particulares. O mundo hormonal é, ainda, um território pouco conhecido, especialmente em suas inter-relações com a Psicologia humana. A quantidade de não-delinqüentes com transtornos idênticos aos sujeitos sob esse estudo é, por outro lado, muito alta. As experiências de laboratório, como as efetuadas com hormônios sintéticos, tampouco têm alcançado um estado de total confiabilidade.

No campo da genética, têm-se levado a cabo famosos estudos de genealogias, por exemplo, de gêmeos e adotados, ou de malformações cromossômicas e disfunções cerebrais herdadas. Esses estudos têm dividido o campo clínico em teses radicais, que pretendiam reduzir a explicação criminal ao biológico, e moderadas, que limitavam o alcance explicativo a certos casos.

Pode-se dizer que, até o dia de hoje, *não se tem podido demonstrar de modo conclusivo que exista uma diferença biológica essencial entre quem delinqüe e quem não o faz*. Muitos indivíduos são portadores de traços tí-

[76] DI TULLIO, Benigno. *Tratado de antropología criminal*. Buenos Aires: Instituto Panamericano de Cultura, 1950 e *Principios de Criminología clínica y Psiquiatría forense*. Madrid: Teruel, 1966.

picos, mas não delinqüem e vice-versa. Há um grande déficit empírico no desenvolvimento dessas investigações, que costumam se apoiar em generalizações indevidas ou exageros do valor representativo das descobertas efetuadas dentro da população carcerária. Tem havido longas discussões sobre a correção dos métodos aplicados e a falta de grupos de controle, e se desconhece a incidência desses fatores na população "não-delinqüente" em geral, ou seja, a não-encarcerada.

As teses biológicas costumam esquecer a conformação interpessoal e social do comportamento humano, exagerando ou superestimando a carga genética ou hereditária. Há uma forte tendência médica a distinguir entre "são-enfermo" e "normal-anormal", tornando *diferente e enfermo aquele que delinqüe* e pretendendo a normalidade de quem não o faz, noção que é substancialmente falsa. No plano político, tem-se destacado o perigo que entranham as diferenças reais ou fictícias atribuídas a grupos humanos, ou especificamente a minorias.

O racismo e a xenofobia têm-se alimentado tradicionalmente desses fundamentos presumidamente "científicos" para levar adiante políticas discriminatórias ou de persecutórias.

O tema da enfermidade e da cura reflete-se nas medidas de correção e tratamento, que podem tornar-se facilmente em armas repressivas, como o prova o "tratamento clínico" de opositores, descrito no livro *Archipiélago Gulag*.[77] Tudo isso sem prejuízo do valor explicativo que os enfoques clínicos possam ter para alguns casos patológicos com influência biológica determinante. Contudo, o crime não se distribui de modo homogêneo nem com independência de fatores socioculturais, nem é um fenômeno independente da axiologia, um aspecto essencial que nada tem a ver com o biológico.

Em geral, os programas do tipo terapêutico-clínico têm fracassado (seja "curando" propósitos delitivos ou "corrigindo" personalidades), do mesmo modo que os métodos de predição e medição experimentados, e costumam fracassar também os diagnósticos preventivos. O chamado Estado de Bem-Estar foi a última grande influência na difusão da idéia terapêutica, inclusive com acentos sociais, que alcançou grande impulso nos anos setenta do século XX, para logo cair em crise.[78]

Autores críticos, frente aos resultados clínicos, sustentaram que se culpa uma classe delinqüente por uma violência que é gerada pela própria sociedade, e, em conseqüência, tudo se resolve mediante cientistas que ensinam à classe delinqüente – como ratos de laboratório – que devem adaptar-se exi-

---

[77] *Arquipélago Gulag* de Alexandre Soljenítsin. Tradução de Francisco A. Ferreira, Maria M. Llistó e José A. Seabra. São Paulo: Difel, 1975. [N. T.]

[78] Ver, no Capítulo 6, a referência à chamada terapia social. Uma sátira formidável ao modelo clínico está exposta no famoso filme de Stanley Kubrick, *Laranja mecânica,* baseado no livro homônimo de Anthony Burgess.

tosamente ao labirinto social em que vivem. Obviamente, resulta mais barato empregar mil psicólogos para realizar essa tarefa, que pagar por mudanças profundas na estrutura social. Por esses argumentos, produziram-se reações no próprio campo clínico, substituindo-se o pressuposto do sujeito trancado na instituição e na psiquiatria por formas de medicina mais abertas para as relações dentro da própria comunidade (a Antipsiquiatria de Basaglia, a Psicologia Social e o Sanitarismo, por exemplo).

Apesar do declínio do modelo clínico na Criminologia mais moderna, periodicamente volta a ser tematizado, quando a mídia difunde, com títulos sensacionalistas, o "descobrimento" de algum processo celular, cromossômico ou fisiológico que pretende desvendar as causas da conduta criminal, da prostituição, da homossexualidade ou qualquer outra conduta considerada "anômala". Geralmente, as descobertas baseiam-se em estudos realizados sobre cadáveres de assassinos ou estupradores reincidentes, com traços de canibalismo ou algo que os valha. Essas tentativas sofisticadas de reviver Lombroso não passam da espetacularização e costumam provir dos Estados Unidos, um país muito peculiar em matéria de controle do delito, o qual não tem oferecido, precisamente, bons exemplos ao longo do século XX.

Recentemente, um autor espanhol manifesta entusiasmo por um suposto renascimento das teorias que tomam em conta variáveis de natureza biológica para a explicação do delito. Baseia-se, em geral, em bibliografia estadunidense e seus argumentos não parecem ser suficientemente fortes para refutar o que aqui se expôs.[79]

4. A Psicologia e o delito

Como se assinalou anteriormente, Sigmund Freud (1856-1939) deu lugar ao nascimento de uma nova disciplina acerca da psique humana, denominada genericamente Psicologia. Diferencia-se da *Psiquiatria* quanto ao objeto e método de investigação. Enquanto os médicos psiquiatras buscavam, como vimos, patologias que alteram o funcionamento da personalidade, com uma orientação alienista (ou seja: que o enfermo mental é um alienado, um anormal), os psicólogos introduziram um conceito amplo da personalidade e seus transtornos, que não parte da dicotomia são-enfermo. Para a Psicologia não existe nem uma saúde nem um padecimento mentais absolutos. Seu interesse não radica em explicar as patologias mentais de origem orgânico-fisiológico, que seriam minoritárias, senão os conflitos que perturbam as estruturas da personalidade de cada indivíduo (*id*, *ego* e *superego*, segundo Freud) e o comportamento conseqüente.

[79] SERRANO MAÍLLO, Alfonso. *Introducción a la Criminología*. 2ª ed. Madrid: Dykinson, 2004, Capítulo 5.

Freud publicou, em 1900, *O significado dos sonhos* e, em 1904, *Sobre a psicologia da vida cotidiana*, obras nas quais as interpretações acerca de desejos sexuais reprimidos que influem no comportamento consciente foi ganhando um espaço central na elaboração teórica. Parte disso é a caracterização dos chamados "complexos" de Édipo, de Electra e outros que vinculam a sexualidade adulta com as vivências da primeira infância e as relações materno e paterno-filiais.

O método de terapia psicanalítica desenvolvido por Freud foi, desde suas origens, fortemente controvertido e segue sendo na atualidade. Diferentes escolas psicológicas aplicam as metodologias analíticas de diversos professores ainda que, não obstante, persista no tempo uma "escola freudiana ortodoxa" que segue meticulosamente o esquema magistral de tratamento terapêutico do criador da Psicanálise. Pode dizer-se, *grosso modo*, que a técnica psicanalítica consiste em conversações que o terapeuta mantém com o paciente sobre qualquer tema, interessando-se não tanto por sua narração, mas, sim, pelo "metadiscurso", ou seja, aquilo que o paciente não quer ou não pode dizer e se oculta atrás de seu discurso habitual e consciente. A finalidade da análise é fazer com que o próprio paciente tome consciência de situações traumáticas de sua vida que podem ter influenciado no desenvolvimento de sua personalidade, bloqueando-a, para elaborá-las, conjuntamente, com vista a sua superação. Obviamente, vivências como os sonhos adquirem uma grande relevância nesse tipo de investigação anamnésica.[80]

Freud teve um enfoque rigorosamente individual dos conflitos humanos, e a referência ao crime foi somente um tema secundário em seus trabalhos, que deveria ser analisado em relação a alguns dos "complexos" que alteravam a personalidade. Apenas merece citar-se, como texto específico, seu trabalho de 1915 *El delincuente por conciencia de culpa*, no qual sustentou a tese de que algumas pessoas sofreriam de intensa consciência de culpa (procedente do complexo de Édipo), à qual aliviavam cometendo faltas ou delitos. Assim como Marx teorizou a conduta humana por meio do comportamento coletivo, Freud elaborou todo conflito a partir do subjetivo, a conduta e a consciência individuais.

Outros psicólogos relevantes que deram lugar a diversas escolas psicanalíticas foram Adler, Jung, Lacan e aqueles teóricos que iniciaram a busca da *Psicologia social*, como Wilhelm Reich e Erich Fromm, entre outros.

O certo é que, em matéria criminológica, o principal aporte da Psicologia moderna se centra em terapias individuais e grupais ou baterias de testes e entrevistas capazes de determinar as tendências predominantes no caráter das pessoas. Nesse campo das ciências humanas, *tampoco se produziram teorias*

[80] Uma exposição detalhada sobre os métodos e as técnicas psicanalíticos pode ver-se em TIEGHI, Osvaldo N. *Tratado de Criminología*, obra citada, Capítulo VI.

gerais sobre o delito e muito menos com o alcance que chegou a pretender a psiquiatria do positivismo. Uma exceção poderia ser a de Hans Eysenck, o qual, na década de setenta do século passado, elaborou uma teoria sobre a criminalidade que combinava elementos de personalidade com predisposições genéticas.

A explicação detida das teorias mais recentes excederia as necessidades deste manual, pelo que se remete aos leitores à bibliografia específica ou a textos de Criminologia que tratam sobre o tema.[81] Limitemos-nos, por último, a citar a *Teoría conductista*, de Burrhus F. Skinner, segundo a qual a conduta social se apreende, tese que, como veremos no Capítulo 10, teve grande incidência na Sociologia do comportamento. Também geraram atenção os trabalhos de Alexander e Staub, para os quais o comportamento criminal está predeterminado e, portanto, o controle deve desembocar em sistemas de tratamento em lugar de penas.

Em síntese, a relevância que se pode assinalar à Psicologia no quadro da Criminologia clínica é de uma *tecnologia terapêutica* dirigida essencialmente ao tratamento de casos individuais e ao estudo da personalidade mediante certas técnicas e provas.

5. A Defesa Social

A chamada Defesa Social é uma corrente criminológica apoiada nas idéias de Ferri e Garófalo já conhecidas: a sociedade tem direito a defender-se do sujeito delinqüente, que, por sua vez, tem o direito de recuperar-se, de ser curado, tutelado até que cesse sua periculosidade. É eloqüente que idéias dessa natureza tiveram boa aceitação na Itália de Mussolini, antes da Segunda Guerra Mundial; é o caso de um regime totalitário, que se justificava proclamando sua capacidade de dar plena segurança aos cidadãos, mantendo-os livres do perigo de elementos negativos para a sociedade ("dissolventes").[82] Não obstante, logo depois da Segunda Guerra Mundial, a "Defesa Social" não existia como escola teórica independente. A noção de que a sociedade tem direito a defender-se é pouco clara e dificilmente pode superar a natureza

[81] FREUD, Sigmund. *Obras completas*. Madrid: Biblioteca Nueva, 1973; ESCOBAR, Raúl Tomás. *Elementos de Criminología*, obra citada; GARCÍA-PABLOS DE MOLINA, Antonio. *Manual de Criminología*, obra citada; KAUFMANN, Hilde. *Ejecución penal y terapia social*. Buenos Aires: Depalma, 1979; KLIMOVSKY, Gregorio. *Las desventuras del conocimiento científico*, obra citada; TIEGHI, Osvaldo N. *Tratado de Criminología*, obra citada; RODRIGUEZ MANZANERA, Luis. *Criminología*, obra citada e BUJÁN, Javier. *Elementos de Criminología en la realidad social*. Buenos Aires: Abaco, 1999.

[82] Muito ilustrativa sobre a filosofia do controle no fascismo é a novela de Leonardo Sciascia, *Puertas abiertas*, levada ao cinema com direção de Gianni Amelio, em um filme muito premiado em 1991, com Gian María Volonté como intérprete central.

de justificação para o exercício do controle formal estatal. Contudo, teorizou-se muito tempo em torno desse conceito, talvez por falta de perspectivas criminológicas após o fim da Segunda Guerra Mundial. A Alemanha havia ficado sem juristas ou criminólogos democráticos, e na Itália a *débâcle* do fascismo comprometeu os que lhe deram sustento ideológico, em particular os positivistas que esboçaram e votaram suas leis penais. Após a guerra, carecia-se de um corpo teórico capaz de explicar o fenômeno do crime e seu controle, e esse vazio foi preenchido de modo fulminante pela corrente da Defesa Social. Filippo Gramática (1901-1979) fundou em Gênova, em 1945, um Centro de Investigações sobre a Defesa Social, estabelecendo as bases do que viria a se converter em corrente teórica criminológica. Poderia dizer-se que Gramática cobriu uma necessidade no momento oportuno, permitindo renascer das cinzas um positivismo com nova identidade.

Em 1947, teve lugar na Europa a primeira reunião internacional importante de Ciências Penais, após a Segunda Guerra Mundial. Tratou-se do Quinto Congresso Internacional de Direito Penal, em Genebra. Ali começaram a vislumbrar-se os rumos da disciplina criminológica da segunda metade do século. Certamente, Gramática contribuiu, levando uma proposta, na qual se sugeria suprimir definitivamente as penas, suplantando-as por medidas de segurança. Sua proposta foi bem acolhida, o que revela a predisposição que havia ficado nos juristas de retomar os modelos prévios à guerra para continuar a desenvolvê-los. Frente aos bons resultados obtidos, Gramática organizou, no mesmo ano, em São Remo, seu próprio congresso: o Primeiro Congresso Internacional de Defesa Social. Em 1948, apresenta-se em outra reunião de Direito Penal na Bélgica, propondo criar uma seção de defesa social, que terminou sendo precedente da posterior criação nas Nações Unidas de um instituto similar, denominado de "Prevenção do delito e tratamento do delinqüente". Até a atualidade, os institutos especiais das Nações Unidas se seguem chamando assim, como sucede com o ILANUD estabelecido em São José da Costa Rica e outros similares no Egito, no Japão e na Finlândia. A partir da internacionalização de suas propostas, Gramática e seus seguidores começaram a ter enorme incidência nos programas político-criminais propostos e elaborados pelas Nações Unidas.[83]

Em um processo de menos de cinco anos, Gramática e outros autores de semelhante orientação estabeleceram – em aparência – um novo paradigma criminológico, aceito internacionalmente, reconhecido pelo principal organismo mundial das nações, conseguindo, além disso, incidência na legislação de diversos países do mundo, em particular de países pobres, os quais adaptaram modelos do mundo desenvolvido. Essa influência tem permanecido até o presente, com variantes ao longo do tempo. A Lei Penitenciária argentina

[83] Uma interpretação política desse processo pode-se consultar em DEL OLMO, Rosa, *América Latina y su Criminología,* obra citada.

nº 14.467, por exemplo, era uma transcrição direta de um modelo das Nações Unidas (as regras mínimas) elaborado pela Defesa Social. Ademais, deve-se dizer que tal influência se expandiu ao ensino universitário, aos programas de Política Criminal etc.

Para Gramática, seguia sendo imprescindível eliminar as penas, substituindo-as por regimes de tratamento, mantendo, além disso, o rechaço à existência do livre-arbítrio, a partir da convicção dos condicionamentos da conduta humana. Era partidário, em suma, de afastar o delinqüente anti-social ou perigoso, com finalidades que, em sua obra, são de proclamado amor ao homem e de reabilitação, mas que, não obstante, receberam duras críticas.

O propósito da Defesa Social de "salvar o delinqüente" propunha, como uma das medidas para consegui-lo, a internação por tempo indeterminado, colocando a privação de liberdade a serviço da eficácia dos tratamentos, em um verdadeiro modelo terapêutico de controle. Tais posturas valeram-lhe o distanciamento crítico de muitos setores de penalistas liberais, predispondo a uma ruptura na corrente.

Em 1954, produziu-se uma cisão na Defesa Social, que se concretizou no Congresso Internacional de Defesa Social, em Amberes, Bélgica. Ali culminou o crescente distanciamento que vinham sustentando Gramática e o canadense Marc Ancel (1902-1990), que, de imediato, proclamou o nascimento da chamada "Nova Defesa Social". Em geral, essa segunda corrente aceitou princípios interpretativos mais flexíveis, diferentemente da posição cada vez mais radicalizada que vinha sustentando Gramática.

Marc Ancel, autor do livro *A Nova Defesa Social,* propôs-se a concretizar uma síntese entre o Direito Penal clássico e o positivismo. Em conseqüência, admitiu a existência do livre-arbítrio, a necessidade de contar com sistemas penais nos quais coexistam penas e medidas de segurança e outros aspectos bem-vindos ao ouvido dos dogmáticos. Essa construção resultava muito menos problemática em comparação com o rumo de Gramática. Ancel propôs que, com o passar do tempo, se estabelecesse uma jurisdição protetora, competente para adotar uma série de medidas de caráter jurisdicional, mas com finalidade essencialmente terapêutica. Sustentava que o Direito Penal e a Criminologia seriam substituídos pela Política Criminal, dirigida exclusivamente a encontrar os meios para a reeducação dos autores penais.

Uma conquista importante da Nova Defesa Social foi a criação, em 1969, do Instituto das Nações Unidas para a investigação da Defesa Social (UNSDRI), instalado em Roma. Esse Instituto teve uma influência político-criminal importante nas Nações Unidas, desenvolvendo planos de Política Criminal a pedido de países subdesenvolvidos. Rosa del Olmo afirma que se tratava de uma política colonizadora, dirigida para implantar esquemas elaborados em países centrais. Deixarei para mais adiante o problema do transplante e a importação de idéias político-criminais, para analisá-lo no contexto da história latino-americana.

Por sua vez, Jiménez de Asúa, um positivista frustrado ou arrependido a tempo, havia formulado, pela década de cinqüenta, fortes críticas à Defesa Social, de conteúdo corrosivo, afirmando que, na realidade, era uma organização "de turismo e panfletagem", tarefa na qual se destacava muito mais que pela substância de suas propostas teóricas, nas quais não se via diferença alguma com o positivismo de pré-guerra. Pode-se reconhecer que o mestre espanhol não caiu duas vezes no mesmo erro, porquanto suas observações parecem hoje muito certeiras, atendendo a aspectos tais como a periculosidade, a necessidade do tratamento, a abolição das penas etc.

Em síntese, pode-se dizer que a Defesa Social tem perdido relevância como proposta científica, subsistindo apenas formalmente, de maneira esporádica. Sua última aparição institucional organizada na Argentina foi o XI Congresso Internacional de Defesa Social, realizado em Buenos Aires, com os auspícios das Nações Unidas, entre outubro e novembro de 1986.[84] Seus últimos representantes notórios foram, no plano internacional, Adolfo Beria Di Argentine (1920-2000) e, na Argentina, o Dr. Bernardo Beiderman.

O estilo moderado e pragmático com que se estabeleceu a Defesa Social permitiu-lhe, em especial nas décadas de sessenta e setenta, adquirir representatividade e manter um organismo central próprio, a *Sociedade International de Defesa Social,* com presença em numerosos países. Sua boa administração e suas relações públicas pluralistas possibilitaram uma atividade eficaz do movimento durante muitos anos. A Defesa Social não se apresentava a si mesma como teoria ou corrente de pensamento, mas como um movimento orientado a influir na Política Criminal a partir de óticas diversas. Como se disse, a Lei Penitenciária argentina de 1958 foi aprovada conforme os lineamentos das Nações Unidas, que estimularam o desenvolvimento de modelos e programas para a infância, a menoridade, a mulher etc., como pautas para melhorar as leis. No caso argentino, as recomendações aprovaram-se a livro fechado e converteram-se em lei vigente de imediato. Esse exemplo foi logo imitado pelos seguintes países: Brasil, Chile, Venezuela, Paraguai e Colômbia, sem que os progressos legislativos tivessem possibilitado melhoras essenciais da realidade penitenciária, apesar de a Argentina ter-se encontrado sempre em uma posição relativamente mais avançada que a dos demais países latino-americanos quanto a sistemas penitenciários.[85]

---

[84] Ver *Actas del XI Congreso Internacional de Defensa Social.* Buenos Aires: La Ley, 1988. Em particular, deve-se analisar o Programa Mínimo, p. 22 e segs.

[85] Uma análise teórica sobre a Defesa Social como ideologia pode-se ver em BARATTA, Alessandro. *Criminología crítica y crítica del derecho penal.* México: Siglo XXI, 1982, Capítulo II, p. 35.

Capítulo 6

As penas. Fundamentos e resultados práticos

1. O *jus puniendi*

É evidente que há séculos os Estados organizam sistemas penais, constituem tribunais destinados a declarar o direito e finalmente impõem diversos tipos de penas, que têm tido importantes mudanças ao longo do tempo. Inclusive quanto à pena capital, o mais absoluto dos castigos, tem-se registrado uma evolução histórica tal que poderia autorizar algum de seus entusiastas a falar de uma "humanização da morte".[86]

Esse processo histórico leva a pensar que o *poder de impor castigos* é natural e consubstancial à organização do Estado e que, em conseqüência, seria *impossível* conceber uma organização estatal carente de um direito sancionatório. Porém, não é uma questão clara nem pacífica e, ao longo dos séculos, diferentes construções filosóficas têm tratado de afirmá-lo ou negá-lo. Sabe-se que a forma mais antiga de impor castigos surge da lei de Talião, que, de fato, continua aplicando-se em alguns países teocráticos. Tomas Morus, Bacon, Leon Tolstói, Anatole France e outros grandes pensadores têm negado o direito a castigar, de modo que a idéia abolicionista não é nada nova no mundo.

A lista de teorias de índole moral, religiosa, contratual, utilitária sobre o direito a castigar é extensa e deve ser aprofundada por obras específicas como as dos argentinos Rabossi, Marí e outros autores.[87] Aqui, limito-me a

[86] Um texto exaustivo para o desenvolvimento desses temas é CUELLO CALÓN, Eugenio. *La moderna penología*. Barcelona: Bosch, 1958. Para a evolução histórica, também NEUMAN, Elías. *Evolución de la pena privativa de libertad y regímenes carcelarios*. Buenos Aires: Pannedielle, 1971, e sua profusa bibliografia na matéria.

[87] RABOSSI, Eduardo. *La justificación moral del castigo*. Buenos Aires: Astrea, 1976 e MARÍ, Enrique E. *La problemática del castigo*, obra citada. O tema de teoria da coerção penal e da fundamentação da pena, assim como a análise dos sistemas penais por suas reações, pode ser consultado em ZAFFARONI, ALAGIA, SLOKAR. *Derecho penal*: parte general, obra citada. Sobre os fins e fundamentos da pena ver

assinalar que a polêmica não está nem um pouco concluída e que, em geral, *pressupõe-se uma resposta afirmativa*, mas com fundamentos mais pragmáticos que teóricos, atitude muito generalizada em matéria de controle social.

2. A finalidade das penas

Tradicionalmente, as teorias da pena têm sido ordenadas nas categorias chamadas de *teorias absolutas, relativas* e *mistas*, segundo a relevância que se outorgue à pena privativa de liberdade no sistema penal. As *absolutas* (Kant, Hegel) sustentam que a pena é um fim em si mesmo, e as *relativas*, que a pena é só um meio para obter fins que transcendam ao castigo (utilitarismo, Bentham). As relativas subdividem-se, por sua vez, nas da *prevenção geral* e da *prevenção especial*. A partir de diferentes elaborações teóricas, têm-se distinguido, em ambas as teorias, funções negativas e positivas. Na prevenção geral, as *funções negativas* são as que dissuadem terceiros, mediante o efeito exemplar do castigo ao culpável, e *positivas* são as que reforçam os valores de quem não delinqüe ou que produzem consenso, reafirmando a confiança das pessoas no sistema social (Jakobs).

Quanto à *prevenção especial*, as *funções negativas* propõem-se a neutralizar o sujeito perigoso, e as *positivas*, a melhorar ou recuperar o condenado.

Por último, as teorias *mistas* intentam estabelecer um equilíbrio entre as propostas anteriores, combinando, de diversos modos, castigo e fins correcionalistas.

O sistema que combina penas e medidas é chamado, na doutrina, de *dupla via*, cujo primeiro modelo foi o Código Penal italiano de 1930. Esse logo foi sofrendo distintas modificações; uma delas consiste em que as penas e as medidas possam substituir-se entre si, segundo o caso (*sistema vicariante*). Na realidade, as medidas aplicam-se nesses sistemas, fundamentalmente, aos inimputáveis, ou seja, àqueles que não possuem capacidade de compreender seus atos ou dirigir suas ações, conforme o art. 34 do Código Penal argentino.

Na América Latina, Zaffaroni é o autor que tem criticado mais energicamente o pluralismo, os sistemas mistos, a periculosidade e as medidas de segurança. Ele afirma que o pluralismo é um "desdobramento esquizofrênico do Direito Penal" no qual uma parte trata o homem como uma pessoa, a qual

também FERRAJOLI, Luigi. *Derecho y razón*. Madrid: Trotta, 1995. Um estudo sociológico sobre o castigo pode-se ver em GARLAND, David. *Castigo y sociedad moderna*. México: Siglo XXI, 1999, p. 83.

se tem que castigar, e outra como uma coisa perigosa, a qual se tem que neutralizar.[88]

Outra classificação geral divide os sistemas em *unitários e pluralistas*; os primeiros afirmam que a pena é resultado exclusivo ou da responsabilidade ou da periculosidade do sujeito. A essas posturas agregam-se as chamadas *posições intermediárias*, que também combinam aspectos dos dois sistemas unitários e dão lugar ao chamado *pluralismo*, que, como se pode imaginar, combina responsabilidade com periculosidade como medida da reação penal, e leva a geminar ao sistema de penas as "medidas de tratamento ou segurança", conhecidas simplesmente como *medidas*.

Figura nº 5

Fundamentos e fim das penas

- 1. TEORIAS ABSOLUTAS (Kant, Hegel)
- 2. TEORIAS RELATIVAS (utilitarismo, Bentham)
  - Prevenção geral
    - função negativa (*dissuadir*)
    - função positiva (*reforçar a confiança na odem jurídica*)
  - Prevenção especial
    - função negativa (*neutralizar*)
    - função positiva (*recuperar*)
- 3. MISTAS
  - Castigo e fins correcionais
- SISTEMA DE CASTIGO
  - RETRIBUTIVOS (vingança) ou EXPIATÓRIOS (redenção por sofrimento)
  - CORRECIONALISTAS
    - com tratamentos
    - com tratamentos de ressocialização

3. As medidas de segurança

As *medidas* têm uma longa história no campo do Direito Penal, onde têm sido oferecidas, em geral, como uma terapia ou um tratamento destinado a corrigir as pessoas com transtornos de conduta, que os levam a delinqüir. Como vimos, sua origem está ligada ao positivismo criminológico, que se opôs enfaticamente ao sistema da culpabilidade com penas de prisão.

[88] *Manual de derecho penal*, obra citada, 1985, p. 75.

As medidas têm sido classificadas como *pré* e *pós-delituais* e *medidas para incapazes*. Como seu nome indica, as medidas pré-delituais são as que se aplicam a um sujeito que apresente a intenção de cometer um delito. A essas classes de medidas tem-se chamado de *estado perigoso sem delito* e representam um grave risco para as garantias individuais, uma vez que vão contra um sistema penal baseado na culpabilidade pelo ato, constituindo-se em uma arma arbitrária a favor daqueles que possuem o poder de classificar as pessoas. Geralmente, é nas legislações contravencionais antiquadas que se podem encontrar situações equiparáveis ao estado perigoso sem delito.

As medidas pós-delituais, pelo contrário, aplicam-se àqueles que já delinqüiram e se destinam, geralmente, aos reincidentes, aos criminosos habituais, crônicos etc., ou seja, àqueles que reiteradamente incorrem em delitos. O art. 52 do Código Penal argentino estabelece a reclusão por tempo indeterminado, como acessória da última condenação, se a reincidência for múltipla. Essa disposição tem sido interpretada contraditoriamente na doutrina, uma vez que, enquanto Gómez e Fontán Balestra sempre a tiveram por uma típica *medida pós-delitual*, autores como Soler e Núñez negaram esse caráter.

Para muitos autores, as medidas equivalem a verdadeiras penas, pela magnitude do confinamento que implicam, e às conseqüências negativas que acarretam para os afetados, que, por outro lado, devem resignar-se na mesma prisão em que cumprem a sentença, em razão de que não existem ainda os estabelecimentos específicos para multirreincidentes.

A medida para *inimputáveis alienados* (reclusão manicomial) está regulada no art. 34, inciso primeiro, do Código Penal argentino, e se destina a sujeitos que podem causar dano a si mesmos ou aos demais, por sua alienação mental permanente ou transitória; trata-se, então, de uma mera internação para alienados.

O art. 34 [do Código Penal argentino] prevê também, em sua terceira parte, a internação em "estabelecimentos adequados", os quais, como dissemos, nunca foram criados, enquanto uma de suas variantes (tampouco instrumentada) deveria ser a do *tratamento de adições*, para desintoxicar alcoólicos ou drogados (ver as Leis argentinas n°s 23.737 e 24.424 de Estupefacientes) que, geralmente, só se realizam em clínicas privadas.

As chamadas *medidas* tiveram muitos momentos de auge nos direitos penais ocidentais, cujo ponto culminante foi a chamada "ideologia do tratamento" das sociedades do Estado de Bem-Estar.[89]

Na atualidade, considera-se superada a "ideologia do tratamento" e registra-se, assim, uma forte resistência doutrinária contra ela, porque as me-

[89] Característico daquele momento é o livro de KAUFMANN, Hilde, *Ejecución penal y terapia social*, obra citada, especialmente em seu Capítulo III. Ver também ELBERT, Carlos, "Ejecución penal y terapia social", no livro *El poder penal del Estado*, Buenos Aires: Depalma, 1985 e "Visita a dos establecimientos social terapéuticos en Alemania Federal", em *Doctrina Penal*, n° 8, Buenos Aires, 1979.

didas infligem sofrimentos ainda maiores que as penas, privando o indivíduo de todos seus direitos e submetendo-o ao *domínio dos terapeutas*, freqüentemente tão totalitário como o dos sistemas de castigo. Cabe recordar, nesse sentido, as opiniões de Foucault, aludindo aos "especialistas" no processo penal:

> Naturalmente, damos um veredicto; mas ainda que haja sido esse provocado por um delito, já está vendo que para nós funciona como uma maneira de tratar um criminoso; castigamos, mas é como se disséssemos que queremos obter uma cura. A justiça criminal não funciona hoje nem se justifica senão por esta perpétua referência a algo distinto de si mesma, por esta incessante reinscrição em sistemas não-jurídicos, e há de tender a esta requalificação pelo saber.[90]

Tem-se visto também que a idéia da origem patológica do delito como resultante de uma degeneração de sujeitos com personalidade delitiva específica ou subespécie humana está superada na Criminologia e pode conduzir, na prática, a visões racistas ou seletivas da sociedade.

Figura nº 6

Medidas de segurança

- MEDIDAS
  - Pré-delituais (estado perigoso sem delito)
  - Pós-delituais (reincidentes, habituais)
  - Para incapazes (art. 34 do CP argentino)
    - • Manicômios (inciso 1º)
    - • Estabelecimentos adequados (3ª parte) adictos
    - } Terapeutas
  - Auge da ideologia do tratamento: Terapia Social

- SISTEMAS PENAIS
  - UNITÁRIOS — Pena por responsabilidade ou por periculosidade
  - PLURALISTAS (dupla via) — Responsabilidade + Periculosidade — Penas + medidas → VICARIANTE substituindo-as segundo o caso

Quanto às penas em si mesmas, foram sendo explicadas ao longo do tempo por teorias vindicativas (expiacionistas ou retributivas) correcionalistas e ressocializadoras, que podem ser ampliadas pela bibliografia citada. Somente cabe assinalar que a *ressocialização* tem sido o último descobrimento das ciências penológicas dentro das teorias de corte utilitarista. Essas

[90] FOUCAULT, Michel, *Vigilar y castigar*, obra citada, p. 29.

teorias têm a vantagem de dar algum sentido positivo à imposição de castigos e considerar que o homem pode ser melhorado na prisão, para que se adapte à sociedade e não volte a delinqüir. Essa proposta orienta a maioria das legislações penitenciárias modernas, incluída a da Argentina, e é levada adiante como uma *função declarada* dos sistemas penitenciários. Todavia, essa hipótese ressocializadora está – há bastante tempo – em crise, e é criticada majoritariamente na doutrina. Basta assinalar o contra-senso de "preparar para a vida social" a alguém que, justamente, está segregado e submetido à convivência forçada em uma *instituição total*, ou seja, aquela com caracteres absolutos que o impedem de exercer sua autodeterminação. Segundo Goffman, criador do conceito, trata-se de:

> Instituições totais, onde um grande número de indivíduos permanecem isolados do mundo externo por um período relativamente longo, levando conjuntamente uma vida reclusa, cujas modalidades são minuciosamente regulamentadas.[91]

Exemplos dessas instituições seriam a prisão, o manicômio, os hospitais, os quartéis, os conventos etc.

Também se assinala que a população majoritária das prisões latino-americanas está constituída por setores marginais e de baixo nível social, que, novamente em liberdade, somente podem inserir-se em um segmento que não representa a cultura hegemônica nem desfruta de suas vantagens. Em outras palavras, que se trata de indivíduos "dessocializados" dentro ou fora da prisão.[92]

4. Sistemas e legislação penitenciária

Vimos que, desde o positivismo de Ingenieros e Gómez, na Argentina se prestou muita atenção ao sistema penitenciário, à construção de prisões conforme aos parâmetros modernos e ao estudo dos internos, para classificá-los e prescrever seus tratamentos individualizados. De um ponto de vista prático, pode-se dizer que isto beneficiou o sistema penal argentino, por haver tornado sistemático e científico o cumprimento de penas de prisão. Um Serviço Penitenciário Federal bem capacitado e dotado de recursos, com institutos de todo o tipo espalhados pelo país, alguns deles com meios adequados para a inserção de seus egressos no trabalho, fizeram da Argentina

[91] GOFFMAN, Erving. *Internados*. Ensayos sobre la situación social de los enfermos mentales. Buenos Aires: Amorrortu, 1973.

[92] Um importante trabalho nesse sentido é o de MUÑOZ CONDE, Francisco: "La resocialización del delincuente. Análisis y crítica de un mito", em *Cuadernos de Política Criminal*, Madrid, 1979, p. 11. Ver também Revista *Lecciones y Ensayos*, Faculdade de Direito, UBA n° 66, 1996, dossiê denominado: "Sistema carcelario".

uma espécie de vanguarda na América Latina e, ao longo de sua trajetória, o sistema federal teve momentos que poderiam denominar-se suas "épocas de ouro". Atualmente, a redução do gasto público, o desmantelamento dos quadros mais capacitados por razões políticas e a obsolescência dos recursos disponíveis foram afundando os serviços federais em uma crise que não é alheia tampouco aos sistemas estaduais de execução penal.

Na América Latina, pode-se verificar uma contradição constante em matéria de execução penal: a excelente disposição das ferramentas teóricas, ou seja, das leis e decretos que sistematizam a execução, e a realidade, contrária a todas as boas intenções legais.[93] Essa dicotomia não tem solução, por diversas e complexas razões político-criminais que afetam e complicam todo o sistema. Geralmente, confunde-se a construção de novos estabelecimentos bem equipados com um salto à frente na qualidade do sistema total, quando se constitui, na realidade, "mais do mesmo", ou seja, um progresso aparente e transitório. Em poucos anos, os novos estabelecimentos voltam a estar superlotados e em crise, reiniciando-se, forçosamente, a política da aglomeração, a corrupção, a violência e as privações atrozes que expressam, hoje, muitas prisões de segurança máxima, como Devoto, em Buenos Aires, considerada pela própria autoridade penitenciária como a "vergonha do sistema".[94] O certo é que o aumento dos presos sem condenação termina transbordando as melhores intenções da política penitenciária,[95] que se vê atacada pelas críticas de especialistas e organismos de direitos humanos, interpretadas, normalmente, a partir do ponto de vista oficial, como um ataque político em vez de aceitar como um dado crítico de realidades muitas vezes evidentes.

Na última década do século XX, houve diversas iniciativas oficiais tendentes a privatizar a construção de prisões e dos chamados "serviços de hotelaria". Um ministro da Justiça argentina anulou, depois de assumir, uma dessas grandes licitações, que havia deixado atrás de si a gestão saliente, alarmado pelas irregularidades que apresentava, chamando, involuntariamente, a atenção sobre o caráter milionário de qualquer serviço que se preste como parte dos sistemas de execução penal, para prover alimentos, roupa, transporte, serviços sociais etc. Na década passada, foram detectadas distorções nos preços de construção das prisões e concessão de serviços, que deram lugar a várias causas penais contra ex-funcionários.

---

[93] Sobre a situação legal do problema na Argentina, podem consultar-se os trabalhos de SALT, Marcos G.: *Comentarios a la nueva Ley de Ejecución de la Pena Privativa de la Liberdad.* Buenos Aires: Nueva Doctrina Penal, 1996 B, p. 661, e *Los derechos fundamentales de los reclusos.* Buenos Aires: Editores del Puerto, 1999.

[94] No ano 2000, a prisão de Caseros foi desativada, prevendo-se sua imediata demolição, que até 2007 não se pôde realizar, por razões técnicas. Existe o mesmo projeto para a prisão de Devoto. Os internos foram trasladados a novas prisões, localizadas em Ezeiza e Marcos Paz (Província de Buenos Aires).

[95] Ver as publicações do Ministério da Justiça da Argentina, sobre o "Plan Director de la política penitenciaria Nacional" sobre desenvolvimento e avaliação do período de 1995-97 e do Comitê Assessor sobre HIV-AIDS.

A gestão financeira das prisões, em uma época de febris processos de privatização, leva a supor que a comunidade e os núcleos profissionais de advogados, juízes, organismos de direitos humanos, docentes e pesquisadores deveriam exercer um *controle supragovernamental* capaz de assegurar a legitimidade dos negócios privados às custas da execução penal e dos serviços públicos, cujas privatizações nem sempre têm conduzido a resultados satisfatórios. Os sistemas penais federais e estaduais da Argentina não são alheios à realidade social, política e econômica na qual estão inseridos, ainda que, como todas as instituições oficiais, pretendam ser alheios a elas e cumprir com uma função "asséptica" no tempo. Isto não quer dizer que não se possam diferenciar funcionários e gestões que alcancem algum êxito mais ou menos relativo dentro das pautas oficiais vigentes, que, naturalmente, tendem a legitimar a necessidade de impor penas e o modo pela qual são executadas. Também deve admitir-se que a realidade atual das sociedades de exclusão estabelece uma grande indiferença pelo que ocorre no âmbito carcerário.

5. Os resultados da imposição de pena: utilidade do castigo e presos sem condenação

As diversas questões político-criminais às quais aludimos fazem com que o sistema de imposição e execução de penas da América Latina se encontre em uma profunda crise. Incide, em primeiro lugar, a situação econômica, que corta constantemente o gasto público, mas também leis processuais restritivas, que são, ainda, interpretadas restritivamente pela justiça, acumulando superpopulações de presos sem condenação que saturam as delegacias e prisões de indivíduos que cometem pequenos delitos contra a propriedade, ao passo que os mais agressivos, melhor organizados e armados, driblam com sucesso as medidas de controle. Esse sistema exclui, em grande medida, os autores de ilícitos de caráter comercial, tributário, aduaneiro ou de colarinho branco, reproduzindo a desigualdade nesse marco jurídico específico. A saturação das prisões e o aumento da violência interna transformam muitas prisões latino-americanas em verdadeiros infernos, nos quais sobreviver é parte de uma luta cotidiana nas piores condições. A aglomeração e a promiscuidade, em especial em matéria sexual, e o consumo de estimulantes aumentam a possibilidade de contrair graves enfermidades no curso da execução, adicionando outro fator de difícil controle neste momento histórico.

Por razões sucintamente assinaladas, pode-se afirmar que a imposição de penas, seja com finalidades ressocializadoras ou não, lança, em nível continental, resultados altamente deficitários e constitui um problema geral que, é claro, não deve atribuir-se indiscriminadamente aos serviços penitenciários, sem levar em conta o funcionamento do conjunto do sistema. O âmbito do exercício punitivo configura um dos campos onde a Criminologia pode realizar ainda muitas investigações e propostas, tendentes à redução de um sistema que, uma e outra vez, volta às suas funções não-declaradas – crises e motins –, aumentando a violência social preexistente.[96] O século XXI deveria permitir que a mera multiplicação de prisões possa ser substituída por alternativas humanas e práticas, mais racionais e democráticas, de exercício do controle formal. O castigo, tal como é imposto hoje em nossos países, ocasiona poucos casos que permitam falar de ressocialização e milhares que permitem provar os processos de deterioração, de destruição da identidade e da auto-estima, que são gerados no encarceramento, se é que não se quantificam diretamente as mortes que ocorrem no curso dos cumprimentos das penas.

Nos próximos capítulos, veremos diversas opções, alternativas e projetos que têm sido esboçados a partir da teoria e da prática, para facilitar a evolução em direção ao estado no qual a humanidade possa prescindir da imposição de penas, o que, no momento, se evidencia como uma utopia, no entanto cada vez mais desejável de se materializar. Recentemente, Zaffaroni sustentou que: "De qualquer maneira, tudo pareceria indicar que, por bem ou por mal, a prisão tradicional se reduzirá, ou tenderá a desaparecer na primeira metade do século XXI".[97]

As prisões têm sido, para a investigação criminológica, um dos terrenos temáticos mais transitados, particularmente a partir da ótica positivista. É preciso que, agora, enfoques mais modernos se ocupem dessa problemática e sejam capazes de realizar, também, contribuições no caminho da reformulação do controle penal.[98]

---

[96] Ver o Capítulo "As prisões da América Latina" em meu livro *A criminologia latino-americana*, obra citada, segunda parte. Também PAVARINI, Massimo, *Un arte abyecto*, Buenos Aires: Ad-Hoc, 2006.

[97] ZAFARONI, Eugenio; ALAGIA, Alejandro e SLOKAR, Alejandro. *Derecho penal*: parte general, obra citada, p. 892.

[98] Ver: ELBERT, Carlos e colaboradores. *La universidad en las cárceles argentinas*. Buenos Aires: Depalma, 2000.

Capítulo 7

A redução do poder penal

1. Limites e redução do poder penal

O século XX concluiu-se marcado por duras e profundas críticas dirigidas ao sistema penal, especialmente nessas últimas três décadas. A crise das teorias ressocializadoras e os problemas dos sistemas penais deram lugar a múltiplos e profundos debates. Dentro da estrutura do controle dificilmente existe um segmento mais estudado e debatido que o da execução penal, que sintetizamos no capítulo anterior. A esta crítica fundamental somaram-se as dedicadas ao estudo da gênese normativa, da operatividade da justiça penal, da polícia, dos sistemas processuais e, por último, da crítica interna da própria dogmática, em cujo seio prestigiosos penalistas desenvolveram processos de revisão de idéias em função da práxis. Em suma, grande parte da doutrina penal, sociológica e criminológica concluiu manifestando sua insatisfação pelo funcionamento dos sistemas penais.

As críticas ao funcionamento penal geraram buscas de contenção do sistema, procurando evitar, em primeiro lugar, sua expansão irracional e ilimitada e, em segundo, seu caráter de ferramenta seletiva do serviço de políticas sociais de controle dos fracos. Em alguns casos, pretende-se a estabilização do sistema e, em outros, sua substituição por outros modelos. Desse modo, geraram-se, nos últimos 30 anos, diversas correntes de pensamento dirigidas a estabelecer ferramentas úteis para a redução do modelo, ou sua contenção dentro de limites razoáveis. Entre os enfoques que renegam o sistema penal, afirmou-se o abolicionismo, cuja versão mais radical propõe como meta a pura e simples substituição do sistema penal e a abolição quase completa dos atuais serviços penitenciários. É necessário diferenciar com clareza os objetivos, os métodos e as realizações dessas alternativas, conhecendo superficialmente seus diversos autores, diversas obras e propostas, ao que está destinado o conteúdo deste capítulo, que deve ser ampliado, necessariamente, pelos textos que se indicam.

Certamente, a evolução crítica contra os sistemas penais entrou, nos princípios do século XXI, em franca contradição com os requerimentos de segurança e controle da sociedade global, cruel e irracionalmente vindicativos. Esse problema será analisado, especificamente, nos Capítulos 14 e 15.

2. Vitimologia

Ao longo do século passado, o sistema penal evoluiu e funcionou, concentrando-se em um dos protagonistas do fato delitivo: o autor. A proteção dos bens jurídicos foi assumida pelo Estado como parte do processo histórico que Foucault chamou de "confiscação dos conflitos", que retirou, gradualmente, dos vitimizados, todo protagonismo, cuja palavra, nos processos penais, foi emudecida. O ramo criminológico-penal, que assumiu o objetivo de investigar e recuperar o protagonismo das vítimas dos delitos, chama-se Vitimologia, o qual tem exigido, inclusive, autonomia científica.[99]

A revalidação do papel das vítimas orienta-se não somente a dar-lhes uma melhor *satisfação*, mas, também, *protagonismo*, a fim de que o Direito atenda realmente a seus interesses e razões, por se tratar de freqüentes titulares exclusivos do bem jurídico agredido.[100] Essa última tendência é mais recente na Vitimologia e afirma-se nos anos oitenta como resultado da evolução da Psicologia social, das pesquisas de vitimização e dos movimentos feministas, assim como da intenção de contrabalancear teórica e político-criminalmente certa idealização do delinqüente como vítima social, resultado da forte predileção "anti-sistema" da Criminologia crítica. A necessidade de reparar mais eficazmente os prejuízos, mas também a possibilidade de evitar as soluções puramente punitivas, em uma grande porcentagem dos casos, reavivaram o interesse em direção à desanimada Vitimologia dos anos oitenta, especialmente na Alemanha, onde diversos autores enxergaram a possibilidade de solucionar conflitos penais mediante acordos entre vítimas e vitimizadores, enfoque muito próximo, como logo veremos, a algumas propostas dos abolicionistas. No Capítulo 16, poderemos ver como, em conseqüência dos fenômenos desencadeados pela globalização, as vítimas de delitos e outros fenômenos fazem sentir hoje suas reclamações publicamente, com um forte protagonismo político, pressionando os funcionários para que as suas pretensões tenham lugar. A Vitimologia é uma corrente organizada internacionalmente que tem

[99] Ver a exaustiva obra em três tomos de NEUMAN, Elias. *Victimología, victimología y control social y victimología supranacional*. Buenos Aires: Universidad, 1994 e 1995. Também, de vários autores, *La víctima y el sistema penal*. Buenos Aires: Ad-Hoc, 1992.

[100] Sobre os efeitos no Direito Penal, ver RUSCONI, Maximiliano: "Víctima e ilícito penal: algunas reflexiones sobre la victimodogmática", em seu livro *Cuestiones de imputación y responsabiliad en el derecho penal moderno*. Buenos Aires: Ad-Hoc, 1997, p. 37.

realizado importantes congressos, conta com publicações especializadas e uma abundante bibliografia em diferentes idiomas. Em alguns países latino-americanos, como o Brasil, apresenta um destacado desenvolvimento como corrente de ação e de pensamento.

3. Recursos processuais: perdão, oportunidade, conciliação, *probation*

Os especialistas em Direito Penal e Processo Penal tomaram nota das críticas que foram dirigidas à Criminologia, à Vitimologia e a outros enfoques e começaram, por sua vez, a elaborar estratégias sistêmicas tendentes a recompor os papéis no processo penal e a explorar mais profundamente as vias de solução que permitissem satisfazer melhor as partes envolvidas e a opinião pública, superando o monismo sancionatório e aliviando os sistemas penitenciários.[101] A expressão "recursos processuais" não está empregada aqui no sentido estritamente técnico, mas, sim, no sentido genérico de soluções que se adotam perante a possibilidade de uma intervenção judicial, para evitar o exercício da ação, substituí-la por acordos que impeçam o processo penal, ou que o interrompam ou deixem em suspenso alguns ou todos os seus efeitos (tanto os que apagam ou suspendem a pena que deveria ser aplicada, como os que impõem alguma negociação ou condição ao autor). Em suma, vias que, aproveitando-se da oportunidade oficial de um processo penal, utilizem-no como meio capaz de limitar seus efeitos mais danosos. O importante ao fim desse rápido registro é assinalar modelos que permitam evitar que a intervenção estatal desemboque em soluções puramente sancionatórias.

O perdão judicial e a prescindibilidade da pena são medidas que começaram sendo implementadas para o direito de menores, mas logo se estenderam ao Direito Penal geral. Trata-se de disposições legais mediante as quais se omite impor uma pena após a determinação da culpabilidade, seja por um perdão que se dita na própria sentença, em virtude de circunstâncias favoráveis, seja após o cumprimento de uma parte da condenação. O parágrafo 60 do Código Penal alemão dispõe que o tribunal prescinda de determinar pena quando as conseqüências do feito tenham alcançado o autor e sejam tão graves que tornem errônea *a imposição de uma pena.* A disposição aplica-se a delitos com pena inferior a um ano.[102]

[101] Ver RUSCONI, Maximiliano: "La crítica a la dogmática jurídico-penal", em seu livro *Sistema del hecho punible y política criminal.* Buenos Aires: Ad-Hoc, 1995, p. 27.

[102] ELBERT, Carlos. "Alternativas modernas a las penas privativas de libertad y sus resultados prácticos", *Revista del Colegio de Abogados Penalistas,* Cali, n° 8, 1983, p. 9. Também: "Substitución de las penas privativas de libertad, ¿por qué? ...y ¿por qué?, *Jurisprudencia de Entre Riós*, 1988, n° 24, p. 403 e

No Direito Penal argentino de menores (Lei nº 22.278), a imposição de uma pena fica subordinada a uma série taxativa de condições, e, cumpridas as quais, a pena pode ser reduzida na forma prevista para a tentativa, ou, sendo desnecessária aplicá-la, absolver-se-á o menor.

Essa medida é uma superveniência do direito de graça que correspondia ao monarca, nos regimes absolutistas, e está relacionada à instituição do indulto. O perdão judicial é uma ferramenta que pode chegar a reduzir a quantidade de condenações de encarceramento se aplicada a casos de menor importância e escassa relevância, ou de penas curtas.

O princípio da oportunidade é um arbítrio essencialmente processual, para que o titular da ação pública possa avaliar se se justifica a intervenção da justiça nos casos de insignificância, perdão da vítima, casos em que o autor também tenha se prejudicado com seu ato, como, por exemplo, em acidentes culposos etc.[103]

A conciliação, a arbitragem e a mediação são ferramentas de uso freqüente no direito privado e no trabalhista, e trata-se de sistemas suficientemente conhecidos, sem necessidade de maiores aprofundamentos. O certo é que há autores que propiciam a introdução desses recursos no sistema penal com fins reparatórios ou que habilitem a possibilidade de que as partes adotem livremente as soluções que lhes pareçam mais adequadas às suas possibilidades. Na Argentina, é Neuman um autor que se tem ocupado especificamente do tema.[104]

Também se pratica a mediação na província de Buenos Aires. No plano internacional, a mediação está plenamente estabelecida na Itália e em outros países.

A chamada *probation* tem sido introduzida recentemente no sistema legal argentino pela Lei n° 24.316 e consiste em um período de prova ao qual se subordina a não-imposição de pena e sua posterior extinção, em casos de reação positiva.[105]

4. Uso alternativo do Direito

Trata-se de um movimento de origem judicial, cujas idéias iniciais foram expostas no livro de Pietro Barcellona e Giuseppe Cotturri *O Estado e*

"Cárceles y penas al filo del tercer milenio", em *Cuadernos de Doctrina y Jurisprudencia Penal*, Buenos Aires, n° 3, 1996, p. 181.

[103] Ver MAIER, Julio. *Derecho procesal penal*. Buenos Aires: Del Puerto, 1996, tomo I, p. 834.

[104] Ver *Mediación y conciliación penal*. Buenos Aires: Depalma, 1997.

[105] De OLAZÁBAL, Julio. *Suspensión del proceso a prueba*. Buenos Aires: Astrea, 1994 e DEVOTO, Eleonora. Probation *e institutos análogos*. Buenos Aires: DIN, 1995.

os juristas,[106] obra na qual, a partir do marxismo, faz-se uma crítica do estado do Direito vigente. Em síntese apertada, entende-se que o sistema jurídico burguês está estruturado de modo a favorecer sempre as classes poderosas, e o único modo de romper esse desequilíbrio é inverter o sentido das normas, mediante interpretações judiciais favoráveis aos fracos e desprezados das classes baixas. Na obra antes citada, Coturri e Barcellona interpretam o ensino do Direito como reprodução de uma casta de juristas e analisam politicamente o papel dos intelectuais, magistrados e advogados no aparelho estatal. Entendem que se deve dar ao Direito uma "práxis libertadora", que não tenha o único sentido de uma prática em contradição com o modelo social da classe dominante, mas também o de *gerar uma cultura jurídica alternativa,* integrada com uma análise do sistema e à elaboração de técnicas e categorias conceituais divergentes das que empregam os modelos culturais dominantes. Essas teorizações devem elucidar a relação que há entre as instituições jurídicas e as estruturas sociais. Assinalam que as discussões dos juristas de todas as ideologias terminam sempre em uma *reconstrução do sistema* que privilegia aspectos do mesmo como "dignos de recuperação". Veremos que essa idéia é compartilhada pelos abolicionistas.

Na América Latina, um adepto dessa linha de interpretação judicial é o magistrado venezuelano Jorge Rosell Senhenn, o qual sustenta, em um de seus trabalhos, que a igualdade proclamada pelas leis é puramente formal, enquanto, nos fatos, os sujeitos das relações jurídicas são desiguais e desigualmente tratados, que é o que claramente surge no Direito Trabalhista e no Direito de Menores. O autor afirma que o Direito tem um eminente conteúdo político, apesar da cultivada imagem do juiz "neutro", o qual não vê ou não quer ver as desigualdades. Para Rosell, a norma deve ser interpretada tomando partido pelas soluções que, sendo formalmente eqüitativas, sejam também substancialmente eqüitativas. Esse magistrado tem assinado numerosas sentenças onde faz aplicação de suas idéias, que têm certa aceitação também no âmbito da justiça brasileira.[107] [108]

[106] Barcelona: Fontanella, 1976.

[107] "Realización de los derechos humanos y uso alternativo del derecho", em *Capítulo Criminológico*, Maracaibo, nº 9/10, 1981/82, p. 140.

[108] O "Movimento do Direito Alternativo", no Brasil, pode ser, em grande medida, avaliado como receptáculo orgânico de vários movimentos de contestação que se produziram no curso dos anos 70 e 80. Entre os acadêmicos, é possível destacar a Nova Escola Jurídica (NAIR), idealizada por Robeto Lyra Filho – na atualidade, aliás, revigorada em torno do projeto *Direito Achado na Rua*, coordenado por José Geraldo de Souza Júnior (UnB); o projeto *Contradogmáticas*, organizado por Luiz Alberto Warat a partir da teoria da argumentação jurídica; e uma série de publicações de autores identificados com os movimentos da crítica do Direito – como Luiz Fernando Coelho, Roberto Aguiar, Plauto Faraco de Azevedo, exemplificativamente. Como ocorreu com a teoria crítica na Itália, na França, em Portugal e na Espanha, bem como em grande parte da América Latina, a fase de redemocratização possibilitou a aproximação do universo acadêmico com os operadores do Direito. Desse modo, em solo nacional, o movimento se consolidou com opção extremamente avançada na construção da perspectiva crítica do Direito na fusão entre teoria e prática, entre Universidade e Tribunal. Nesse contexto, é importante apontar dois personagens que, do

5. Descriminalização

Como seu nome indica, essa proposta orienta-se em direção à redução do sistema penal, eliminando figuras delitivas supérfluas, obsoletas ou tipificações de condutas que poderiam ser controladas por meios administrativos ou do Direito Privado.

Em especial, aponta-se em direção a condutas relativas à liberdade sexual, como ao homossexualismo, à prostituição ou ao adultério, ou aos chamados "delitos sem vítima", como o consumo de drogas. Trata-se, em suma, de diminuir o catálogo penal, mediante a supressão de numerosos tipos penais, conforme uma sistemática elaborada doutrinariamente.[109]

Na Europa, a noção de descriminalização ficou tematizada definitivamente no Colóquio de Bellagio de 1973 e resultou em um verdadeiro projeto governamental, compartilhado no *Informe do Comitê Europeu sobre problemas da criminalidade*, Estrasburgo 1980.[110]

Na América Latina, a descriminalização ficou consagrada como uma possibilidade político-criminal a partir do Curso Internacional de Criminologia de Guayaquil em 1975. Pode-se dizer, então, que a proposta, com todos seus componentes teóricos, tem consagração temática na América Latina há mais de 30 anos.

A partir desse encontro, o tema teve muita repercussão na América Latina durante as últimas décadas do século XX, e a idéia descriminalizadora alcançou muita difusão em nossos países, porque destacados penalistas e criminólogos expuseram-na e recomendaram-na em publicações, palestras e teses de doutorado. No Cone Sul, os uruguaios contam com destacados juristas que se ocuparam frutiferamente dessa temática, como Adela Reta, em 1983, e Langón Cunarro, o qual analisou, em 1984, os limites do poder sancionador no Estado democrático. Também houve duas edições de análise interdisciplinar de Raúl Cervini.[111]

---

final da década de 80 até meados da década de 90, a partir de destacado trabalho de aproximação das várias vertentes de crítica à tradição paleopositivista, possibilitaram a construção de importante espaço de debate: Edmundo Lima de Arruda Júnior, professor universitário, e Amilton Bueno de Carvalho, juiz de direito. Os autores consolidaram o Movimento do Direito Alternativo no Brasil, auferindo-lhe organicidade e projetando a crítica para além dos muros acadêmicos. No plano do Direito Penal e da Criminologia, a tradição crítica remonta às décadas de 70 e 80, com a publicação de trabalhos de vanguarda de Nilo Batista, Juarez Cirino dos Santos, João Mestieri, Heitor Costa Júnior, Augusto Thompson, Juarez Tavares, Luiz Luisi, Ney Fayet de Souza, Nilo Bairros de Brum, entre outros. A tradição crítica em Direito Penal e Criminologia, no Brasil, conta com a colaboração atualizada de grande parte dos referidos autores e converge, significativamente, na luta pela efetivação da Constituição a partir da perspectiva do garantismo penal e do realismo marginal. (N.T.)

[109] Uma boa síntese da sistemática referida e de outras medidas alternativas pode-se ver em RICO, José María. *Las sanciones penales y la política criminológica contemporánea*. México: Siglo XXI, 1979.

[110] Tradução para o espanhol de CIAFARDINI e BONDANZA. Buenos Aires: Ediar, 1987.

[111] *Los procesos de decriminalización*. 2ª ed. Montevideo: Universidad, 1993.

Quando se começou a discutir a possibilidade descriminalizadora, que na Europa teve certa inserção ideológico-legislativa nas sociedades do Estado de Bem-Estar, sustentava-se a necessidade de colocar fora do Direito Penal uma série de situações problemáticas de convivência social. Invocavam-se como fundamento diversos argumentos: a "cifra negra" como indicador da inoperância quantitativa do Direito Penal, os custos do delito e da resposta punitiva, a necessidade de desinstitucionalizar, de não intervir nas questões morais da conduta individual, de obviar a penalização dos delitos sem vítima, de prestar atenção a nossas minorias étnicas e culturais, reconhecendo seus usos e costumes etc. Em suma, envolvida por finalidades práticas do tipo economicista, estava pressuposta a idéia de uma sociedade mais livre, justa e tolerante. No entanto, na América Latina, não se têm experimentado processos planificados de descriminalização, e, na Europa, os autores consideram que as tipificações penais continuam aumentando, sem que se encontrem, em muitos casos, razões que justifiquem esse fato.

6. Minimalismo penal

Esse enfoque, também conhecido como "intervenção penal mínima", é uma criação que nasce do grupo da revista *Dei delitti e delle pene*, fundamentalmente das concepções de Ferrajoli e Baratta (1933-2002).[112] Baseia-se na maximização do sistema de garantias legais, colocando os direitos humanos como objeto e limite da intervenção penal.[113] Buscam-se meios de redução quantitativa da intervenção penal e a ampliação ao máximo possível do efeito das garantias disponíveis. O propósito é diminuir a quantidade de condutas típicas, procurando penalizar somente as mais danosas, prescindindo das bagatelas, e fazer cumprir rigorosamente as garantias legais, evitando todos os caminhos de justiça extrajudicial pelas próprias mãos. Adota-se o princípio, caro aos abolicionistas, da *subsidiariedade*, ou seja, o sistema penal intervém somente em casos que não possam ser solucionados por outras vias jurídicas ou sociais. A *mínima intervenção* significa que o Estado deve interferir unicamente nos casos mais graves, protegendo os bens jurídicos mais importantes, sendo o Direito Penal a última ou extrema *ratio* quando já fracassaram as restantes alternativas do Direito.

Muito influenciada pelas idéias iluministas e pelo Estado Social e Democrático de Direito, essa estratégia pretende colocar o indivíduo verdadeiramente no centro do cenário jurídico.

[112] Ver n° 3, de 1985, com contribuições sobre o tema de BARATTA, RESTA, FERRAJOLI e PAVARINI. Também FERRAJOLI, Luigi. *Derecbo y razón*, obra citada, p. 335.

[113] BARATTA, Alessandro. *Principios del derecho penal mínimo*. Buenos Aires: Doctrina Penal, 1987, p. 623 e segs.

Ferrajoli sustenta que o juízo penal e a pena protegem os acusados contra as vinganças de outros indivíduos ou do Estado.

A prevenção dos delitos e das penas arbitrárias *legitima a "necessidade política" do Direito Penal como instrumento de tutela de direitos fundamentais*. O Direito Penal mínimo seria algo assim como a lei do mais fraco, que *sofre a pena como mal menor* frente ao perigo da anarquia que o exponha a qualquer vingança caprichosa de particulares ou da autoridade.

Baratta, por seu turno, em seus *Princípios de direito penal mínimo*, elabora o método segundo o qual os direitos humanos são, por um lado, um limite negativo ao crescimento da intervenção penal, mas, por outro, um âmbito para ampliar a tutela penal de bens em favor da maioria. Baratta propõe princípios intra-sistemáticos, para reduzir "por dentro" o próprio sistema penal, e extra-sistemáticos, para a construção de alternativas para o futuro, especialmente no plano político e legislativo. Afirma que uma Política Criminal alternativa deve orientar-se em direção à maior contração possível do sistema penal. No entanto, a diminuição das penas conforma, meramente, uma etapa prévia da superação do próprio sistema penal, meta em longo prazo que coincide com as do abolicionismo.[114]

Baratta elabora uma sistemática para o Direito Penal mínimo, que assinala os princípios redutores que devem presidir a criação da lei e sua aplicação, como os da taxatividade, proporcionalidade e subsidiariedade no primeiro caso, e de primazia da lei substancial e sua irretroatividade no segundo, cujo desenvolvimento completo deve ser visto nos textos originais.

Ferrajoli considera possível uma legitimação do sistema penal, que seria indispensável em qualquer sistema político, enquanto Baratta propõe uma legitimação tática com fins redutores, cujo objetivo último é a substituição dos sistemas de imposição de penas.

7. Garantismo penal

É a interpretação que Ferrajoli elabora de um Direito Penal *legitimado* pela sua capacidade de tutelar valores ou direitos fundamentais, "cuja satisfação, inclusive contra os interesses da maioria, é o fim justificador do Direito Penal: a imunidade dos cidadãos contra a arbitrariedade das proibições e dos castigos, a defesa dos fracos mediante regras de jogo iguais para todos, a dignidade da pessoa do imputado e, portanto, a garantia de sua liberdade mediante o respeito também de sua verdade. É precisamente a garantia desses

[114] BARATTA, *Criminología...*, obra citada, p. 219.

direitos fundamentais que a faz aceitável para todos, incluída a minoria dos réus e dos imputados, ao Direito Penal e ao mesmo princípio majoritário".[115]

Para Ferrajoli, essa construção supera as limitações morais e naturalistas do retribucionismo penal e da prevenção geral positiva (reforçar a fidelidade à ordem estabelecida, funcionalismo, Jakobs), *dando ao Direito Penal o único fim da prevenção geral negativa* (função dissuasiva daqueles que não delinqüem). As penas passam a ter, conforme essa teoria, duas finalidades: o máximo bem-estar possível dos não-desviados e o mínimo mal-estar dos desviados. Sendo a pena um mal, é justificável que fique reduzida a um mal menor frente à vingança. Ferrajoli também elabora uma lista de postulados semelhantes aos de Baratta, como princípios fundamentais do garantismo; pode-se assinalar, a título de exemplificação, os de retribuição, legalidade, economia de proibições etc., cuja análise detalhada pode-se fazer no texto do autor.

Dario Melossi formulou críticas às posições minimalistas e garantistas, sustentando que o Direito Penal não pode, materialmente, encarregar-se dos fenômenos que verdadeiramente deveriam ser considerados criminais. Ele afirma também que, por essas vias redutoras ou de legitimação, a luta contra a repressão penal corre o perigo de transformar-se em uma luta a favor da prepotência dos que são socialmente fortes contra os fracos.[116]

---

[115] FERRAJOLI, obra citada, p. 336.

[116] MELOSSI, Dario. "Ideología y derecho penal, garantismo jurídico y criminología crítica: ¿nuevas ideologías de la subordinación?", em *Nueva Doctrina Penal*, A/1996, p. 75.

Capítulo 8

Os abolicionistas

1. Abolicionismo

A corrente de pensamento orientada para a abolição das penas e dos sistemas penais é conhecida simplesmente como abolicionismo. O grupo de pensadores que pode ser ligado a essa orientação não se interessa por uma Política Criminal alternativa, mas, sim, por uma alternativa à Política Criminal. *Eles mantêm distância daqueles que, estudando o sistema criminal, se esforçam em encontrar soluções aptas a conservar sua existência no tempo.*

Compartilham algumas análises com a *Criminologia da reação social*, (ou seja, a que se interessou pelas reações que se geram na sociedade pelo cometimento de delitos, e que se analisará no Capítulo 11) no que se refere à seletividade, aos processos de criminalização, aos efeitos da prisão e à incapacidade do sistema penal de resolver os conflitos que assume. Todavia, o abolicionismo também sustentou idéias em contradição com a Criminologia crítica, que logo veremos, e que impediram de incluí-lo, como fazem alguns autores, dentro do campo da Criminologia.

Os abolicionistas consideram que o sistema penal intervém em muitos assuntos que as pessoas envolvidas não vivem como um delito, inclusive quando as próprias vítimas são contra a que se considerem delitos; tudo em nome de uma idéia abstrata, chamada "bem jurídico tutelado".

Dizem os abolicionistas que nos processos penais se deixa de lado a vítima, enquanto se legitima a intervenção total do Estado, como preservador dos bens jurídicos "indispensáveis" e da idéia do consentimento na teoria do delito. Sustentam também que a intervenção do sistema penal agrava os conflitos, porque *impede chegar a qualquer resposta que não seja punitiva.* Em alguns casos, a própria existência do sistema penal adiciona riscos e danos aos afetados, como nos casos de consumo de drogas, de aborto ou de não-cumprimento dos deveres de assistência familiar, nos quais os potenciais imputados devem se ocultar e realizar suas atividades proibidas em situações de maior risco ou esconder bens e levar uma vida dupla por temor a condenações etc. A tudo isso deve-se agregar a violência policial e a ilusão generalizada de que os problemas realmente se resolvem mediante intervenção das agências de controle.

Os abolicionistas dizem que o interacionismo simbólico demonstrou que a prisão é *reprodutora* de criminalidade. Não obstante, a crítica abolicionista vai mais além da Criminologia, chegando a sustentar que os sistemas vigentes não são um progresso na crueldade dos castigos em relação à época anterior às reformas iluministas. Não é uma humanização – disseram – porque abarca conflitos que antes se resolviam de outro modo, e permite, além do mais, castigar mais gente. Por isso, consideram que a prisão é apenas uma alternativa à tortura e à pena de morte.

Os autores abolicionistas sustentam que o sistema penal, que se apresenta como racional, concebido e criado por e para o homem, resulta, em realidade, incoerente. Para eles, uma vez que o sistema penal é colocado em movimento, anda sozinho, e ninguém sabe para onde ele vai, a lógica do castigo impede que o sistema penal possa manejar razoavelmente algum conflito. Reivindica-se a ontologia do delito, ao que apenas se colocaria uma "roupagem de idéias", impedindo a compreensão do fato e a organização de respostas.

Para o abolicionismo, a perspectiva penal é sempre dicotômica: branco-preto, criminoso-não-criminoso, culpado-inocente etc. Esse caráter binário constitui uma visão simplificadora do homem e de seus atos, retirando-lhe todo o processo de interação que emoldura a coexistência humana e centralizando-se apenas em alguns aspectos dela. Christie sustentou que a capacitação legal só serve para simplificar, porque não permite contemplar todos os valores de uma situação e, em vez disso, seleciona só aqueles que se relacionam com a lei.

Dentro do movimento abolicionista, que por natureza é heterogêneo, pode-se distinguir o abolicionismo penal radical, representado por Hulsman (que propôs o desaparecimento total do sistema), e o abolicionismo institucional, limitado a alcançar a supressão da instituição do cárcere com seus anexos, como os hospitais psiquiátricos forenses.[117]

2. A influência de Foucault

Para muitos autores, Foucault é um precursor do abolicionismo, ou melhor, um abolicionista disfarçado. Para fundamentar isso, destacam-se idéias

[117] Ver BOVINO, Alberto, em *La víctima y el sistema penal*. Buenos Aires: Editorial Ad-Hoc, 1992.

que ele foi expondo nas suas publicações e conferências, como sua postulada necessidade de abolir todos os limites que fixem relações assimétricas e que expressem relações de poder. Como é sabido, Foucault não exigia uma ação política totalitária para abolir as relações de poder, porque, para ele, a abolição das desigualdades estabelece lutas locais, vinculadas a um domínio específico no qual o povo se sente oprimido.

Os livros de Foucault não formam teorias completas ou linhas de ação, mas, sim, estratégias possíveis, que devem ser utilizadas em cada caso, como se fossem uma caixa de ferramentas de onde se escolhem as indicadas, de acordo com a situação. Os abolicionistas se valem dessa e de outras idéias persistentes de Foucault, como a do pensamento contínuo, aberto, sem contradição nem negação, como um "pensamento do múltiplo" ou "do inacabado", idéia que é resgatada no abolicionismo por Mathiesen. Foucault sustentava que deviam ser estudados os limites da cultura, contextualizando-os constantemente com as relações de poder, desconfiando e lutando contra o que estabelecesse limites que separam o "igual" do "outro". O poder não está garantido pelo discurso formulado nas leis, mas, sim, pelo poder disciplinar, que se expressa em todas as técnicas de controle e disciplina. Esse poder disciplinar é o que produz desviados, loucos, delinqüentes etc.[118]

Os abolicionistas se valem também da noção de *confiscação do conflito,* conforme a figura de Foucault; segundo ele, a vítima é sempre duplamente perdedora: frente ao infrator e frente ao Estado. A vítima está excluída – dizem – de intervir no seu próprio conflito, que é entregue a certos profissionais (confiscação). A partir dessa idéia, afirmam que a profissionalização dos que intervêm no processo penal faz com que *não se escutem as pessoas verdadeiramente implicadas.* A presença de advogados se faz necessária, não tanto para um exercício efetivo dos direitos das partes, como se proclama no meio jurídico, mas como *tradutores da linguagem* que se utiliza nas burocracias, ocupadas em conceder justiça. O conflito sobre o que se deve resolver *desaparece quando é tratado*, e os advogados são apenas tradutores do vocabulário cifrado que reduz a realidade.

Os abolicionistas sustentam que muitas vezes é impossível solucionar os conflitos que se produzem na sociedade. A busca por "uma solução" é um conceito puritano e etnocêntrico que não corresponde às experiências da vida, razão pela qual se diz que o amadurecimento se expressa na capacidade de suportar frustrações, ou seja, experiências sem solução ou sem satisfação para o indivíduo.

[118] Ver *Vigilar...*, obra citada; *Microfísica del poder*. Madrid: Ediciones de la Piqueta, 1979; e *Un diálogo sobre el poder*. Barcelona: Altaya, 1995. Também podem consultar-se MURILLO, Susana. *El discurso de Foucault:* Estado, locura y anormalidad en la construcción del individuo moderno. Buenos Aires: Oficina de Publicaciones del CBC, Universidade de Bs. As., 1996; e MARTEAU, Juan Félix. *La condición estratégica de las normas*. Buenos Aires: Eudeba, 1997.

A idéia básica dos abolicionistas é devolver às pessoas implicadas o manejo de seus próprios problemas. A vítima deve *reapoderar-se* do conflito que lhe foi subtraído pelo Estado. Propõe-se, como conseqüência desse ponto de vista, a construção de uma *justiça participativa, na qual a compensação substitua a pena,* conforme um modelo de sociedades sem Estado forte, que só intervirá quando as partes fracassam em seu intento de acordo, ficando, somente então, habilitadas a recorrer aos tribunais

O modelo abolicionista não parte dos princípios do Direito Penal, mas, sim, de outros diferentes, opostos aos da justiça que temos na atualidade, tanto dos países centrais como dos periféricos. Para os abolicionistas, o delito deve deixar de sê-lo, passando a ser uma "situação problemática", na qual a vítima possa ter outro papel, e o mediador se pareça apenas ligeiramente às funções do juiz atual.

O desenvolvimento do abolicionismo se deu especialmente nos países escandinavos e na Holanda, o que, por si só, torna o movimento alvo de críticas, pois surge apenas em sociedades idílicas, de poucos habitantes e muito bem-estar e cultura, que estariam afastadas dos padecimentos e das carências dos países do Terceiro Mundo.

3. Natureza científica do Abolicionismo

O Abolicionismo não se apresenta como uma ciência ou um sistema de idéias que possua um método e um objeto próprios. Sua finalidade é muito simples: acabar com o sistema penal, valendo-se, para isso, de todas as estratégias imagináveis, sem assumir compromissos com o sistema vigente, porque – sustentam – tais compromissos só conduzem a ser "integrados" e, finalmente, fagocitados pelo mesmo, que assimila as críticas, elabora discursos de réplica e continua em frente tal como estava previamente.

O Abolicionismo não é uma construção teórica preocupada com requerimentos epistemológicos ou filosóficos do tipo dos que atormentam a Criminologia ou o Direito Penal. Não se concebe a si mesmo como uma disciplina autônoma nem como ciência. Poder-se-ia dizer que, a serviço de seus objetivos, qualquer método é admissível, conquanto seja eficaz.[119]

Nas linhas da política abolicionista desenvolvem-se pensamentos estratégicos a partir de situações concretas, procurando desmascarar ideologias de controle, mesmo quando – por exceção – desenvolvam os problemas do

[119] Para uma comparação epistemológica entre a Criminologia e o Abolicionismo, ver ELBERT, Carlos, *Abolicionismo*: ¿eclecticismo o integración en la criminología? no livro de homenagem ao Professor David Baigún, Buenos Aires: Del Puerto, 1995, p. 477.

poder e da estrutura do Estado. O abolicionismo é, fundamentalmente, um enfoque humanista que se solidariza com os mais fracos da sociedade.

Em conseqüência, o *abolicionismo delimitou um campo de discussão e trabalho pragmático, simples e criativo.* Sua abertura e despreocupação pela prolixidade metódica é conseqüência de um anti-reducionismo que aspira a não confundir método com idéias, como disse Husserl. Pode-se dizer que o abolicionismo "tornou simples" (em oposição ao que ocorre discursivamente dentro do Direito Penal e da Criminologia), propondo "outra lógica" para o tema do delito: "*mudar a linguagem não basta se se conservam, nas palavras novas, as antigas categorias*".

4. Hulsman, Christie, Mathiesen

Um abolicionista radical é Louk Hulsman, ex-funcionário, juiz e professor de Direito Penal em Rotterdam, que faz uma completa exposição de suas idéias no livro *Sistema penal e segurança cidadã.*[120] Nessa obra, conta suas experiências em contato com as penas, que começam em suas vivências como prisioneiro de um campo de concentração alemão, durante a Segunda Guerra. Afirma que o sistema penal opera na irracionalidade, porque só se vale de sua própria lógica, como a Astrologia ou a Teologia. As sociedades constroem sistemas abstratos para sentirem-se seguras, e logo depois se trabalha para aperfeiçoá-los, esquecendo-se da sociedade. Com o tempo, os sistemas não correspondem a nada humano; assim, no domínio penal ainda se impõem, quase por inércia, as imagens maniqueístas, e espera-se que as leis e estruturas realizem a harmonia social.

Hulsman se pergunta se as regras e os princípios protegem verdadeiramente as pessoas de toda opressão arbitrária, e se são válidos para a sociedade de hoje (refere-se aos princípios de igualdade perante a lei, intervenção mínima, *ultima ratio* etc.), e, obviamente, sua resposta é negativa. Ataca duramente todas as formas de burocracia que terminem impondo penas e sustenta que cada serviço trabalha isoladamente, executando seu papel sem preocupações pelo que aconteceu antes. Essas instituições não têm entre si – diz – nada mais que uma referência global à lei penal e à cosmologia repressiva, vínculo vago para garantir ações acertadas.

Sustenta que essas estão encerradas em mentalidades que se aprofundam em si mesmas, e cada corpo desenvolve critérios de ação, uma ideologia, uma cultura particular; logo, não é estranho que entrem em contradição entre si. Na realidade, conclui, não apontam a objetivos externos (que não

[120] HULSMAN, Louk. *Sistema penal y seguridad ciudadana.* Barcelona: Ariel, 1984. Título original: *Peines perdues. Le systéme en question.*

podem realizar), mas, sim, ao interior, crescer, zelar pelo bem-estar de seus membros, assegurar sua própria sobrevivência. Para Hulsman, o pensamento burocrático é essencialmente repressivo, e o sofrimento da prisão é o preço que o encarcerado deve pagar por um ato que a justiça fria definiu em uma balança inumana, fazendo dele uma nova vítima.

O autor defende a tese de que as perdas materiais que os delitos causam podem ser assemelhadas às catástrofes naturais, recorrendo-se a regras civis de indenização, sem apelar ao conceito ambíguo, inapreensível, metafísico e escolástico da culpabilidade. A realidade transcende esse conceito, porque os que vão para a cadeia são sempre os mesmos, ou seja, as categorias mais fracas e desamparadas da população. O Direito Penal, em conseqüência, cria e reforça desigualdades.

Para Hulsman, os serviços penais foram concebidos para causar dano e criar violência, tal como o sistema militar. Diante do dado de que os encarcerados na França em um ano podem chegar a doze milhões, pergunta-se se há alguém disposto a que esse sistema siga esmagando tanta gente.

Suprimir o sistema penal não suporia uma reforma fundamental da magistratura penal, a qual poderia se dedicar inteiramente aos assuntos considerados civis, com grande alívio dos juízes, para os quais a tarefa de estigmatizar semelhantes em tempo integral não deve causar regozijo. Na parte penitenciária – sustenta – poderiam converter-se seus serviços para fins de assistência social.

Afirma que é um mito que as sociedades desenvolvidas sejam superiores, porque a racionalidade inerente à industrialização penetra em planos cada vez mais profundos da vida, com conseqüências catastróficas, especialmente no ecológico.

Hulsman concentra-se apenas na criminalidade tradicional, diz que o cidadão médio é um mito e que, quando as pessoas compreendam até que ponto o peso da maquinaria do castigo oprime nossas sociedades, não se encontrará mais ninguém disposto a defendê-la. Sustenta que a máquina de controle deve ocupar-se de 10% do total dos delinqüentes, que sejam realmente perigosos ou tenham cometido atos muito danosos. Quanto ao resto do sistema, deve ser abolido, passado para a jurisdição civil, aplicando-se seus processos, mecanismo, juízes e pessoal.

Outros autores muito reconhecidos dessa tendência são Nils Christie, docente em Oslo, Noruega, onde comparte suas tarefas com Thomas Mathiesen. O primeiro visitou várias vezes nosso meio; Mathiesen o visitou pela primeira vez recentemente. Ademais, ambos foram traduzidos para o castelhano.[121] Nos

[121] Ver *Los límites del dolor*. México: Fondo de Cultura Económica, 1984, e *La industria del control del delito*. Buenos Aires: Ediciones del Puerto, 1993, com prólogo de Zaffaroni, que deu lugar a uma posterior polêmica entre ambos, na Revista *No Hay Derecho*.

dois trabalhos de mais recente publicação na Argentina, ambos tomam posição a respeito aos acontecimentos posteriores à globalização com moderado otimismo e também com desconcerto, ante a inseguridade cidadã e as tendências punitivistas e de expansão carcerária que se verificam hoje em todo o mundo, incluídos os países escandinavos.[122]

Em uma comparação muito esquemática, poderia se dizer que Christie centraliza sua argumentação em fundamentos éticos, orientados a reduzir o penal como sofrimento imposto às pessoas de modo intencional. Nesse sentido, seu desenvolvimento da idéia de pena é muito profundo, com raízes filosóficas e religiosas, cuja influência no nosso meio poderia ser adstrita ao pensamento de Mariano Castex.[123] A prisão é, para Christie, um sofrimento não-criador, carente de sentido. As regras internas fazem prevalecer as relações de passividade, agressividade e dependência-dominação, que não deixam lugar para a iniciativa nem o diálogo e alimentam o desprezo da pessoa. Na prisão se perde a personalidade e a sociabilidade e pensa-se que quem está na prisão teve o que merecia.

As ciências criminais colocaram em evidência a relatividade do conceito de infração, que varia no tempo e no espaço. Na realidade, afirmam, é evidente que é a lei que cria o criminoso. Ultimamente, Christie tem se dedicado a estudar aspectos relativos à utilização das penas como uma indústria que vende produtos, tomando como modelo os Estados Unidos. Mathiesen, por sua parte, com uma análise de base marxista, concentra-se mais nas relações de classe em sociedades desiguais, e sua conseqüência nas penas. Enfatiza que não devem ser construídas alternativas ao cárcere ou para o cárcere, mas, sim, idéias para organizar alternativamente as relações humanas, de modo que os conflitos possam resolver-se de maneiras diferentes, favorecendo os elementos antiautoritários das relações. Por sua vez, Mathiesen desenvolveu detidamente uma teoria para a ação política, persuadido de que não haveria alternativa entre a absorção e o antagonismo aberto com o sistema penal vigente. Aponta que, ao pedir a implementação de alternativas antes de abolir o sistema prevalente, as forças conservadoras estão exigindo algo que não pode materializar-se ou que ao menos se materializará muito lentamente, e que resultará muito similar ao já existente. Por isso, opta por uma relação de *contradição* com o sistema existente. A alternativa será "alternativa" enquanto não for baseada nas premissas do velho sistema, mas, sim, em suas próprias, que contradigam às do velho sistema em um ou mais pontos. A segunda condição é que um movimento político em expansão deve, para seguir expandindo-se, estar em relação de oposição com o sistema existente. A alternativa do *inconcluso* só é tal enquanto competir com o sistema existente.

[122] Ver MATHIESEN, Thomas. *Juicio a la prisión*. Buenos Aires: Ediar, 2003 e CHRISTIE, Nils. *Una sensata cantidad de delito*. Buenos Aires: Editores del Puerto, 2004.

[123] Ver *El poder penal*. Buenos Aires: Oficina de Publicaciones de la Universidad de Buenos Aires, 1997.

Do contrário, a substituição do sistema existente não será interessante, e o movimento político se retrairá.[124]

Basicamente, Christie, Hulsman e Mathiesen não são apenas teóricos, mas também ativistas que tentaram traduzir na prática suas idéias, participando do Conselho da Europa e assessorando em temas como descriminalização, mas também formando organizações de presos e comissões interdisciplinares para estudar o fenômeno carcerário, especialmente na Escandinávia, e na participação de congressos, jornadas e encontros em numerosos países, tendo contribuído com valiosas publicações que difundem desde suas respectivas cátedras.

5. Críticas ao modelo abolicionista

Do campo criminológico, especialmente da Criminologia crítica, têm-se dirigido vários questionamentos ao abolicionismo. Assim, com referência à sua identidade radicalmente antiinstitucional, sublinhou-se que a origem irredutível do abolicionismo faz com que ele perca identidade quando possa ver-se envolvido com atividades de colaboração com o sistema. A posição extrema lhe dá legitimidade de proposta contrastante, mas lhe amarra as mãos para a atividade de campo. Pelo contrário, a participação em atividades e projetos reducionistas ou alternativos do sistema penal descaracteriza a personalidade do abolicionismo, que pode superpor-se facilmente a correntes diversas do Direito Penal ou da Criminologia.

As diferenças com a Criminologia foram bem marcadas por Mauricio Martínez Sánchez quando apontou que: "Apesar de a maior parte dos criminólogos críticos estar de acordo em abolir a prisão, eles aceitam que podem aproximar-se gradualmente de tal objetivo mediante a extensão das mencionadas medidas alternativas; quer dizer, mediante a aplicação da suspensão condicional, da liberdade condicional e em geral mediante a execução da pena detentiva em regime de semiliberdade e a abertura da prisão à sociedade. Nesse sentido, as medidas alternativas fazem parte da 'fase de transformação do Direito Penal' pela qual ele teria que passar antes de ser abolido totalmente, pois o mesmo Direito Penal pode ser um 'instrumento de redução e de controle da violência punitiva".[125]

124 O pensamento desses autores e seus textos podem ser consultados em *Abolicionismo penal*, obra citada.

125 "Alternativas al sistema penal en la corriente abolicionista", em *Criminología y Derecho Penal*, Guayaquil, 1991, n° 1, p. 38. Pode ver-se, do mesmo autor, *La abolición del sistema penal*. Inconvenientes en Latinoamérica, Bogotá: Temis, 1990.

O abolicionismo parece estar prisioneiro de sua fácil delimitação de um objeto: se o mantém, concentra forças, mas torna difícil sua operação no campo social; se se afasta do objetivo final, perde contorno e passa a operar no campo social com instrumentos e proposições que já são patrimônio de outras correntes e teorias.

Não obstante quão sedutora resulte uma noção do homem e seu comportamento guiado por uma espécie de deliciosa bondade e boa-fé, muitos opinam que se trata de uma idealização. Nem o ser humano está desprovido de paixões, nem seus conflitos são independentes do tipo de sociedade em que lhe cabe viver e das condições culturais que marcaram seu desenvolvimento. Nesse rumo, a sociedade que gera a classe de homens e mulheres prejudicados pelo sistema penal brilha por sua ausência no campo abolicionista.

No referente à reprivatização dos conflitos, é interessante analisar o papel que cumpre o Estado na América Latina, onde seu papel de garantia frente a abusos pode ser imprescindível diante do quadro de injustiça social em que estão imersos nossos países. Por último, a transferência ao Direito Civil dos conflitos que hoje são resolvidos pelo Direito Penal parece estabelecer "áreas não-contaminadas", dentro da teoria geral do direito, e resulta uma explicação simplista e redutora da natureza do sistema capitalista globalmente hegemônico. Baratta e Martínez Sánchez destacaram suficientemente os riscos que se correm confiando em uma suposta igualdade das partes em esferas do Direito Privado burguês. Basta enunciar essa questão para deixá-la exposta como um sério obstáculo à credibilidade das modalidades de futura solução de conflitos que esboçou Hulsman em *Sistema penal e segurança cidadã.*

Outras críticas que se têm dirigido a essa corrente apontam à excessiva e ingênua confiança na vítima; também que o seu futuro papel protagonista (reclamado especialmente por Christie) deve ir necessariamente acompanhado de uma diminuição do poder dos órgãos estatais para impor a solução, ou seja, de um modelo de Estado diferente.

Vale lembrar que até 70% dos assuntos investigados em sede penal estão formados por delitos contra a propriedade, cujos autores geralmente não podem pagar nem sequer uma pequena fiança para obter sua liberdade. É delicado, portanto, o tema dos mecanismos de composição baseados no exemplo de países ricos ou com bom padrão de vida.

Não há que se equivocar a respeito das composições de índole civil dos conflitos que podem constituir, de fato, um elemento coativo penoso para o afetado; e, quando uma pessoa se considera vítima de um fato, pode utilizar tal sistema civil para causar danos e inclusive para castigar aquele que supõe ser responsável. Não há que se apressar em dizer que só o sistema penal permite canalizar os sentimentos vingativos do povo. Um sistema de natureza compensatória pode muito bem cumprir um papel parecido.

A lista de críticas é muito mais ampla que a apontada aqui, mas ela não dissuadiu os abolicionistas de continuar discutindo em todos os tipos de fóruns e ocasiões, onde se destacam por seu elogiado caráter participativo, do qual a Criminologia tem muito a aprender.

Capítulo 9

Os sistemas penais latino-americanos

1. Características institucionais e legais dos países latino-americanos

Possivelmente como resultado da longa dependência colonial, durante trezentos anos, toda decisão importante para a América era tomada na Espanha; ou porque o impulso criador ficou adormecido nesses lares, sepultado sob a imposição de todo tipo de normas alheias e estranhas a seu meio e a sua cultura, ou porque quase toda a história latino-americana transcorreu por trás de mandantes externos poderosos que impuseram os rumos, o certo é que a gestação da independência e a estruturação das novas repúblicas foram um transplante entusiasta de idéias "adequadas aos países modernos", orientadas a substituir as pesadas estruturas monárquicas pelos novos modelos republicanos e representativos.

Talvez tenha sido uma fatalidade que as lutas pela independência não tenham coincidido com o florescimento de um novo sistema de pensamento local, que produzisse instituições originais, próprias, preocupadas com os problemas locais, surgidas no meio e adaptadas a ele. Por alguma razão que não vem ao caso investigar aqui, isso não aconteceu, e o entusiasmo com as novidades da Europa ocupou, pura e simplesmente, o vazio de um *projeto de síntese, de um pensamento sistemático próprio da região, inspirado na sua geografia, seu clima, sua gente, seus usos e costumes.* Os povos indígenas haviam ficado para trás, os espanhóis de lado e, à frente, marchava uma elite de patriotas mestiço-europeus, em busca de modelos ágeis de progresso, como os da França, da Inglaterra ou dos Estados Unidos. Por esses motivos, determinaram a organização de flamantes repúblicas copiando, cega e rapidamente, quantos códigos ou leis europeus considerassem apropriados. O sentimento dominante imaginava que o jubileu liberal, essa liberação repentina das forças sociais e produtivas, era o futuro, a luz depois das trevas, e que mais além não havia outra coisa que não fosse progresso indefinido e felicidade na terra. O último que subisse no trem do progresso desperdiçaria oportunidades que aproveitariam os mais visionários.

É forçoso admitir que, historicamente, a imposição prévia de idéias medievais e monárquicas de origem divina sob a coroa espanhola não gerou, exatamente, um bom modelo de administração local. A substituição direcionou-se, então, a um sistema de pensamento que permitisse entrar de uma vez na Idade Moderna, requerendo-o agora, desde a periferia, em sentido inverso ao impulso central da conquista. As mudanças políticas européias foram identificadas com um *estado de ânimo universal* de democracia, justiça e igualdade, mais além de particularidades, costumes ou entorno cultural. Os postulados iluministas prometiam a conquista definitiva da liberdade, e nossos pensadores locais se alienaram a esse modelo, desentendendo-se dos aspectos específicos de procedência e tornando próprios, inclusive, os postulados mais negativos, na forma de "crua admissão da realidade". O eurocentrismo, erigido em modelo e medida de toda a especificação cultural do planeta, implantou-se rigorosamente entre nós, como um ditame inexorável da história, incorporando algumas virtudes, mas também gravosos prejuízos. Por isso, muitas de nossas figuras intelectuais de então conceberam o futuro e seus projetos de nações, baseando-os diretamente no racismo e na xenofobia mais crus e explícitos contra as populações e raças autóctones. Repassando as apreciações de Montesquieu, no famoso *Espírito das leis,* e de Voltaire, em seus *Ensaios sobre os costumes e o espírito das nações,* sobre nossos povos autóctones e os negros, torna-se notória a raiz filosófica de nossas etnofobias nacionais. Quase todos os nossos países contaram com intelectuais e personalidades fiéis ao credo seletivo, e muitos deles tiveram poder político ou influência teórica na conformação constitucional e legal de nossos países; aqui aludirei somente aos argentinos Alberdi e Sarmiento, fervorosos partidários de uma modernização por analogia aos sistemas europeus e norte-americanos, dos quais eram declarados apologistas.

Alberdi, cuja obra conhecida como *Bases* constituiu a principal fonte teórica local para elaborar a Constituição Nacional de 1853, é lembrado pelo seu lema "governar é povoar", cuja aparente generosidade étnica alude ao assentamento nos pampas de grandes quantidades de imigrante; não obstante, Alberdi *não pensava em somar, mas, sim, em substituir o elemento local.* Os imigrantes deviam ser europeus, brancos, de preferência anglo-saxões, principalmente franceses, mas nunca espanhóis, italianos ou eslavos. Seu menosprezo pelo elemento local e latino expressava-se assim: "Fazei passar o roto, o *gaucho*, o mestiço, unidade elementar de nossas massas populares por todas as transformações do melhor sistema de instrução: em cem anos não farás dele um operário inglês que *trabalha, consome e vive digna e confortavelmente*".[126]

---

[126] *Bases*, Buenos Aires: Plus Ultra, 1996, p. 90 e 91.

Quanto a Sarmiento, são famosos seus rompantes racistas, do tipo de "não economizar sangue de *gaucho*", ou de que o povo do campo, os *gauchos* pobres, eram *a barbárie,* em contraste com *a civilização,* eminentemente urbana, que nutria seu progresso e cultura com as novidades provenientes da Europa.

Um pouco mais tarde, a eclosão positivista, com Spencer à frente, completou a visão *racial seletiva do futuro das brilhantes repúblicas latino-americanas*, incidindo particularmente sobre os programas econômicos e os sistemas penais e de controle formal da América Latina, com epicentro na Argentina, onde se sobressaiu o trabalho teórico de José Ingenieros, que, apesar de sua militância socialista, escreveu, como vimos, numerosas páginas carregadas de racismo. O lema comteano de "ordem e progresso" será estampado na bandeira brasileira, e o indígena Porfirio Díaz discriminará seus iguais mexicanos em nome de um progresso que não os levava em conta. No México, o Positivismo será ideologia, partido e programa de governo, até a revolução.

Como visto, as posteriores distorções e fracassos das instituições importadas levariam aos estereótipos piedosos do caráter "atrasado" ou "jovem" de nossos países, ao lugar-comum das "raças ruins", "maus climas" e "vícios sensuais" que explicariam nossa incapacidade ou resistência preguiçosa para adaptar-nos aos esquemas da vanguarda civilizadora. Zaffaroni é, provavelmente, o autor que mais aprofundou o tema do racismo social e legal latino-americano.[127]

Nossos países fundaram-se no princípio de igualdade republicana, certificada e proclamada em todo tipo de constituições, leis, bandeiras e brasões; mas, na verdade, começaram desprezando ou negando culturalmente a qualidade humana de boa parte da população, estipulando uma dualidade cínica, que, no melhor dos casos, tratava os diferentes como inferiores ou incapazes, deixando-os apenas com a opção institucional de adaptar-se à cultura dominante.

Dessa esquizofrenia racial saíram os países que temos, receptáculo das mais tremendas contradições e contrastes, entre as declarações das leis e o plano da realidade. Toda nossa história é um desenvolvimento do reconhecimento legal enfático daquilo que é desprezado e que clama por uma justiça secularmente negada. Como se *proclamar* a dignidade humana de indígenas, negros, mulheres, crianças ou marginais fosse um consolo para que parassem

[127] Ver ZAFFARONI, Eugenio: "*Tenda dos milagres* o la denuncia del *apartheid* criminológico" em *Revista Jurídica de Puerto Rico*, v. 60, n° 2, 1991, p. 323-382, reproduzido também em *Criminología y Derecho Penal*, n° 3/4, p. 163, Guayaquil, 1993. Um desenvolvimento mais amplo do tema, pelo mesmo autor, pode-se achar em vários Capítulos de *Criminología, aproximación desde un margen*, obra citada, 1988, especialmente nos Capítulos V e VI.

com suas reclamações eternas e se conformassem de uma vez com sua situação.

Era lógico também que as instituições do Direito Civil ou Comercial napoleônico, suíço ou italiano não previssem, por exemplo, noções como a inca, a maia ou a asteca de posse e transferência de terra e dos bens naturais, que, por interpretação metafísica, permanecem, para eles, inalienáveis. As presunções legais eram intransferíveis, mediando barreiras culturais e idiomáticas, e a imputabilidade penal impossível de atribuir àqueles que tinham uma *incapacidade* de compreensão – só que *cultural* – de fatos que, para o branco, constituem ilícitos. Apesar disso, adotaram-se com teor integral códigos completos nas mais diversas áreas sociais. O Código Penal francês de 1810 foi adotado por Haiti, Santo Domingo, Nova Granada e Bolívia. Por sua parte, recorreram às adoções: o Brasil, do código napolitano de 1819; o Chile, do código espanhol de 1870; o Paraguai, da legislação espanhola e prussiana de 1851; o Equador, de boa parte do código belga; e a Venezuela, do código italiano de Zanardelli. Posteriormente, a periculosidade do projeto Ferri teve ampla acolhida em Cuba, Colômbia e México, e ainda hoje irradia influência em diversas legislações. Em geral, constatam-se nas diversas codificações penais influências francesas, italianas, bávaras, belgas, suíças, prussianas, austríacas, sem mencionar a legislação inglesa própria de suas colônias.[128] Partiu-se, inclusive, do contra-senso de adotar legislações já obsoletas na Europa, de raízes monárquica e totalitária, claramente opostas às declarações de princípios da legislação liberal que se consagrava nas constituições. A matéria contravencional e de periculosidade de nossos países foi, por longo tempo, sobrevivente da Novíssima Recompilação e da legislação monárquica espanhola e até da Ordenança Criminal Francesa de 1670;[129] disposições todas que patenteavam necessidades hegemônicas absolutas, de regimes aristocráticos com controle absoluto sobre as classes inferiores, características notoriamente impróprias de sistemas republicanos, que abriam caminho a amplas garantias e direitos penais de fato. É demais dizer que *as inovações político-criminais, como o sistema de dupla via, a periculosidade, o tratamento, foram sempre tomadas das novidades européias*, sem maior análise sobre sua eficácia e viabilidade locais e sem raiz alguma na problemática regional que justificasse tais traslados precipitados. É certo que, em princípio, a organização nacional de nossos países devia recorrer a novos sistemas de legislação, e a cópia encurtava tempos, mas o injustificável é que esse recurso se tornasse sistemático, e que a criatividade local tenha sido tão magra.

---

[128] DE LA RÚA, Jorge. *La codificación penal latinoamericana.* Caracas: Universidad Central, 1982, p. 26 e 27 e ZAFFARONI, Eugenio. *Sistemas penales y derechos humanos.* Buenos Aires: Depalma, Tomo I, 1984, p. 114 e segs. Pode-se consultar, também, *La influencia española en la codificación penal iberoamericana* de COUSIÑO MAC IVER, Luis. Buenos Aires: Doctrina Penal, 1981, p. 5.

[129] Ver *Sistemas penales y derechos humanos...* obra citada, p. 124 e 196.

A importação de instituições e leis gerou a ilusão de que as repúblicas nascentes eram um crisol de nações comprometidas com um projeto comum interno e externo, o que acabou sendo totalmente falso. Assim o corrobora Hurtado Pozo: "Por isso é que a implantação da República (do Peru) e a abolição dos títulos de nobreza não determinaram uma mudança na mentalidade dos *criollos*, já que, mesmo jurando fidelidade à pátria e à república em vez da submissão ao soberano, continuaram usufruindo dos privilégios e menosprezando as outras classes e castas. Por sua vez, os índios não se identificaram com a causa emancipadora, e a nova república, dirigida pelo novo grupo dominante, não conseguiu integrá-los".[130]

A obra de Hurtado Pozo é um bom modelo para a análise de cada uma de nossas legislações adotadas, comparando-as à realidade que regulamentaram e abre, sem dúvida, amplos caminhos para a investigação local e comparada.

É provável que a tradição espanhola tenha implantado o estilo ambivalente no manejo das leis, segundo as práticas da colônia. O ápice de dualidade foi dado pela famosa solução do "se acata mas não se cumpre", prevista para situações de exceção, mas generalizada em nossas terras conforme os interesses particulares dos colonizadores. As disposições de ultramar foram burladas sistematicamente nas colônias da América e constituíram a escola internalizada pelos *criollos*, que logo redigiram por analogia com suas primeiras constituições, leis e códigos. Talvez por isso, nossa legislação arrastou consigo o vício da dualidade, por exemplo, abolindo a escravatura enquanto ela subsistia, proibindo penas que seguiam sendo aplicadas, prescrevendo "tratamentos" mas enviando à prisão, declarando uma igualdade visivelmente inexistente (patenteada até na cor dos cidadãos) etc. Talvez também essa *carência de internalização da realidade legal* tenha possibilitado tantas e freqüentes mudanças, inclusive constitucionais, fazendo com que leis se aprovem e derroguem uma e outra vez, segundo instáveis conjunturas políticas, possibilitando o abuso dos decretos do Executivo ou os golpes de Estado que negam o sistema democrático enquanto proclamam sua defesa etc.

A cópia massiva de legislações européias teve sentido equivocado, mau modelo antropológico e pior execução. Não se aproveitou a oportunidade histórica de mudança e auto-afirmação que dificilmente poderia alcançar-se agora em circunstâncias que complicam enormemente o esboço de uma identidade latino-americana. Dada a crítica a que foram submetidos esses processos de enxertos legais, muitas vezes concretizados sem a mínima base doutrinária ou análise prévia de concreção, cabe pensar que já se poderia ter produzido em nossos países uma conscientização que permitisse visões mais atentas aos problemas locais. Foi isso o que ocorreu? Lamentavelmente, in-

---

[130] HURTADO POZO, José. *El derecho importado*. Lima: CEDYS, 1979, p. 36.

clino-me a uma resposta negativa; considero que nunca mudou a mentalidade importadora que chegou a transformar-se em uma espécie de *oportunismo intelectual.* O afã de "saber o que passa ali" sói superar com sobras o interesse por nossa realidade "daqui", injusta e limitada, que reclama urgentes interpretações estruturais (não somente discursivas) a partir de compromissos ideológicos ou ao menos filosóficos, claros e coerentes. Por certo, a confusão da hora atual, com o sonho de que a globalização proporciona uma "identidade global" e a hipótese de que os grandes discursos morreram definitivamente, facilita a oferta ao público aborígine de deslumbrantes tecnologias de ponta para temas conjunturais. Ser tradutor dessas tecnologias implica adotar o papel de *intermediário,* com todas as suas conseqüências inerentes. Pelo contrário, intelectuais criativos e comprometidos com a América Latina e sua problemática, como Raúl Zaffaroni, são o oposto daquilo que critico.

No centro do marco social que acabo de descrever, é evidente a importância que tem o estudo e a interpretação dos sistemas políticos hegemônicos na América Latina, *considerando o tipo de políticas criminais que é esperado deles, e os caracteres que pode chegar a revestir o exercício do controle formal.* É preciso, então, analisar os sistemas institucionais latino-americanos, para interpretá-los, conhecer sua lógica e sua capacidade política real, para descobrir as maneiras de enfrentar as deformações que derivam de programas obsoletos ou abusivos, entre os quais se devem incluir os nossos sistemas penais atuais. Sem conhecer nossa situação real e sem uma avaliação do conjunto, continuaremos a fazer Criminologia, Política Criminal e Direito Penal insulares, conformando um arquipélago temático onde as partes não chegam a relacionar-se ao que, por agora, continuarei chamando – não mais do que por costume – de uma concepção geral da sociedade.

Habitualmente, as análises jurídicas se conformam com a descrição institucional dos países latino-americanos quanto a sistemas de governo, omitindo que, na verdade, tal sistema tem tido uma vigência mais formal que efetiva, segundo as especificidades que havia em nossa região. Inclusive, mais do que especificidades, poder-se-ia falar de odisséias, atendendo aos fluxos e refluxos entre democracias cambaleantes, totalitarismos abertos ou períodos de guerras civis e anarquias que marcaram tanto o século XIX como o XX.

É indiscutível que, a partir dos anos 50, se acelerou a dinâmica democrática, ainda que com retrocessos sangrentos, sob a forma de ditaduras militares, que alcançaram o zênite e a decadência entre os anos setenta e oitenta do século passado.

Não restam dúvidas de que, por sua originalidade democrática e uma crescente ligação internacional, a etapa mais recente parece auspiciosa para nossos países e distingue-se claramente das que a precederam. Não obstante, é inegável que as democracias hoje vigentes apresentam deficiências graves em todos os países da América Latina. Às dificuldades materiais corresponde agregar o estado de corrupção generalizada, incrustada em quase todos os nossos níveis de governo. Pela primeira vez na história, programas de pauperização intensiva são festejados como acontecimentos notáveis, ou "mudanças estruturais", o que, racionalmente, só pode ser produto de um acesso interpretativo unilateral e pós-moderno do socioeconômico.[131]

A razão financeira internacional passou a *razão de Estado determinante* em todos os nossos países, com conseqüências que não escapam à formulação das leis. Em suma, poder-se-ia afirmar que os dados da atualidade permitem apreciar que essa "fase de transição" das democracias latino-americanas se apóia em circunstâncias materiais e culturais muito comprometidas e diferentes dos desejos de estabilidade institucional que muitos abrigamos.

O pragmatismo reinante pretende reacondicionar a democracia com seu estilo hedonista: orientando-se perante situações complexas somente pela maior conveniência imediata, sejam quais forem as conseqüências a longo prazo, especialmente as culturais. Ignora-se que, quando as instituições ficam inseguras, marcadas por ilegitimidades, intrigas ou falcatruas, geram indiferença social e possibilitam que as situações conflituosas terminem irrompendo com violência contestatória, destrutiva ou delitiva. Esse é o instante em que, ciclicamente, acaba o diálogo democrático declamado e começa a repressão que se obviou antecipadamente. *É assim que o controle formal termina ocupando o centro dessa luta contraditória das democracias fracas, como a ferramenta à qual se apela, fatalmente, pretendendo resolver pela raiz problemas sociais sem saída institucional.* Lamentavelmente, se existe algo que está cabalmente demonstrado, é que o sistema penal não resolve problemas sociais, e complica-os sempre que caem sob sua intervenção. O uso obcecado do controle nestes termos é uma atitude irracional e profundamente antidemocrática que pretende legitimar-se com o pretexto da defesa social. Por certo, como se verá no Capítulo 15, as sociedades de risco do século XXI levaram esses problemas a sua intensificação mais aguda e irracional.

Como análise provisória do que já se expôs, é notório que uma hipótese de abertura e democratização do controle se contradiz, por uma parte, com estruturas institucionais e legais herdadas de uma alienação cultural originária e, por outra, com um presente alienado a políticas internacionais hegemônicas, para as quais nossas democracias ocupam o espaço mais vulnerável, por sua incapacidade de atender estruturalmente os problemas sociais. Quando os marcos de contenção social se rompem, a classe política apela, no seu desespero, aos recursos penais mais reacionários e irracionais, tendendo, geralmente, a imitar o feroz e tosco modelo de controle dos Estados Unidos. Encontrar um espaço dentro desse panorama altamente desfavorável, para que se possa

[131] Ver *El universo...*, obra citada.

delimitar uma ação e influência eficaz, é um desafio de contornos épicos, se a Criminologia se entende crítica do puro pragmatismo em ascensão.

2. As idéias político-criminais no século XX e a gênese legislativa

Como acontece em cada segmento do aparelho de controle formal, é impossível entender o conjunto sem encontrar uma linha condutora geral que explique o porquê do discurso oficial, seus argumentos explícitos ou declarados e os implícitos e não-declarados. Isso é válido em todo lugar, mas a característica distintiva dos sistemas de controle formal latino-americanos radica na intensidade e importância que alcançam os argumentos e as funções não-declaradas, aos que inevitavelmente se apresentam como "erros", "disfunções" ou "defeitos" transitórios. Tende-se a *reforçar a idéia da bondade substancial ou imanente de todos os segmentos,* a importância dos serviços sociais que prestam e o esforço que isso representa, como via de sublimação de tremendos desvios, abusos, violações aos direitos humanos e desestabilização democrática. Como já dissemos, na abstração dos discursos oficiais se reforça a idéia do *valor abstrato das instituições,* com abandono de sua orientação e controle democrático. As forças do controle são, assim, uma espécie de conta-corrente bancária de onde se sacam e depositam valores, sem alterar o número nem o nome do titular.

Certo é que, como conseqüência dos *condicionamentos apontados, as idéias político-criminais se desenvolveram e modernizaram quase exclusivamente no âmbito universitário da investigação e do ensino.* Em contraste com a Europa, a influência dos segmentos universitários e de seus trabalhos sobre a atividade legislativa é escassa. Como quase tudo na matéria, certos avanços são produto da casualidade ou de certas circunstâncias imprevisíveis, como a promoção política de algum especialista ou investigador a cargos públicos de importância. A experiência indica que a maior parte dos "teóricos envolvidos com a realidade" terminou mal, tendo começado conflitos com a polícia ou com serviços penitenciários ou setores conservadores, que terminaram afastando-os de seus postos, e, quase sempre, determinando à pura e simples derrogação dos supostos progressos institucionais. Isso explica a convivência – às vezes insustentável – de estruturas legais e processuais contraditórias ou incompatíveis dentro de um mesmo sistema, com a conseqüência lógica de uma prática completamente distorcida.

Torna-se difícil elaborar políticas criminais avançadas contra as urgências da política conjuntural, e os grupos de interesse, que convertem freqüentemente muitos legisladores em simples oportunistas da vingança pública, tirando proveito de situações de comoção, para colher votos futuros. Nossa Política Criminal não consegue programas baseados em idéias claras e precisas, com médio sustento científico, qualitativo e quantitativo. A legislação de fundo e forma é errática, porque sofre intromissões e retoques de todo tipo na redação de textos que perdem coerência e sistemática. As lacunas, más redações ou regulamentações sem razão de ser, convertem a interpretação da lei em uma espécie de esporte dialético, possibilitando, ao mesmo tempo, soluções caprichosas. Em suma, os grandes trabalhos teóricos modernos e os especialistas com que contamos para traçar políticas criminais racionais, democráticas e previsíveis são deixados de lado, em favor de medidas de urgência tendentes a responder ao "clamor popular", com respostas vingativas, antiquadas, redutoras de garantias, apresentadas como produto das circunstâncias. Em conclusão, a idéia de "progresso" em matéria político-criminal é enganosa, pouco coerente, e os parâmetros fundamentais transformadores seguem guiados por razões circunstanciais, com recaídas constantes na inflação legislativa e no aumento da pressão repressiva.

3. Comparação entre as experiências latino-americanas e as dos países centrais

Em 1982, Zaffaroni indicava que a perspectiva da Política Criminal em nossos países estava marcada pela chamada "ideologia do tratamento", baseada na prosperidade crescente do "Estado de Bem-Estar" que beneficiava um grande número de pessoas no primeiro mundo, deixando um saldo em diminuição de sujeitos delinqüentes necessitados de apoio e tratamento.[132]

Nesse trabalho, apontou que:

> Foi assim que os partidários de um Direito Penal garantidor não necessariamente se opuseram à "ideologia do tratamento" mas que, por regra geral, freqüentemente se limitaram a postergá-la parcialmente para uma etapa ainda não alcançada, depositando uma fé irrestrita nas possibilidades político-criminais da dogmática jurídico-penal. A ideologia lisztiana levava-os ao tecnicismo jurídico com a convicção de que uma depurada elaboração dogmática não só era necessária para a segurança jurídica – o que é geralmente certo – mas também que era suficiente para a mesma, o que é, obviamente, falso. O método tendia a converter-se em ontologia, e a teoria do conhecimento idealista oferecia o caminho para isso.

Nesse momento, o autor afirmava que na América Latina não haviam existido projetos político-criminais originais em nível teórico, mas, sim, *efeitos de traslado, mais ou menos cauteloso, dos desenvolvimentos europeus*.

[132] "Valoración crítica de la política criminal latinoamericana en los últimos veinte años", em *Política criminal latinoamericana*. Buenos Aires: Hammurabi, 1982, p. 101.

Dessa etapa dos sessenta e parte dos setenta, seguiu o sombrio período das ditaduras militares generalizadas, cuja Política Criminal tinha duas facetas: a regulamentada legalmente, que introduzia a pena de morte, tipos especiais próprios da ideologia da segurança nacional, acompanhadas de aumentos de penas e circunstâncias qualificadoras. A faceta clandestina é tristemente célebre e consistiu no emprego de seqüestros, tormentos, vexames, morte e expropriação de filhos e bens aos suspeitos de oposição ou colaboração com os "inimigos do Estado". Tão conseqüente foi a aplicação desses métodos na Argentina, entre 1976 e 1983, que a pena de morte, legislada no Código Penal, não se aplicou em nenhum caso, e só foi solicitada por um promotor em uma única oportunidade.

4. Os pressupostos racionais e sociais de um sistema penal democrático

Em matéria político-criminal, é exigível, segundo os parâmetros da Ilustração, uma base de *racionalidade* que permita valorizar um corpo legislativo não só como necessário e útil, mas também como legítimo e progressista, de acordo com os recursos teóricos disponíveis no momento histórico de sua sanção legislativa e organização. Como geralmente se trata de escolher entre opções que são matéria de controvérsia política e social, a ideologia que oriente as leis penais será perceptível no texto por mais abstrato que possa parecer. Não basta afirmar superficialmente que uma lei é boa ou má, porque sancione alguma atividade desvaliosa ou exiba boa técnica legislativa; é *preciso determinar também que filosofia orienta a necessidade de aplicar sanções, ou procedimentos, de que tipo e alcance são esses e as conseqüências que podem acarretar à coerência e ao equilíbrio do sistema com sua introdução.*

Ao voltar à democracia, depois das ditaduras militares, pareceu próxima a possibilidade de construir sociedades democratizadas em essência, e não só em aparência, nas quais a participação e a solidariedade alcançassem generosamente a todos. Não obstante, chegamos ao século XXI constatando a desarticulação do conceito de Estado e das pautas usuais de interpretação da sociedade. A pauperização e a marginalização massivas, junto ao rápido processo de concentração urbana, geram fenômenos que para o campo penal são tão novos como incontroláveis, e este não tem dado lugar a um repertório de respostas apropriado. Presenciamos, pelo contrário, a eliminação de crianças por grupos parapoliciais ou o virtual estado de guerra contra os favelados no Rio, as deportações de camponeses de zonas fronteiriças, polícias de gatilho fácil, a criação de penas, regras processuais, tribunais e prisões de exceção, linchamentos, reiterados pedidos pela implantação da pena de morte, e massacres sem precedentes nos presídios. Esses acontecimentos indicam claramente que estamos diante de um quadro de evidente *piora da realidade político-criminal desconhecido há algumas décadas*, pelo menos com essas características e magnitude.

A insegurança está se estabelecendo ao nosso redor como regra, e a "segurança" passou a ser um luxo de ricos, produto de consumo de alto custo.

No meio de tais condições sociais, o triunfo da racionalidade, de que antes falei, pareceria tornar-se uma mera ilusão.

Sabemos também que os meios audiovisuais conquistaram um peso hegemônico na formação da consciência social, e sua influência está em condições de impor temas centrais para o poder, começando pela própria interpretação da realidade. Justamente grande parte do arsenal político-criminal que controla nossos governos tende a acalmar as expectativas geradas pela mídia. Trata-se, em conclusão, de um panorama cheio de dificuldades para o trabalho de um Direito Penal e de uma Criminologia construtivos para o século XXI.

5. Legislação penal e processual argentina. Análise crítica

As teorias criminológicas e os pontos de vista expostos neste capítulo e nos precedentes estão refletidos na Política Criminal argentina mais recente. Não é este o lugar para fazer uma análise teórico-historiográfica, mas, sim, para exercitar a capacidade alcançada pelo aluno para analisar criticamente a legislação penal e processual argentina, para determinar sua filosofia, suas medidas práticas e sua conveniência. Para isso, propõe-se aqui a discussão e elaboração de comentários monográficos por parte dos alunos, como modo de avaliação prática, das leis detalhadas abaixo.

- Lei nº 23.492, de "Ponto final" (anulada pela Lei nº 25.779).
- Lei nº 23.521, de "Obediência devida" (anulada pela Lei nº 25.779).
- Leis nºs 23.737, 23.975 e 24.424, de entorpecentes e psicotrópicos.
- Lei Penitenciária Nacional, nº 24.660/96 e sua comparação com a Lei, Precedente, nº 14.467.
- Lei nº 24.316, de Suspensão do juízo a prova e suas modificações.
- Lei nº 24.192, de prevenção e repressão da violência em espetáculos esportivos.
- Lei nº 24.390, Prazos da prisão preventiva.
- Lei nº 23.070, Cômputo de penas, privação de liberdade.
- Lei nº 24.769, de delitos tributários.

Por certo, pode-se realizar o mesmo procedimento com determinados artigos do Código Penal ou dos Códigos de Procedimentos ou outras leis penais. De todos os modos, as aqui apontadas apresentam a característica de legislar sistematicamente, em corpos separados, transcendentes questões político-criminais atuais, ou de relevante importância histórica.[133]

[133] Evidentemente, o mesmo exercício poderia ser desenvolvido em relação às leis penais e processuais penais brasileiras. (N.T.)

Capítulo 10

Os enfoques sociológicos sobre o delito

1. Introdução

Neste capítulo, iniciamos o estudo do fenômeno delitivo a partir de uma perspectiva totalmente nova e pouco familiar para os advogados e estudantes de Direito e de outras ciências sociais com forte tendência à análise individual da conduta humana. Até aqui, passaram-se, em revista, precisamente, as teorias que analisam o tema do delito a partir do *estudo de condutas individuais*; seja a que concebe a pessoa como autodeterminada ou mesmo como máquina que atua por reflexos e condicionamentos biológicos, o resultado é o mesmo: as conseqüências do delito arrancam e terminam no próprio sujeito, tornando-o responsável exclusivo pelos atos que realiza em razão de sua liberdade de eleição ou submetendo-o, em caso contrário, a tratamentos diversos. Na interpretação sociológica, de modo diferente, interessa o funcionamento dos grupos sociais e sua relação com as normas, entendendo que as motivações individuais não são somente psíquicas, senão que, em grande medida, resultam de processos *normativos de aprendizagem*. As normas que o homem interioriza durante a sua vida configuram sua personalidade e explicam, também, seus comportamentos. Veremos como distintas teorias foram construindo a hipótese de que o *delito é um fato social* (nem individual nem patológico), e o desvio não é uma qualidade pessoal. Em suma, nestes capítulos poderemos ver como o objeto de análise será deslocado do delinqüente às *instâncias sociais que o controlam*, o que acarretará transcendentes modificações na Criminologia. Em especial, deve atender-se desde já às alterações epistemológicas que esses enfoques provocaram nessa disciplina, forçando a uma revisão geral de sua natureza científica e de suas relações interdisciplinares, questões que, a seu momento, foram tomadas por uma verdadeira *mudança de paradigma científico*.

2. As explicações sociológicas do fenômeno criminal

Seria inadequado iniciar a análise das correntes sociológicas da Criminologia a partir do Funcionalismo, uma vez que, por certo, se deveria expor o tema iniciando-o talvez com August Comte, Émile Durkheim e o desenvolvimento positivista da Sociologia, passando logo por Max Weber, Wilfredo Pareto, Talcott Parsons e outros autores. Prescindiremos, não obstante, nesta ocasião, de uma análise dessa evolução particularizada, tomando contato com a Sociologia como ciência autônoma, diretamente após a Segunda Guerra Mundial, limitando a informação precursora do pré-guerra à referência a algumas das teorias ou investigações mais interessantes desse período.

Deve ficar devidamente claro que a análise de teorias e idéias que se fará neste capítulo é uma síntese esquemática e incompleta de um panorama amplo e cheio de particularidades e matizes teóricos que convém aprofundar em cada caso. Essa modalidade sinóptica deve-se às dificuldades inevitáveis para transvasar, em algumas dezenas de páginas, a evolução da Sociologia a leitores não-especializados. Isso explica essa exposição, de modo algum desinteressada pela elaboração teórica na Sociologia, disciplina com influência hegemônica na Criminologia das últimas décadas do século XX.

Os Estados Unidos oferecem um panorama singular no campo criminológico, na medida em que, na Criminologia desse país, existe um tradicional predomínio da orientação sociológica na teoria e na prática, supremacia que subsiste até hoje. Também é interessante consignar que o positivismo criminológico não teve, tampouco nos Estados Unidos, o êxito nem a aceitação que alcançou na Itália ou na Argentina. Isso não quer dizer que não tenham existido teorizações etiológicas, mas de maneira nenhuma paradigmáticas ou organizadas teoricamente com uma pretensão explicativa comparável à da Escola Positiva. Por outra parte, essas idéias foram discutidas no campo da Medicina, em particular na investigação clínica, por exemplo, em matéria endocrinológica, genética, ou nos estudos de cromossomos. Não houve, então, tentativas relevantes de misturar as explicações sociais com elementos biológicos. Em face disso, nas universidades dos Estados Unidos, a Criminologia sempre foi estudada e entendida como um campo especializado da Sociologia.

Chamaremos aqui *teorias sociológicas* as explicações que se apóiam em um modelo teórico dos acontecimentos sociais e da sociedade, posicionando o fenômeno criminal em relação a eles. Por certo, essas teorias utilizam o instrumental analítico próprio da Sociologia, ou seja, seus métodos e suas técnicas de investigação. Esses enfoques tendem a considerar a Criminologia como um compartimento sociológico, seja a título de Sociologia criminal, ou da conduta desviada, ou de controle social.

Tanto na Sociologia em geral como na criminal existem enfoques opostos e contraditórios, segundo a filosofia científica e política adotada por seus sustentadores. Geralmente, as teorias sociológicas se interessam muito pelos mecanismos culturais que influem e condicionam o comportamento das pessoas (preconceitos, estigmas, estereótipos, modelos culturais etc.).

A tradição criminológica argentina, e a de muitos países latino-americanos – de raiz européia –, não teve fortes influências da América do Norte, até o final do século passado. É curioso, também, que deveria produzir-se em primeiro lugar uma "recepção" da Criminologia estadunidense na Europa para que, logo, essas idéias tivessem efeito na América Latina, o que, por outro lado, não é tão excepcional se tomarmos como parâmetro nossa longa história de cópias acríticas de instituições e idéias de países centrais, analisada no capítulo anterior.

Veremos, então, esquematicamente, diversas teorias cuja exposição separada tem uma razão meramente didática, uma vez que, além de haver sido muitas vezes coetâneas, essas teorias têm um alto grau de entrecruzamento e influência recíproca. Para dar uma idéia do alcance que tem essa imbricação, é interessante transcrever este parágrafo de um analista das teorias sociológicas da criminalidade:

> A conexão entre o interacionismo simbólico e o *labelling approach*, por um lado, e a do *labelling approach* e a posição teórico-científica da fenomenologia, por outro, se reflete em uma combinação de interacionismo simbólico e fenomenologia, que entrou na literatura como etnometodologia, na forma de um conceito metódico.[134]

A figura que alcançou maior transcendência mundial na corrente funcionalista foi Talcott Parsons (1902-1979), o qual interpretava a sociedade como um "sistema" (idéia de tradição organicista, tomada de W. Pareto) que deve conservar – imperiosamente – seu equilíbrio interno para não se desarticular. Esse imperativo conservador, pendente da manutenção do *status quo*, se desenvolve em suas propostas como reação às hipótese de anomia, formuladas por Merton, na qual se explicam as causas dos processos de desintegração.

Para Parsons, a ação social está sempre orientada normativamente e, quando as expectativas das pessoas se estabilizam a partir de normas, ficam automaticamente *institucionalizadas*. Essa institucionalização de expectativas é a meta do equilíbrio social e constitui, obviamente, o pólo oposto dos estados de *anomia*.

Segundo Parsons, os homens atuam a favor ou contra uns dos outros, e nessa interação cada um trata de realizar o que os demais esperam dele. Quando as expectativas recíprocas se consolidam e se mantêm, chamamo-las de *normas*. Do mesmo modo, existem expectativas negativas, com reações ao que não se espera dos demais. Essas *reações* são sanções. Por tais argumen-

[134] LAMNEK, Siegfried. *Teorías de la criminalidad*. México: Siglo XXI, 1987, p. 86.

tos, esse autor outorga grande importância às estruturas jurídicas (normativas) da sociedade, mas evita, todavia, o contato com a lógica dogmático-jurídica e relaciona a ordem jurídica com a vida social e a ética. Como veremos, a aplicação direta desses princípios à Dogmática Jurídica será consumada mais tarde por G. Jakobs.

O pensamento parsoniano veio orientando o Funcionalismo até a atualidade de modo determinante. Em especial, as idéias sobre o imperativo de "manter a ordem" entre as partes constitutivas da sociedade, recorrendo a estratégias dirigidas a restabelecer o equilíbrio, quando certos fenômenos negativos alteram-no.

A obra fundamental de Parsons foi *O sistema social*, publicada originariamente em 1937.[135]

3. As teorias ecológicas ou ambientalistas

Uma importante corrente funcionalista originária (à qual muitas vezes se identifica erroneamente com toda a Escola de Chicago) se dedicou a analisar a criminalidade urbana e sua distribuição espacial. O objeto deste grupo de autores e investigadores se centrou, então, nas condições de vida dos habitantes dos centros urbanos e no modo em que suas circunstâncias de lugar favoreciam fenômenos de desvio e desorganização social.

Esse tipo de análise da criminalidade urbana se originou entre as décadas de 1920 e 1940, mediante um conjunto de investigações realizadas em Chicago, que procuravam interpretar os processos de desorganização social reinantes em alguns de seus bairros ou de suas zonas, em épocas turbulentas, de grande violência delitiva e estendida corrupção institucional.

Muitos destes sociólogos que participaram no desenvolvimento inicial da Escola de Chicago tinham experiência prática no campo social e procuraram obter explicações sobre diversos problemas sociais específicos.

Sobre a base de investigações prévias que se ocuparam de comunidades, Robert Park e Ernest Burgess desenvolveram, assim, uma *Sociologia dos grandes centros urbanos*, conhecida também como "Sociologia urbana", "ecologia social" ou "Escola ecológica de Chicago", que gerou numerosas teorias sobre as causas da desorganização urbana. Dessas teorias, ramificaram-se numerosos trabalhos teóricos de alcance mais limitado, como os referidos às subculturas. O próprio Sutherland se interessou, originariamente, por esses enfoques de investigação.

[135] Em espanhol: *La estructura de la acción social*. Madrid: Guadarrama, 2 tomos, 1968.

A hipótese central desses sociólogos era que os habitantes de áreas conflitivas tinham mais possibilidades de delinqüir que os residentes em áreas "ordenadas", como as localizadas na periferia urbana. Sua atenção se dirigiu, então, aos habitantes de setores pobres ou com pouca integração social; daí que se tenham concentrado, no estudo de gangues juvenis, grupos recém-assentados, grupos ligados à prostituição ou ao jogo, guetos raciais, famílias pobres, imigrantes de diversas procedências e cultura, delinqüentes adultos pobres etc.[136] Dentre esses temas, o que mais atenção mereceu por parte dos pesquisadores foi o de gangues e grupos juvenis, sobre os quais realizaram numerosas investigações de campo. Esses sociólogos participaram, inclusive, ativamente em projetos comunitários dirigidos a menores e adolescentes com o objetivo de melhorar as condições de vida em bairros problemáticos ou em áreas conflitivas.

Os estudos de corte ecológico foram retomados nos Estados Unidos, na década de 1980, de acordo com as particularidades urbanas das novas gerações, depois da Segunda Guerra Mundial e de suas conseqüências sociais posteriores.

As teorias ecológicas geraram, nos Estados Unidos, uma sementeira de investigadores da vida urbana e influenciaram outras teorias sociológicas ou foram levadas em conta por elas, como uma referência respeitável, assim como por programas comunais ou estatais de prevenção do delito e políticas de menores.

4. A teoria da anomia

Essa teoria desenvolve-se a partir das idéias de Émile Durkheim (1858-1917), que entendia que a divisão do trabalho que se verificava nas sociedades industrializadas do fim do século XIX não permitia boas relações entre os membros da sociedade, nem boas regulações desses contatos. Concebeu, então, o conceito de "anomia" como um "estado de desintegração", originado nos obstáculos da divisão do trabalho, que dificulta a comunicação direta entre membros de um projeto social comum. Para Durkheim, era indispensável assegurar a coesão social em face das ameaças anômicas. A anomia – dizia – obstaculiza a "solidariedade orgânica", que predomina na sociedade moderna, ao passo que, na tradicional, preponderava a "solidariedade mecânica", ou seja, os vínculos primários. Durkheim desenvolveu totalmente o conceito em seu livro *O suicídio*, de 1897, no qual considera a anomia como

[136] A título de exemplo das investigações nessa crucial conjuntura podem citar-se as obras "*The Gang*" (1927), de THRASHER, F., na qual pretende ter estudado os membros de 1.313 grupos de gângsteres; "*El ghetto*" (1928), de WIRTH, L., "*Áreas delictivas*" (1929), de SHAW, C. etc.

uma das causas que levam, precisamente, ao desenlace fatal. O conceito permaneceu ignorado por longo tempo até que foi retomado superficialmente por P. Sorokin e T. Parsons. Robert Merton, discípulo do segundo, reelaborou-o como teoria e publicou em 1938 um ensaio sobre o tema, intitulado "Estrutura social e anomia", que consagrou o conceito definitivamente como uma das grandes ferramentas explicativas da Sociologia.[137]

Robert Merton (1910-2003) foi discípulo de Parsons na Universidade de Harvard e, como se assinalou, conseguiu impressionar decisivamente seu maestro com sua nova elaboração da anomia. Merton é, possivelmente, o funcionalista que maior difusão alcançou por detrás da figura dominante de Parsons. Do mesmo modo que todos os funcionalistas, Merton sentia grande preocupação pela defesa do estilo de vida norte-americano, que a grande crise dos anos 30 parecia desestabilizar, com o risco de sumir a sociedade no caos. A visão dessas duas grandes figuras da Sociologia estava, ademais, fortemente condicionada aos modelos dominantes de pensamento no isolamento social da universidade mais aristocrática dos Estados Unidos, e isso explica, em parte, tanto afã por manter a coesão social dentro das estruturas estabelecidas.

Muitos autores consideram que a hipótese de Merton sobre a anomia pode ser considerada como a primeira teoria sociológica da conduta desviada que alcançou grande êxito, mas que também açambarcou boa parte das críticas que se dirigiram ao Funcionalismo (Positivismo, abstração, deficiências metodológicas, visão estática do social, ideologia conservadora etc.).

Em seu livro, Merton refere o conceito de anomia não à conduta individual, como Durkheim, mas, sim, à sociedade, estendendo o âmbito explicativo mais além de uma única conduta anômala (o suicídio), e aplicando-o a toda classe de condutas anômalas; tratou, em suma, de elaborar uma teoria geral do comportamento desviado, confrontando valores e normas com os "meios institucionalizados" de que dispõem os indivíduos para alcançar suas metas sociais. Sustentou que a sociedade atua obstaculizando ou fomentando as expectativas desses indivíduos e, se as estruturas culturais e sociais estão mal-integradas, produz-se, em certos grupos, uma tendência ao abandono das normas, à carência de respeito para com elas, desatando a tendência a que eles "busquem suas metas por fora do estabelecido". *A anomia é a quebra da estrutura cultural* que se produz pela assimetria entre as normas, os objetivos culturais e as capacidades das pessoas para atuar de acordo com essas e alcançar seus propósitos. Nessa ruptura está, para Merton, *a causa das condutas desviadas*. Dentro dos estados anômicos, os sujeitos se adaptariam como pudessem à sua situação, mediante certos comportamentos caracterizados como de *conformidade, inovação, ritualismo, retraimento e rebelião*, que constituiriam diversos mecanismos de reação ante as exigências sociais. Por certo, essa teoria pretende descobrir

[137] Ver, em espanhol, a versão atualizada: *Teoría y estructuras sociales*, México: Fondo de Cultura Económica, 2002.

– essencialmente – as razões pelas quais, em alguns casos, as normas não são eficazes para orientar o comportamento das pessoas.

Merton sustentou que a compulsão ao êxito imposta a seus cidadãos pelos valores hegemônicos da sociedade norte-americana era desproporcionada em relação à ênfase que se punha na recomendação dos meios lícitos para alcançar conquistas individuais. As idéias do "sonho americano", do *self made man* e, em suma, a filosofia imigratória do "fazer-se na América" (em uma sociedade onde o êxito tinha permitido espetaculares ascensões sociais) estava em crise, e as possibilidades de adaptação às novas condições se tinham tornado escassas. Desse modo, Merton e outros funcionalistas continuaram reforçando a idéia segundo a qual aqueles que estavam mais expostos a delinqüir eram os que ocupavam os lugares mais baixos na escala social, porque se supunha que tinham mais proximidade com atividades ilícitas ou irregulares, na medida em que os meios lícitos para perseguir certos bens (materiais ou imateriais) não se lhes eram acessíveis. A desigualdade de oportunidades (de uma sociedade que sempre foi estrutural) ficou assim documentada, apesar da insistência nas convicções sociológicas do momento sobre a gênese do desvio.

Posteriormente, o mesmo Merton modificou seus postulados originais, que a par disso foram criticados – e novamente modificados – por R. Cloward e L. Ohlin. O certo é que a noção de anomia foi aproveitada por muitas disciplinas, como a Filosofia ou o Direito, e deu lugar a extensos debates no seio da Sociologia. Poder-se-ia dizer que é um conceito técnico clássico, como poderia ser o de "inconsciente" em Psicologia ou o de "tipicidade" em Direito Penal.

5. Sutherland e a associação diferencial

Uma figura de grande interesse para seguir a evolução das idéias sociológicas precedentes dos Estados Unidos na América Latina é a de Edwin Sutherland (1883-1950), que ocupa um lugar destacado na história da Sociologia estadunidense. No seu país, presidiu a Sociedade Norte-Americana de Sociólogos e também se destacou por sua obra de investigação. Curiosamente, apesar de sua trajetória, obteve uma consagração universal tardia, já que sua obra-chave, na qual nos concentraremos, ou seja, *O delito do colarinho branco,* foi publicada em 1949, pouco antes de sua desaparição.[138]

[138] A tradução para o espanhol foi realizada por Rosa del Olmo e publicada por Ediciones de la Universidad Central de Venezuela, Caracas, 1969. Também existem edições espanholas: Madrid: Endymon, 1999 e Madrid: Ediciones La Piqueta, sem data.

O livro de Sutherland compila e atualiza material já publicado em diversos artigos e livros, mas sistematizado de forma tal que a obra de conjunto se transformou em um verdadeiro clássico.

O trabalho é um desenvolvimento empírico da "teoria da associação diferencial", uma hipótese que, literalmente, equivale ao conceito de "associação dos diferentes".[139] Trata-se de uma hipótese que Sutherland havia começado a elaborar em 1927, até que apresentou a versão definitiva em seu manual de Criminologia, na edição de 1947. Parte da base de que o comportamento e os valores se aprendem no curso da vida social e que tal aprendizagem se põe logo de manifesto na atividade profissional. Sutherland descria das razões biológicas da delinqüência e também do lugar-comum de que a pobreza era o fator que a causava. Em especial, sustentava que, na maioria dos casos, as condições de pobreza ou marginalização estavam dadas sem que se gerassem condutas delitivas. Isso levou Sutherland a se perguntar se existia delinqüência nas classes abastadas, em qual proporção e por quais motivos. Para averiguá-lo, iniciou uma investigação sobre o comportamento das setenta maiores corporações dos Estados Unidos nos 50 anos precedentes, que foi obtendo de diversos registros oficiais. Esse é o núcleo temático da obra e o ponto de partida de teorias sociológicas posteriores, de natureza crítica, que geraram a crise epistemológica da Criminologia na década de setenta. Posteriormente, a idéia do "delito de colarinho branco" de Sutherland sofreu ampliações, correções, recortes etc., e inclusive, no momento de sua gestação, era coincidente com formulações elaboradas em outros campos científicos, que se ocupavam do estudo do comportamento humano, como a teoria dos reflexos condicionados de I. Pavlov e o chamado "conductismo" de B. Skinner. Importantes sociólogos como G. Mead, D. Cressey e D. Glazer trabalharam junto com Sutherland, e os dois últimos seriam, mais adiante, autores de propostas teóricas elaboradas a partir da *associação diferencial.*

Deve-se recordar o grau de desenvolvimento da sociedade norte-americana do Pós-Guerra no momento de aparição da obra: os Estados Unidos haviam saído favorecidos depois da Segunda Guerra Mundial, transformando-se na primeira potência, contando com uma classe média em plena expansão, cujos valores tendiam a generalizar-se a toda a sociedade. Sutherland era um cientista de classe média, preocupado com a evolução social de seu país, em alguns aspectos que "ainda não andavam bem".

A obra é objetável metodologicamente, porque, como sucede com muitas investigações sociológicas do Norte, baseou-se em um material empírico pobre, com observações contaminadas de subjetividades, pouco universalizáveis, dada sua direta relação com uma realidade especificamente local. Não

[139] Sobre a associação diferencial podem consultar-se também PAVARINI, Massimo. *Control y dominación*. México: Siglo XXI, 1983, p. 120 e segs; e FUCITO, Felipe. *Sociología del derecho*. Buenos Aires: Universidad, 1993, p. 377 e segs.

obstante, a teoria possui uma grande eficácia, valendo-se do simples recurso documental de analisar os registros da justiça, para ver o resultado dos processos em que se tinham investigado delitos "do colarinho branco". No entanto, as comprovações foram surpreendentes: quase todas as grandes empresas incorriam em atividades delitivas e eram reincidentes, mas registravam um baixo índice de sentenças condenatórias especificamente criminais, por condutas como evasão de impostos, transgressões às leis de patentes, atividades monopólicas etc. A razão era simples: ou tais condutas não tinham sanção penal, ou as penas eram exclusivamente pecuniárias ou administrativas, advindas por intermédio de processos que, da mesma forma que as regulamentações, pareciam estruturados apenas para favorecer esses infratores.

Segundo a definição de Sutherland, o delito do colarinho branco é "*O delito cometido por uma pessoa de respeitabilidade e status social alto no curso de sua ocupação*". Nos anos oitenta, no seio da Criminologia crítica, discutiu-se muito em torno dessa definição, imaginando as variações a que pode conduzir, seja retirando-lhe ou adicionando-lhe elementos. O certo é que, até esse momento, a Sociologia norte-americana vinha insistindo na explicação simplista de que o delito se gerava ou se predispunha se o meio tinha uma problemática social negativa. Os pobres, com menos recursos e oportunidades sociais, deviam estar, segundo esta visão generalizada, mais expostos a delinqüir que os "integrados". Essa hipótese terminou esgotando seu poder demonstrativo, porque se percebiam com facilidade numerosos fenômenos que não eram explicáveis mediante tal esquema. Por exemplo, as mulheres tinham uma escassa representatividade delitiva nas estatísticas, independentemente de serem de classe média ou alta. Se a falta de oportunidade era determinante para originar condutas delitivas, isso devia refletir-se também em nível familiar, aparecendo nas estatísticas de criminalidade infantil ou juvenil, o que, verdadeiramente, não ocorria. Também se advertia que os sociólogos que haviam feito estudos explicativos do crime por meio da miséria, da ignorância e das privações de certos setores sociais, se haviam valido sempre de grupos específicos da sociedade, geralmente marginais ou não-integrados ao modelo hegemônico, como os negros, ou imigrantes russos, italianos, polacos ou comunidades muito exóticas, mas estabelecidas, como os chineses de São Francisco. Era notório que, contrapondo suas estatísticas, não se obtinha a mesma resposta em todos e em cada um desses setores. Assim, os chineses, em oposição aos italianos ou polacos, refletiam uma taxa de delinqüência quase nula. Também havia conglomerados muito pobres em zonas de fronteira com taxas de criminalidade zero, demonstrando que a situação de comunidades pequenas e afastadas dos grandes centros urbanos tinha distintos padrões de obediência à lei.

Sutherland, como já dissemos, não foi uma exceção quanto à perplexidade que despertavam esses resultados e à necessidade de encontrar-se uma explicação teórica mais generalizável e eficaz. Por isso se perguntou o óbvio: "o que acontece com os ricos?". Em busca de respostas, concentrou-se em um segmento muito poderoso: os executivos com poder de decisão nas grandes empresas norte-americanas, consórcios que, na época, eram mundialmente hegemônicos e majoritariamente de capital nacional.

Quando os juristas lêem Sutherland, devem fazê-lo com uma série de reservas que tornem mais compreensível o seu pensamento. Em primeiro lugar, não raciocinava como advogado, mas, sim, como sociólogo, e, por conseqüência, não se valia de uma noção dogmática e legal de conduta delitiva e, em vez disso, pura e simplesmente, construiu um conceito de delito para sua investigação, sem levar em conta se as condutas escolhidas estavam tipificadas ou não em algum código penal. As peculiaridades do sistema legal estadunidense afastam, mais ainda, a sua percepção da que teria um penalista de nossas latitudes; assim, Sutherland considera que *delito* é uma conduta que reúne determinados parâmetros de lesividade social, pelo que as grandes negociatas, as fraudes na qualidade dos produtos, a violação das leis *antimonopólicas,* a evasão de impostos, as falsidades contábeis, os acordos de *dumping* tendentes a subir ou baixar artificialmente os preços, a propaganda enganosa, a concorrência desleal, o *holding* de empresas etc., não obstante serem condutas que nem sempre coincidiam com algum tipo penal rígido, *eram delitivas, por sua danosidade social,* porque tendiam a prejudicar os outros a fim de se beneficiar.

Os delitos de colarinho branco eram condutas de grande magnitude econômica e afetavam uma quantidade indeterminada de pessoas, potencialmente numerosa, apesar de não surgirem na superfície nem parecerem causar comoção social. Pelo contrário, seu tratamento tinha lugar em foros e procedimentos especiais, que permitiam resolver conflitos sem juízo, mediante acordos com o promotor, sem deixar antecedentes registrados; em suma, uma série de particularidades que não se podia encontrar nos processos ordinários por delitos comuns. Assim, naqueles processos, os acusados não deviam enfrentar-se com os juízes, havia apenas acordos entre os advogados da empresa e os promotores. A responsabilidade dos grandes grupos, quando era atribuída, tinha caráter administrativo ou pecuniário e carecia de publicidade estigmatizante. As condenações não davam lugar a conseqüências sociais desfavoráveis, porque os desvios se podiam resolver despedindo ou transferindo os funcionários executores da irregularidade. Sutherland comprovou, não obstante, que os responsáveis reais de muitas manobras delitivas eram, certamente, os diretores das empresas; no entanto, eles não consideravam desvaliosas suas atividades, mas, sim, uma espécie de astúcia comercial ou habilidade empresarial imprescindível para alcançar os objetivos comerciais. Em uma nação como os Estados Unidos, na qual, desde sua organização política, as empresas privadas eram fundamentais para o progresso nacional, era fácil afirmar que não deviam opor-lhes obstáculos, porque eram o *motor da economia*. Em conclusão, o problema era apresentado como se as fraudes empresariais sempre fossem redundar, *de alguma forma*, em benefício comum.

A realização dos delitos de colarinho branco, no meio cultural empresarial, era considerado, então, *mais um mérito que uma mácula, conformando uma concepção subcultural de poderosos*. Dali deduz Sutherland que o comportamento e os valores se aprendem no curso da vida social e se expressam em sistemas de trabalho, idéias e modos de relação comuns.

Essa teoria abre outro enorme campo de investigação, que é o da gênese normativa, por quanto Sutherland pôde comprovar a enorme influência que os setores poderosos tinham na conformação das leis penais, mediante o "lobismo" parlamentar e todo tipo de vinculações e influências, lícitas e ilícitas, com e sobre os mais altos fatores de poder. À diferença do cidadão comum, os grupos poderosos podiam opor-se à sanção de uma lei que os pudesse prejudicar, ou então impulsionar, aquelas normas que os beneficiavam. Ficava claro, assim, que o delinqüente comum é, apenas, uma parte visível do conjunto total da criminalidade.

A intenção original de Sutherland apontava mais ao psicossocial que ao político ou econômico; ele não era marxista nem pretendia pôr em dúvida a legitimidade da sociedade capitalista, como tampouco objetar a existência aos grandes consórcios privados; nem sequer se incomodava com as conseqüências sociais produzidas pela competitividade dos consórcios. Ele se contentava, meramente, em dar por provada a associação diferencial; nesse caso, de pessoas que estão mais afastadas do cumprimento da norma e *tendem a identificar-se valorizando positivamente seu incumprimento*. Essa associação predispõe os indivíduos participantes a violar a lei, porque constitui um afastamento daqueles que vêem a violação como disfuncional e uma aproximação àqueles que a vêem como positiva; assim se produz a generalização de certas condutas pouco éticas também no setor rico da sociedade. Em conseqüência, a operatória ilícita das atividades econômicas *se aprende* não só porque é ensinada e se estimula sua imitação, mas também porque é requisito para obter trabalho em certos postos ou certas organizações.

É evidente que essas idéias põem a descoberto as aporias (dificultades lógicas) do paradigma etiológico e sua visão míope ao haver se concentrado no delito e no delinqüente como categorias dadas. Em primeiro lugar, adverte-se que não existem sociedades de pensamento e valores uniformes, mas, grupos distintos, inclusive em oposição, cuja referência ao delito é geral, e não privativa de pequenos grupos marginais e refratários aos valores. A lei, certamente, não era igual para todos, e a posição de poder dos grupos sociais era decisiva para que progredissem, o que se refletia também no modo em que eram sancionados.

A Sociologia proporciona, com a associação diferencial, uma explicação de valor onicomprensivo, macrossocial, do fenômeno delitivo. Desmorona-se, por conseqüência, o conceito do delito fatorial por pobreza, ignorância ou condicionamentos biológicos, que tanta aceitação tinha alcançado por meio do Positivismo.

As idéias de Sutherland vinham amadurecendo no seio da prolífica Sociologia criminal estadunidense, mas tiveram efeito internacional tardio por circunstâncias como a Segunda Guerra Mundial e o desinteresse da Sociologia norte-americana pelo paradigma etiológico dominante no resto do Ocidente. O certo é que *O delito de colarinho branco* abriu comportas muito mais vastas do que imaginou o próprio autor. Também se pode perceber que esse trabalho deixa esboçada uma idéia acerca do que hoje conhecemos como *interesses difusos*, ou seja, os interesses legítimos afetados por feitos que prejudicam a humanidade ou a comunidade indiscriminadamente pela importância dos bens em jogo, a quantidade de prejudicados, seu anonimato, a magnitude econômica e, muitas vezes, a irreparabilidade do mal.

A partir da obra comentada, as bases da Criminologia estabelecida começaram a mudar irrefreavelmente. Desmitificaram-se os pilares essenciais do Direito Penal e da Criminologia tradicional: reconheceu-se que a sociedade não funcionava nem consensual, nem igualitariamente, porque a lei não alcançava todos os setores por igual; o problema básico da conduta delinqüente não radicava nem na doença nem na autodeterminação, mas, sim, na forma de estruturar e atuar o direito; os bens jurídicos tutelados não eram necessariamente os mais importantes; o Direito Penal perdia seu caráter de moral social igualitária; o bem e o mal eram mais ubíquos que o imaginado etc.; e tampouco as reações penais funcionavam de igual modo para todos, nem podiam explicar-se por propósitos ressocializadores etc. E como corolário notável, tirava-se a explicação do fenômeno criminal das mãos de penalistas, alienistas, biólogos, psicólogos, para depositá-la nas dos sociólogos, os quais se lançariam a somar teorizações que preencheram completamente a tela, demonstrando possuir um alcance explicativo que além de vasto era fundamentado e convincente.

A irrupção sociológica atingiu em cheio o ponto mais sensível de toda a explicação criminológica anterior ao desnudar como *dava por pressuposta a legitimidade e justiça do Direito Penal vigente, omitindo a análise de suas estruturas e de seu funcionamento real.* Logo, o Direito Penal foi reduzido ao caráter de mera ferramenta de controle em mãos *nem indiferentes nem neutras diante de interesses e valores egoístas.* Aquilo que a Criminologia vinha tomando por objeto, ou seja, o delito e o delinqüente, passava a ser *definições* e *definidos.* Saltava aos olhos que *o Direito Penal (disciplina normativa) estava fixando o objeto a outra que não o era*, ou pelo menos não devia sê-lo. Em conseqüência, a ilusão de uma ciência autônoma, com um objeto próprio, entrou em crise, abrindo espaços a novos modelos explicativos do fenômeno criminal.

A Sociologia norte-americana caracteriza-se, como sua cultura de origem, por um puro pragmatismo, que a nós, juristas formados na tradição penal romano-germânica, nos custa certo esforço assimilar. A Dogmática Penal estabelece, consciente ou inconscientemente, uma sacralização de textos e interpretações dos quais é difícil sair para não perder a lógica sistemática de análise. A mentalidade dos sociólogos e do povo norte-americano opera, pelo contrário, com a praticidade anglo-saxônica de aproveitar qualquer descoberta se é útil, sem maiores considerações. A liberdade e até a ingenuidade com que os sociólogos do Norte formulam suas teorizações simples e lineares são chamativas. Sutherland demonstra indiferença pela via de acesso jurídica ao fenômeno investigado, quase expressando que é supérfluo investigar o crime a partir da pessoa de quem foi definido como criminoso, para saber que o é. O crime, nesse sentido, está em todas as relações da sociedade, e não na letra da lei ou na sua aplicação. Sutherland formula com simplicidade elementar um enfoque da realidade que para os positivistas teria sido repulsivo. Expressa também as peculiaridades científicas anglo-saxônicas e, quando afirma que, não obstante alguns erros, déficits empíricos e a provisoriedade de muitas de suas descobertas, não tem dúvida de que formulou uma argumentação nova, apta a confirmar sua tese da associação diferencial como explicação de algumas condutas a partir do plano sociológico; essa também era a mais efetiva que se dispunha no momento para explicar o fenômeno delitivo. O autor tinha razão, ao menos no sentido que Popper atribuía ao conhecimento científico, priorizando a utilidade da ciência mais que sua capacidade de verdade.

6. As teorias subculturais

Essas teorias entendem que *subcultura* é um sistema social com valores próprios, que se expressa com normas e símbolos originais. Uma subcultura criminal é de caráter grupal, coletiva, e, se bem consideraram – inicialmente – que todas as subculturas estavam em uma posição de enfrentamento com a cultura predominante, foram admitindo, gradualmente, que também podiam ter amplas coincidências com ela. Albert K. Cohen (Boston, 1918) tem sido o representante mais notório dessa explicação. Cohen estudou diversas gangues de delinqüentes juvenis e concluiu que seus integrantes se mantinham coesos por valores e crenças próprios, que se geravam com o trato entre jovens situados em circunstâncias similares. O autor expôs sua teoria no livro *Delinquent Boys: The culture of the Gang*, em 1955.[140] Isso significava que tais grupos geravam seus

[140] *Delincuentes juveniles*. México: Fondo de Cultura Económica, 1970.

próprios valores, apartando-se dos hegemônicos, outorgando-se um *status* próprio e concebendo seu desvio como meritório, ainda que estivesse contrário aos valores dominantes que, para Cohen, eram sempre os da classe média. De tal modo, os jovens das classes baixas, sentindo-se rechaçados e inferiores em relação aos das classes médias e altas, reacionavam apartando-se dos padrões de comportamento social dessas classes para adaptar-se de outra maneira à vida em comum. Em conseqüência, a eleição de uma nova variante cultural foi vista como um processo psicológico de formação reativa (processo denominado em outras teorias como "mecanismos de neutralização") para compensar angústias e frustrações, logrando algum grau de estima social.

Por certo, essa teoria aporta novos argumentos que serão logo ampliados pela teoria do etiquetamento para interpretar a origem das carreiras criminais.

A possibilidade de chegar a ser um delinqüente ou desviado radicava, então, no grau de exposição a uma subcultura criminal que os jovens haviam tido. A subcultura permitia-lhes, assim, solucionar problemas de adaptação que não podia resolver a cultura dominante. Essa teoria de curto alcance permitiu aprofundar o distanciamento com a idéia – tão cara ao funcionalismo – de uma sociedade estática, com valores sempre comuns e homogêneos.

Os subculturalistas introduziram-se nos grupos sociais que estudavam, realizando prolixas observações que ratificaram seu repúdio à idéia de que os marginais atuavam por anomia. Afirmaram que, ao contrário, eles possuíam *normas próprias,* diferentes, por que se deve interpretá-los com parâmetros normativos distintos dos do resto da sociedade.

Segundo a explicação subcultural, alguns jovens associam-se com quem estivesse mais próximo da violação das normas, afastando-se daqueles propensos a seu cumprimento, como se tinha formulado na teoria da associação diferencial.

O conceito de "subcultura" teve muita aplicação nas investigações sobre instituições totais, em particular as penitenciárias, uma vez que, nas cadeias, as subculturas representam uma opção entre a vida ou a morte, pela complexa convivência entre presos e carcereiros (submissão, delações, deveres de cumplicidade, de silêncio, vinganças etc.). Hoje sabemos que a situação interna de uma prisão é incompreensível se não se interpreta levando em conta os valores próprios de seus distintos atores, setores e distintas hierarquias de poder; a outra opção é aceitar a versão meramente descritiva dos documentos oficiais. Posteriormente, a teoria da *oportunidade diferencial*, de R. Cloward e L. Ohlin, levaria a cabo uma reelaboração mais complexa e completa que a teoria original de Cohen.

No emaranhado das teorias subculturais, mesclam-se elementos e conceitos de diversas teorias sociológicas, como a da anomia, a da ecológica, a da associação diferencial e a do interacionismo, facilmente identificáveis. Isso corrobora a idéia exposta no começo sobre a complexa rede de influências recíprocas e múltiplas que caracteriza as teorias sociológicas norte-americanas sobre a conduta desviada.

7. O estrutural-funcionalismo

Assim se denomina a um conjunto de hipóteses sociológicas que, na realidade, não tem unidade teórica ou uma coerência interna recíproca. Fucito as explica deste modo:

> O amplo campo de teorias sociológicas chamadas funcionais parte do suposto que a sociedade é um conjunto de partes ajustadas e mutuamente dependentes e aceitam esta idéia como um postulado. A partir daí tratam de determinar quais são as partes ou subsistemas que cumprem funções dentro da sociedade, quer dizer, que importam para a manutenção de um suposto equilíbrio. A idéia genérica implica uma tendência conservadora quando pressupõe o sistema e postula um regresso ao equilíbrio, se foi perturbado por conflitos ou disfunções; tendência que se expressa na maior parte das considerações (se não em todas) que fazem os autores engajados nela a respeito do direito.[141]

Como as análises estrutural-funcionalistas se ocupam das funções dos elementos estruturais no interior dos sistemas sociais, sua denominação alude, então, à circunstância de que todos os elementos estruturais cheguem a ser unidades de análise interpretativo dos sistemas sociais. *Dentro desse amplo rótulo de "estrutural-funcionalismo" incluem-se numerosas teorias que, individualmente consideradas, tiveram destacada relevância sociológica, como os desenvolvimentos mais modernos da anomia e as teorias do etiquetamento (Labelling approach).* Tanto nos precursores remotos (Spencer) como em Parsons e nos funcionalistas que o sucederam, ressalta-se um esforço para demonstrar que os motivos do comportamento humano não são apenas psíquicos, mas também estão culturalmente condicionados. As estruturas sociais – em particular, as de natureza normativa – exerciam, assim, uma grande influência sobre os comportamentos.

As críticas mais importantes que foram dirigidas a essas teorias censuraram sua abstração, a-historicidade e seu apoio em recortes de uma realidade muito mais complexa. Também se aponta que com essas construções é impossível conceber a existência de mudanças sociais, porque se concentram apenas nos fatores que produzem estabilidade, enquanto que as sociedades encerram contradições, desestabilizações, conflitos e disputas de poder que,

[141] Obra citada, p. 265.

para as teorias do conflito (que se verão mais adiante), são característicos das sociedades capitalistas.[142]

8. O interacionismo simbólico

Com origem em uma obra de começo do século XX, de Georg Mead, esta corrente concebe o indivíduo como ativo frente ao ambiente, ao qual contribui a moldar, mediante diversos recursos, como a comunicação que é fundamental para a interação humana. A comunicação vale-se, como é sabido, de símbolos e signos como a linguagem, e o interacionismo é, então, uma teoria da significação, conforme a qual os seres humanos buscam coisas segundo o significado que elas têm para eles, em meio à constante interação social. O interacionismo simbólico propõe uma idéia de ordem e progresso baseada no consenso que implica a comunicação (idéia retomada por Habermas como *teoria da ação comunicativa*) para o autocontrole da pessoa.[143] Diferentemente do positivismo e do funcionalismo, essa corrente questiona a objetividade do conhecimento, ainda que siga valendo-se do mesmo modelo de uma sociedade harmônica e absoluta. Tende a desconhecer a existência de classes e grupos sociais, de poder etc. Na realidade, a grande transcendência criminológica dessa teoria se alcança mediante outras que partem dela: as do etiquetamento e da reação social. Outras contribuições de importância para o desenvolvimento desse enfoque foram as de H. Blumer, E. Goffman, C. Cooley e W. L. Thomas, segundo as variações ou os enfoques alternativos que foram surgindo do tronco comum.[144]

9. A teoria do etiquetamento

O enfoque do etiquetamento (*Labelling Approach*) alcançou grande ressonância sociológica entre 1960 e 1970. Howard S. Becker (Chicago, 1928), referente essencial dessa corrente interacionista, centrou seu interesse em dois processos sociais que tinham passado, até então, bastante despercebidos: o processo de criação e aplicação de normas (que dará lugar aos conceitos de criminalização primária e secundária) e o processo de desvio pessoal (que

[142] Ver, ao final do capítulo, o quadro sinóptico sobre a Escola de Chicago e as teorias socioestruturais.

[143] HABERMAS, Jürgen. *Teoría de la acción comunicativa*. Madrid: Taurus, 1987-1988.

[144] O tema pode-se ampliar por diversos textos: ver BUSTOS, Juan. *El pensamiento criminológico I*. Barcelona: Península, 1963, p. 39; e GARCÍA-PABLOS DE MOLINA, Antonio. *Criminología (una introducción a sus fundamentos teóricos para juristas)*. Valencia: Tirant lo Blanch, 1996, Capítulo III, p. 182.

será explicado mediante os mecanismos do etiquetamento e o desvio primário e secundário).[145]

Becker sustentou que quem conta com poder suficiente para configurar as normas criminaliza outros que não possuem tal poder. A partir de tais idéias ficaria estabelecido o interesse sociológico no estudo daqueles que fazem e aplicam as normas e no modo em que isso incide no comportamento dos afetados. Essa corrente sustentará que a criminalidade é criada pela sociedade, mediante a imposição de "etiquetas criminais" a certos indivíduos. Tal processo teria lugar mediante uma *criminalização primária* (estabelecimento de normas) e uma *secundária* (imposição dessas normas ao sujeito responsável, etiquetando-o).

Essa teoria dirige seu interesse à *gestação de normas* por ser o primeiro passo nos processos de etiquetamento: estabelecer uma definição (lei vigente) que estipule as condições que deve reunir uma conduta para ser delito. Logo segue o processo de aplicação, que é a atribuição a um sujeito do caráter de delinqüente. Complementando o jogo dos dois processos anteriores, também intervêm agentes que interagem com o sujeito e etiquetam-no como criminoso, inclusive antes que uma sentença lhe imponha uma definição oficial.

Recordando o que foi dito a respeito do *delito de colarinho branco*, pode-se reiterar que as normas são resultado dos conflitos e das relações de poder que se desenvolvem na sociedade, e que, por conseqüência, os grupos com maior poder estabelecem normas que os favorecem, prejudicando outros que, ainda majoritários, têm menos ou nenhum poder social. *Portanto, a existência de uma criminalidade é necessária para a manutenção das relações de poder estabelecidas.* Cabe recordar que Durkheim causou grande comoção quando afirmou que o delito é um fenômeno típico de "uma sociedade sã" que necessita de uma certa proporção de delito para legitimar-se, sempre que essa quantidade permaneça constante em certos limites; o enfermo seria, por conseqüência, uma sociedade sem delito.[146]

Quanto ao processo de transformação de um indivíduo em delinqüente, destaca também o aporte de Edwin M. Lemert (1912-1996), que desenvolveu o conceito de "desvio primário", segundo o qual o desviado comete seu primeiro fato ilícito sem considerar-se a si mesmo um criminoso. Recém quando esse sujeito organiza sua conduta para assumir conscientemente o rol desviado se configura a que denominou "desvio secundário". À parte disso, quando o indivíduo for descoberto e sancionado, sentir-se-á compelido a reestruturar a imagem que tem de si mesmo, para resistir melhor à persecução a seus atos. Dito em termos da Psicologia, produzir-se-á uma *reorganización simbólica do ego*, pela qual o sujeito "adotará os rótulos e a estigmatização que lhe

[145] De BECKER pode consultar-se, em espanhol: *Los extraños, sociología de la desviación*, Buenos Aires: Tiempo Contemporáneo, 1971.

[146] DURKHEIM, Émile. *Las reglas del método sociológico*. Madrid: Hyspamérica, 1986, Capítulo III, ponto III.

impõem". Desse modo, abre-se um caminho explicativo às chamadas "carreiras criminais", uma vez que ser estigmatizado como *delinqüente* implica receber um *status* social negativo, que condiciona e limita as possibilidades futuras, forçando muitas pessoas a aceitar o papel de desviado (delinqüente), a conformar-se e inclusive orgulhar-se dele, assumindo a personalidade que lhe foi atribuída, iniciando, assim, uma carreira criminosa. O desvio é, em suma, para essas teorias, uma realidade que é construída mediante as definições e reações que se aplicam aos indivíduos, até que adquirem a qualidade de criminais. Pode ver-se que se trata de uma teoria social da criminalidade, segundo a qual o sujeito é afetado, mas não afeta; e que o poder de definir aparece como todo-poderoso e fatal, como assinalaram algumas das críticas que se lhe dirigiram. Também se lhe objetou que em todas as sociedades há definições (tipos penais) que gozam de consensos muito altos, ou, ao contrário, há comportamentos criminais sem que intervenham as instâncias de controle; e ainda a desigualdade está presente em todos os aspectos da sociedade etc. Esta última objeção encerra, em grande medida, o eixo crítico dos sociólogos de esquerda, que produziram a recepção européia desse enfoque, complementando-o depois com teorias sociais que conduziram à aparição da Criminologia crítica. Esse aspecto da evolução teórica posterior ao etiquetamento será visto no capítulo seguinte.

Os autores que podem ser incluídos na elaboração desse enfoque (E. Lemert, J. Kitsuse, D. Chapman, F. Tannenbaum) se valeram dos elementos interpretativos do interacionismo simbólico quando afirmaram que as pessoas "produzem iguais definições" das situações que vão experimentando.[147]

Essa abundância cultural de definições é adquirida por aprendizagem, ao longo da vida, durante a qual todos nós formamos nossas personalidades sob a influência educativa dos pais, da escola, da família etc. Isso significa que somos treinados na atribuição de papéis aos demais e que nos relacionamos valendo-nos desses papéis atribuídos. Como vimos, é em tais processos onde se estabelecem os preconceitos e os estereótipos (lembrar o exposto no Capítulo 1 sobre os mecanismos sociais estigmatizantes, os estereótipos, o bode expiatório etc.). A atribuição de condições negativas a uma pessoa de modo sistemático é o que conduz à sua estigmatização. A dinâmica desses processos foi descrita mediante o chamado "teorema de Thomas", do sociólogo William L. Thomas, segundo o qual "*se se definem certas situações como reais, serão reais suas conseqüências*"; algo semelhante à proposição de García Márquez em *Crônica de uma morte anunciada:* se se insiste que algo pode acontecer, finalmente muita gente acredita e reage como *se o fato tivesse acontecido, ou então o de-*

[147] De LEMERT, KITSUSE e CHAPMAN podem encontrar-se, em espanhol, os trabalhos intitulados, respectivamente: "Desviación primaria y secundaria", "Reacción de la sociedad ante la conducta desviada" e "El estereotipo del delincuente y sus consecuencias sociales", no livro *Estigmatización y conducta desviada*, editado por Rosa del Olmo, Maracaibo: Instituto de Criminología, 1971. Ver também: *Becker y Chapman, criminólogos interaccionistas*, de Enrique Castillo Barrantes, San José: ILANUD, 1980.

sencadeia. É o fenômeno que se verifica nas chamadas "corridas cambiais" ou na "síndrome da sexta-feira negra", quando todos os correntistas, por temor e sem acordo prévio, retiram repentinamente todas as suas economias das instituições de créditos, quebrando, *realmente*, a banca.

De maneira parecida, um menino com maus antecedentes escolares, que logo é internado em um reformatório e mais tarde é detido por um delito, teria caído nessa situação como conseqüência do processo de etiquetamento que o predispunha e conduzia a alcançar o papel delitivo que lhe seria atribuído fatalmente.

Também Merton publicou, em 1957, um livro intitulado *The self – fulfilling – prophecy (A profecia que se auto-realiza)*, desenvolvendo um princípio parecido ao do teorema de Thomas, sustentando que a previsão de um fato futuro como certo ou muito possível faz com que todos condicionem seus comportamentos para a eventualidade de que ocorra, fazendo com que se produza o efeito sem que exista a causa. Esses mecanismos predispõem expectativas condicionantes da valoração do comportamento futuro de certos sujeitos (algo parecido ao que no positivismo era o prognóstico de periculosidade).

Para Becker, o desvio não é uma qualidade do ato executado por uma pessoa, mas, sim, uma conseqüência da aplicação de normas e sanções a um chamado "delinqüente" por parte de outros. (O desviado é uma pessoa a quem o etiquetamento foi aplicado com êxito; em conseqüência, o comportamento desviado é o que se etiqueta como tal.) Becker analisou também os mecanismos sociais de estigmatização que consolidam os *status* e determinam "carreiras" criminais.

Como diz Rüther, para o enfoque do etiquetamento:

> Não há criminalidade como existe um pedaço de ferro, pois este se apresenta como um objeto físico independente da valoração e descrição que os humanos lhe podem dar. Como tal, este ferro não se transforma, mesmo quando se altera sua valoração e descrição. A criminalidade, ao contrário, existe preponderantemente nos pressupostos normativos e valorativos dos membros da sociedade. [...] A criminalidade que realmente existe em uma sociedade é aquela cuja imagem pode ser transportada para a realidade em virtude de uma fixação concreta (estabelecimento) e aplicação (imposição) de normas.[148]

10. As teorias sobre o controle e a reação social

O *controle social* é uma noção de suma importância na história da Sociologia e em seus desenvolvimentos atuais. Atribui-se a criação do con-

[148] RÜTHER, Werner. "La criminalidad (o el delincuente) a través de las definiciones sociales (o etiquetamiento)", em *Doctrina Penal*, 1978, p. 749.

ceito ao sociólogo norte-americano Edward A. Ross em 1890 e se reconhece que, até hoje, o conteúdo é controvertido. Em todo caso, pretendeu-se que o conceito imitasse, em tonalidades diversas, a idéia de dominação, ascendência ou influência da sociedade sobre o indivíduo, a fim de que se adapte ou assimile o sistema de valores dominante. O sociólogo alemão Kurt H. Wolff classificou sete aplicações diferentes do conceito por diferentes teóricos e correntes da Sociologia. Não obstante, também aportou sua própria definição, segundo a qual "Controle social é a denominação dos processos e mecanismos, incluindo a socialização da criança, através dos quais a sociedade exerce sua dominação sobre o conjunto dos indivíduos, fazendo com que suas normas produzam efeito".[149]

Os objetivos do controle se conseguem por vários canais na vida social, no curso dos processos de socialização dos indivíduos; o sociólogo norte-americano George C. Homans (1910- 1989) distinguiu em doutrina entre o *controle formal* e o *informal*. O primeiro seria externo ao indivíduo, não exercido por ele, enquanto o segundo tipo alude ao controle internalizado ou interior que o sujeito exerce sobre si mesmo. Posteriormente se incluíram, como manifestações de controle informal, as respostas mais ou menos espontâneas dos grupos que geram entre seus indivíduos atitudes de aprovação, diferenciando-as das formais, que ficam a cargo de instituições oficiais, dotadas de regras e normas específicas.

A representação máxima do controle formal está dada pelo Direito Penal: o mecanismo social mais rigoroso e estruturado. O Direito Penal destina-se a *controlar os efeitos desorganizadores que o delito causa na vida social* e, para isso, se vale de um conjunto de reações formalizadas (sanções, penas, medidas) e instituições que as põem em prática: tribunais, polícia, prisões etc. Pode-se falar, então, de *reação social* tanto em seu caráter de resposta a condutas indesejáveis ou "desviadas", quanto de *reação formal jurídico-penal*, quando se dirige a condutas consideradas delitivas.

Mais adiante serão expostas teorias englobadas por alguns autores no conceito de *teorias sobre o controle* ou *teorias da reação social*, porque ali se centra o objeto de seu interesse científico, oposto ao do modelo positivista. Como se verá, trata-se de enfoques macrossociais, ou seja, aqueles que investigam os grandes mecanismos de toda a sociedade, buscando interpretar, de maneira geral, o funcionamento – por exemplo – dos mecanismos de controle formal punitivo. A partir dos trabalhos do interacionismo e em especial da teoria do etiquetamento, o objeto de investigação se irá deslocando, então, *do sujeito delinqüente às instâncias que o controlam e manipulam*. Em outras palavras, o objeto de análise se centrará, de maneira primordial, nos efeitos negativos que a reação social provoca nas pessoas e em seus comportamentos. Como veremos,

149 BERNSDORF, Wilhelm. *Diccionario de Sociología*. Stuttgart: Enke Verlag, 1969, p. 965 e segs. (Tradução do autor.)

a Criminologia crítica adicionará a essa análise o elemento político e atribuirá os efeitos negativos da reação social ao Estado burguês e capitalista, tendo chegado, em algumas de suas formulações mais radicais, a uma espécie de solidariedade com os *etiquetados* (vitimários ou delinqüentes em linguagem penal), considerando-os vítimas sociais de um sistema desigual e injusto. Nessa corrente, a preocupação pelo exercício seletivo do controle social e da reação social será uma atitude característica.

Por último, é preciso distinguir o que se chama na bibliografia – de modo impreciso – "teorias sobre o controle social" de outra corrente teórica conhecida como "teoria do controle", promovida, em especial, por Travis Hirschi, que publicou, em 1969, um livro intitulado *Causes of Delinquency*, no qual a preocupação central era a busca das causas pelas quais muitos indivíduos permanecem fiéis ao cumprimento da lei. Em conseqüência, mais que se interessar pelo controle social sobre o indivíduo, essa teoria se concentrava no autocontrole do sujeito. É importante esta aclaração, por quanto Hirschi terminou integrando a corrente chamada "realismo de direita" nos Estados Unidos, ou seja, a contraparte ideológica da Criminologia crítica.

11. A teoria sistêmica

A corrente sistêmica tem particular interesse pela importância que adquiriu dentro do campo do Direito Penal, como fundamento sociológico do ilícito, da pena, dos bens jurídicos e de outros temas. Conhecida dentro do Direito como Funcionalismo sistêmico, tem seu principal referencial no sociólogo alemão Niklas Luhmann (1927-1998), que estudou junto a Parsons em Harvard e interpretou a ordem jurídica como *estrutura do sistema social que serve para a generalização de expectativas de comportamento.* É uma teoria de sistemas que ressalta a positividade do Direito, dentro do qual as normas são *comportamentos esperados por sua aptidão para estabilizar o próprio sistema.* É claro que, igualmente ao pensamento precursor de Parsons, o consenso social se expressa na existência material de uma institucionalidade e se afirma por meio dela. O Direito Penal é uma ferramenta essencial de estabilidade social e, portanto, deve ser também fortalecido. Luhmann publicou, em 1974, o livro *Sistema jurídico e dogmática jurídica*, em que estabeleceu seus pontos de vista, notoriamente adotados no Direito Penal alemão por Günther Jakobs.[150]

[150] Em espanhol, pode-se consultar, também, *Ilustración sociológica.* Buenos Aires: Sur, 1973. Quanto às idéias de Jakobs, foram minuciosamente analisadas por SANCINETTI, Marcelo, em seu trabalho *Fundamentación subjetiva del ilícito y desistimiento de la tentativa.* Bogotá: Temis, 1995.

Jürgen Habermas (Düsseldorf, 1929) criticou a teoria dos sistemas sociais como manifestação tecnocrática que permite reduzir aspectos fundamentais da sociedade a questões práticas ou técnicas, subtraindo-as ao debate social. O Funcionalismo seria, para Habermas, uma teoria que se estabelece nas sociedades capitalistas mais modernas e, portanto, constituiria uma interpretação tecnocrática da sociedade que oferece um programa de estabilização política e econômica orientado à solução de suas questões específicas. Também Baratta dirigiu fortes ataques a esses enfoques, a partir da Criminologia crítica.[151] No campo da filosofia jurídica, pode consultar-se a posição de Ferrajoli,[152] igualmente adversa ao Funcionalismo.

Figura nº 7

TEORIAS SOCIOLÓGICAS

TEORIAS SOCIOESTRUTURAIS (enfoques funcionalistas Parsons (1902-1979))

- 1. TEORIA ECOLÓGICA (sociologia de centros urbanos, municípios etc.) — Park, Burguess, Trasher
- 2. ANOMIA → (Durkheim-Merton / Cloward-Ohlin)
- 3. ASSOCIAÇÃO DIFERENCIAL → (Sutherland)
- 4. TEORIAS SUBCULTURAIS → (Cohen)
- 5. ESTRUTURAL-FUNCIONALISMO
  - INTERACIONALISMO SIMBÓLICO (comunicação) (Mead-Blumer-Kuhn Goffman-Cooley-Thomas
    - ETIQUETAMENTO (gênese do comportamento desviado) — Lemert, Becker
    - CONTROLE SOCIAL (estrutura de controle social e suas reações)
- 6. TEORIA SISTÊMICA → (Luhmann-Jakobs)

151 BARATTA, Alessandro. "Integración-prevención: una nueva fundamentación de la pena dentro de la teoría sistémica", em Revista *Capítulo Criminológico*, Maracaibo, n° 15, 1987, reproduzido em *Criminología y sistema penal* (compilación *in memoriam*), n° 1 da coleção *Memoria Criminológica*, Montevideo: Editorial B de F, 2004.

152 FERRAJOLI, obra citada, p. 274 e segs.

Capítulo 11

A Sociologia crítica

1. A Escola de Frankfurt

A corrente de trabalho e investigação científica assim denominada reuniu, entre 1924 e 1933, uma quantidade de notáveis figuras do mundo intelectual alemão, incluindo filósofos, sociólogos, especialistas em ciência política e investigadores de diversas ciências sociais, algumas das quais se encontravam naquele momento em pleno desenvolvimento teórico, como a Psicologia. Os nomes mais importantes que podem ser citados daquela inesquecível equipe intelectual são: Theodor Adorno, Max Horkheimer, Erich Fromm, Walter Benjamin, Leo Loewenthal e Herbert Marcuse.

Apesar de controvertida a questão de que o grupo se constitui em uma verdadeira escola, o trabalho que levaram a cabo resulta em umas das tentativas mais importantes da história moderna de realizar uma interpretação social de conjunto, por meio da investigação mancomunada de especialistas das mais diversas ciências sociais e culturais. Costuma-se situar nessa trajetória o início da ciência entendida como crítica social, a qual exercerá, como veremos, forte influência na Criminologia posterior. Precisamente, a partir da Criminologia, observaremos com atenção ao menos três aspectos do trabalho do Instituto de Frankfurt: o objeto da investigação, a interdisciplinaridade e a objetividade da ciência, questões epistemológicas que revisaremos ao final da obra.

Existem poucas tentativas tão sérias de estabelecer, a partir de um tratamento científico do marxismo, a relação que medeia entre as idéias e a base social. Muitos teóricos localizam o gérmen da Criminologia crítica posterior, a de raiz marxista, nesta busca original, anterior a 1945.

É também relevante revisar, por meio dessa experiência, questões como o compromisso social do investigador e sua incidência na sociedade que estuda. Não menos interessante resulta o seguimento das questões de política universitária e a abertura de espaços criativos em meio à diversidade histórica e política, tendo em conta que falamos de pesquisadores judeus e marxistas defendendo um espaço na Alemanha em plena ascensão do nazismo.

Por último, resulta elogiável a capacidade da "escola" de fixar objetivos e de realizá-los conseqüentemente, de maneira sistemática, até alcançar uma notável produção que, talvez, não se tenha repetido na história das ciências sociais.

Como toda história, esta aventura intelectual teve um começo bastante surpreendente por meio da iniciativa de um mecenas que reunia em si as características gerais desse grupo intelectual: judeu alemão, de família muito bem situada e herdeiro de uma fortuna que investiu em suas convicções intelectuais. A pessoa providencial foi Félix Weil, cuja biografia não pode deixar de nos comover, já que por intermédio dela podemos rastrear a origem dessa escola na Argentina. É que Félix Weil cresceu em Buenos Aires, devido ao fato de seu pai, Hermann Weil, ter sido enviado para essa cidade em 1890, quando tinha 22 anos, como empregado de uma grande firma exportadora de cereais com sede em Amsterdã. Sua especialização permitiu-lhe, já em 1898, instalar-se por conta própria, transformando, em pouco tempo, sua firma em uma das maiores do país e do mundo. A empresa, conduzida por Weil pai e dois de seus irmãos, faturava anualmente milhões de pesos e enriqueceu fabulosamente a família. Justamente em 1898, nasceu, em Buenos Aires, Félix, o futuro mecenas da Escola de Frankfurt. Posteriormente, seu pai sofreu uma paralisia progressiva, para cujo tratamento a família decidiu radicar-se na Alemanha, precisamente em Frankfurt, coração do comércio alemão e da comunidade judaico-alemã mais rica e integrada dessa sociedade. Weil pai continuou com suas atividades comerciais, ampliando-as aos comércios de carne e especulação imobiliária, o que aumentou ainda mais a riqueza familiar, até sua morte em 1927. Weil pai colaborou ativamente com o império alemão durante a Primeira Guerra Mundial, e seus informes sobre o comércio internacional de grãos impulsionaram o Kaiser a promover a guerra submarina contra os cargueiros da Entente. A Argentina manteve seus laços de amizade com a Alemanha durante o conflito e, terminado o mesmo, Weil pai retomou suas relações comerciais, inclusive com maior êxito que antes da guerra. Semelhante riqueza fez com que Weil pai se transformasse em um mecenas da Universidade de Frankfurt e de diversas instituições da beneficência, recebendo na primeira o título de *Doutor Honoris Causa* em Ciências Econômicas e Sociais.

Félix Weil, por sua vez, já era milionário desde 1913, devido à morte de sua mãe. Dela herdou um milhão de pesos-ouro argentinos, moeda muito mais forte que o marco alemão. Com esse dinheiro começou um patrocínio de esquerda, entusiasmado pelo ideário marxista. Subsidiou atividades do Partido Comunista alemão, sem ter se afiliado, caracterizando o que costumava se chamar de "bolchevismo de salão". Financiou também a edição do livro de Lukács *História e consciência de classe,* apoiou o pintor expressionista de esquerda George Grosz, sustentou economicamente dirigentes caídos em desgraça etc.

A mais importante preocupação de Félix Weil foi se concentrando na possibilidade de ensinar e investigar o materialismo científico em alguma universidade, aspecto difícil pela escassez de docentes ou correntes de esquerda nas casas de estudo alemãs.

Após diversas negociações com o governo da Prússia e de Hesse, conseguiu vencer as últimas resistências para instalar um instituto de investigação social em Frankfurt, universidade que padecia restrições econômicas e que, desse modo, receberia repentinamente um financiamento privado, o qual incluía a construção de um edifício, a instalação de uma biblioteca e até os salários do diretor e de seus ajudantes. No início de 1923, conseguiu a aprovação ministerial para criar um instituto de investigação que serviria, também, para os fins da docência. A eleição de um diretor adequado sofreu diversas vicissitudes, até que, em 1923, Carl Grunberg foi nomeado Professor de Ciências Econômicas e do Estado. No caminho haviam ficado outros candidatos, como Lukács, o qual, por sua notória militância comunista, havia despertado oposição na Universidade.

Em 22 de junho de 1924, realizou-se, na aula magna da Universidade de Frankfurt, o ato de apresentação do Instituto para Investigação Social, ainda hoje existente, funcionando, inclusive, em uma parte do edifício original, reconstruído após a guerra. Em seu discurso inaugural, Grunberg delineou uma situação na qual – segundo ele – o país se encontrava em pleno trânsito do capitalismo ao socialismo e expressava um certo social-darwinismo em sua interpretação materialista da história, como era freqüente, nesse momento, nos setores marxistas que gostavam de apresentar a história como resultado da luta de classes vista como luta de espécies. Quanto à objetividade da investigação que se praticaria no Instituto, salientou-se muito o método do autocontrole, bastante questionável como uma proclamação de fé ao materialismo histórico. Contudo, Grunberg expressava a visão da social-democracia austríaca, muito mais ampla que a da Alemanha, profundamente inimizada com o KPD (comunismo).

Desde o início, o Instituto centrou suas atividades na investigação sobre a história do socialismo e do movimento operário, a história econômica mundial e a crítica da economia política. Contava com uma biblioteca especial que tinha, em 1928, cerca de 37.000 volumes, incluindo 340 revistas especializadas e 37 jornais do país e internacionais. Pela sua cômoda sala de leitura passavam anualmente 5.000 visitantes, onde se contava com um arquivo considerado como a maior coleção de documentos sobre a Revolução Alemã de 1918 e os acontecimentos subseqüentes, com importância para o movimento trabalhador. Contava-se com 18 habitações de trabalho para doutorandos e pesquisadores que se sustentavam com bolsas de estudo especiais pelo Instituto.

Começou-se a elaborar, no Instituto, uma edição em conjunto, histórico-crítica, das obras de Marx e Engels. No entanto, a solicitação de criar uma editora própria ensejou uma forte oposição das autoridades universitárias e uma investigação policial sobre os antecedentes dos integrantes.

Quando Grunberg retirou-se por razões de saúde, em janeiro de 1928, o Instituto estava consolidado, sendo uma instituição única no panorama da cultura alemã. Já existiam muitos estudantes que haviam feito sua graduação em estudos sobre o marxismo realizados no Instituto, e Pollock e Grossman alcançaram a docência em Frankfurt, ampliando o espaço acadêmico do Instituto. Uma edição das obras de Marx e Engels ganhou reconhecimento da Universidade por sua qualidade científica e, de maneira geral, a ninguém incomodava que a quase totalidade dos doutorandos e estudantes fossem membros do partido comunista. Em muitos casos pertenciam a setores de opinião crítica do partido que não eram bem tolerados dentro dele, por exemplo, os seguidores de Trotsky.

Nessa conjuntura, estabeleceu-se a discussão pelo sucessor de Grunberg, em um momento de florescimento da Universidade, com grande prestígio na Alemanha pela excelente qualidade de muitas cátedras de diferentes carreiras. Frankfurt era sinônimo de universidade liberal e moderna, ainda que criticada e tida como suspeita pela relevante presença da esquerda.

Félix Weil teve que iniciar uma forte batalha contra setores conservadores e opositores ideológicos do Instituto. Ao final, conseguiu fazer prevalecer novamente seu critério na eleição do diretor. Em outubro de 1930, a fundação do Instituto contratou Max Horkheimer, o qual havia sido nomeado, dois meses antes, professor de Filosofia social em Frankfurt e considerado por Weil. Sua vantagem frente à resistência conservadora foi a carência de antecedentes políticos comprometedores. Em 24 de janeiro de 1931, Horkheimer leu seu discurso de posse da cátedra e da direção do Instituto que ampliou seu campo de interesse na investigação e incorporou estudiosos de Psicologia, incluindo o hoje famoso Erich Fromm. A *Revista de Investigação Social* ficou em mãos de Wiesengrund-Adorno, crítico musical, cujo desejo de ser incorporado como membro do Instituto não foi bem aceito por Horkheimer. Em 1932, iniciaram-se os contatos para convidar, ao Instituto, Herbert Marcuse, discípulo de Heidegger, contestado por Horkheimer em razão de seus contatos com funcionários da extrema direita.

Outra participação digna de recordar foi a de Otto Kirchheimer e Georg Rusche, autores do famoso trabalho intitulado *Pena y estructura social.*[153] Enquanto o primeiro foi um verdadeiro investigador do campo jurídico, o

[153] Bogotá: Temis, 1984.

segundo foi somente um bolsista que logo emigrou para a Palestina sem que se tivessem notícias dele até 1937. Quando o livro apareceu em 1939 em inglês nos Estados Unidos, houve fortes demandas de Rusche contra o Instituto por considerar-se autor do manuscrito original e titular de seus direitos. Pode dizer-se, não obstante, que o protagonismo desses autores no Instituto foi de nível secundário, excetuando o importante livro aludido, tardio, na medida em que, por ter aparecido no exterior, não pôde ser conhecido nem ter influência na Alemanha até o fim da guerra.

Veremos agora alguns dados biográficos dos mais importantes colaboradores desse memorável Instituto e dos aspectos gerais de sua história.

1.1. Max Horkheimer

Nascido em Stuttgart, em 1895, filho único de um rico industrial, proprietário de numerosas fábricas, judeu conservador, mas muito integrado à sociedade alemã. Tão convencido estava de que sua germanidade predominaria sobre outras considerações, que, apesar da expropriação de bens a que o submeteram os nazistas, se negou a abandonar a Alemanha até 1939.

Horkheimer estudou Psicologia com muito interesse, dentro da *corrente gestáltica,* que era a mais avançada nos anos 20 e predominante na Universidade de Frankfurt. Em filosofia esteve originariamente influenciado por Kant e o neokantismo. Mediante uma recomendação, foi enviado a Freiburg, onde estudou um ano junto a Heidegger, ex-assistente de Husserl. Essa experiência transformou sua visão da Filosofia, entendendo-a, agora, como exercício cotidiano em permanente busca de respostas. Sua principal disciplina, a Psicologia, deu lugar à Filosofia, na qual foi promovido a professor, iniciando a carreira universitária. Horkheimer também se entusiasmou com a teoria marxista, mas manteve este interesse em grande reserva, diferentemente de seu amigo Pollok.

Na carreira docente, Horkheimer aprofundou-se mais e mais em temas filosóficos. Seu trabalho acadêmico deu-lhe prestígio por suas excepcionais aptidões docentes. Alguns de seus trabalhos foram *Origens da história filosófica burguesa*, *Um novo conceito de ideologia?*, *A atual situação da filosofia social e as tarefas do Instituto de Investigação Social.* Em seus trabalhos, destacam-se considerações sobre o papel da teoria marxista e os problemas de identidade dos burgueses de esquerda, assim como a decepção pela injustiça social e o contraste entre riqueza e pobreza. Acredita que seja possível o triunfo do socialismo, condena o processo produtivo do capitalismo e entende como imperiosa a necessidade de mudança social. Sua meta principal era lutar contra qualquer forma de metafísica e entendia que *uma ciência que não prestasse atenção às necessidades e misérias da maioria não teria interesse prático.* No entanto, separou-se das rígidas construções teóricas de Marx e

Lukács, buscando raízes filosóficas individuais ao impulso da mudança social, tomando argumentos de diversas fontes, algumas insólitas para o marxismo, como Schopenhauer, cujo retrato possuía destaque em seu quarto de trabalho. Foi uma estranha mescla de simpatizante marxista com positivista neokantiano com uma grande abertura para a discussão filosófica.[154]

1.2. Erich Fromm

Nasceu em 23/3/1900, em Frankfurt, no seio de uma família judaica ortodoxa, descendente, por ambos os ramos, de rabinos. Completou sua formação em Sociologia, Filosofia e Psicologia em Heidelberg. Na sua juventude dedicou-se como militante ao ensino do Talmud e da religião em geral, junto a vários intelectuais judeus, entre os quais cabe destacar Martin Buber. Especializou-se em psicanálise e abriu seu consultório em 1927. Começou a publicar artigos sobre temas de Psicologia relacionados aos cerimoniais judaicos, mas esse tipo de análise foi mudando sua visão religiosa, mudança que se acentuou ao interessar-se pelo marxismo e pelo budismo, tendendo, gradualmente, a buscar uma síntese humanística a partir da combinação de tais fontes. Seu *esforço em combinar Freud com Marx constituiu, junto ao trabalho de Wilhelm Reich, o que se chamou esquerda freudiana.* Devido à amizade de Fromm com Loewenthal e Horkheimer, a sede do Instituto Psicanalítico de Frankfurt acabou instalando-se no mesmo edifício do Instituto de Investigação Social. Deste modo, possibilitou-se a fusão de uma corrente psicanalítica com as do materialismo histórico do Instituto. Esse momento – 1929-1930 – coincidiu com a concessão do Prêmio Goethe da Universidade de Frankfurt ao judeu Freud, com grande oposição dos nacionalistas alemães de diversas correntes, o que marca o clima da universidade nesse momento; Fromm sintetizou em uma frase de seu discurso de abertura do *Instituto de Psicologia* em 1929: "*explicar que contextos existem entre a evolução social da humanidade, em especial os aspectos econômico-técnicos e o desenvolvimento do aparato espiritual, particularmente a organização humana do Eu*". Nessa época coincidem as críticas de Fromm e Horkheimer contra a *função ideológica* da religião e da ciência. Entendia-se que qualquer estudo de idéias ou religiões que não levasse em conta o modo de produção e de divisão social em classes tendia a favorecer a miséria e a injustiça de base.

Fromm assinalou que, para os dominados da sociedade, se repetia uma situação infantil ao vivenciar os dominadores sociais como os poderosos, os fortes, os reconhecidos, contra os quais era impossível se voltar, parecendo mais sensato, ao contrário, ganhar sua proteção e sua boa vontade mediante submissão e amor.

[154] Desse autor pode-se ver, em espanhol, sua *Teoría crítica*. Buenos Aires: Amorrortu, 1990.

Nomeado diretor vitalício da seção de Psicologia social do Instituto de Investigação Social, Fromm, a partir de então, conduziu investigações sobre "A situação da classe trabalhadora no passado e no presente". Nesse e em outros trabalhos, pôs como manifesto sua vontade de realizar análises psicológico-sociais que se propunham revelar as razões inconscientes antiautoritárias das massas trabalhadoras sobre a base do esquema freudiano da relação com os pais que, em seu esquema social, era substituído pela religião e pela autoridade burguesa. Acreditou que a psicanálise era o meio finalmente descoberto para rastrear o caminho das condições econômicas *através da cabeça e do coração do homem até seu resultado ideológico.* Via uma série de relações libidinosas no âmbito social, especialmente entre os integrantes das diferentes classes. Nesse processo a economia marcava o destino dos homens. A mudança e a superação das condições de vida curariam as neuroses sociais. Critica-se em Fromm um certo humanismo messiânico.[155]

1.3. Theodor Wiesengrund-Adorno

Nasceu em Frankfurt, em 11 de setembro de 1903. Sua mãe era italiana, católica, de nome Calvelli Adorno delle Piane, cantora de ópera, e, por sua vez, filha de uma cantora alemã e de um oficial francês de origem corsa. Era filho único de um comerciante de vinhos judeu, Oscar Wiesengrund.

Estudou Filosofia, Ciência Musical, Psicologia e Sociologia.

Utilizou seu nome materno durante a época de Weimar para assinar suas críticas musicais e, em seu exílio californiano, em 1943, adotou definitivamente esse nome. Adorno foi batizado conforme a religião evangélica, ou seja, protestante.

Entre 1921 e 1932, publicou mais de 100 artigos de crítica musical ou sobre estética da música, em várias revistas especializadas de primeira qualidade. Os primeiros trabalhos no campo da Filosofia foram publicados logo após o ano de 1933. Quando abandonou suas esperanças de chegar a ser compositor, centrou seu esforço em fazer uma carreira acadêmica no campo da Filosofia, interessando-se pelo tema da *estética.*

Em 1927, fez algumas tentativas de continuar estudos em Berlim como crítico musical, o que lhe permitiu um convívio freqüente com Bertolt Brecht, Kurt Weil, Ernst Bloch e Walter Benjamin. No entanto, não conseguiu estabelecer-se ali como crítico musical e se foi concentrando na investigação das relações concretas entre música e sociedade, para desenvolver uma teoria musical marxista.

---

[155] As obras de Fromm foram profusamente traduzidas ao espanhol e são de fácil acesso. Podem recordar-se, por exemplo, *El miedo a la libertad.* Buenos Aires: Paidós, 1965, e *Marx y su concepto del hombre.* México: Fondo de Cultura Económica, 1987. Também, em diversas edições: *El arte de amar, ¿Podrá sobrevivir el hombre? Anatomía de la destructividad humana, El dogma de Cristo* etc.

A partir de 1930, Adorno concentrou-se em um trabalho sobre a construção da estética em Kierkegaard, que apresentou com grande sucesso em 1933. Horkheimer havia discutido previamente o trabalho com Adorno e esteve fascinado com o mesmo. Já em 1931, havia sido designado docente privado em Filosofia e desde a cátedra apresentou todos os trabalhos de Benjamin, a quem admirava profundamente.[156]

2. O trabalho do Instituto

Horkheimer foi uma pessoa coerente com seus ideais e estrito na forma de realizá-los. A atmosfera do Instituto era de um grupo com metas e ideais comuns, em que expressamente se evitavam as referências institucionais. O Instituto devia ter homogeneidade, e por isso se fazia sempre uma minuciosa seleção dos colaboradores diretos.

Eles formavam um grupo em guerra com o mundo burguês e seus valores, mas que se manteve a uma distância prudente das disputas de prestígio com outros institutos ou centros de investigação, protegendo seus membros de uma excessiva exposição política.

Quando, nas eleições de 1930, os nazistas se colocaram como o segundo partido da Alemanha, em meio a uma atmosfera cheia de violência, a direção começou a tomar medidas preventivas para o caso de uma retirada futura. Isso se realizou mediante a criação de uma sucursal em Genebra, Suíça, com o pretexto do aproveitamento dos arquivos do Escritório Internacional do Trabalho. A partir desse momento, as viagens dos colaboradores do Instituto tornaram-se cada vez mais freqüentes, o mesmo que suas estadas na Suíça, alcançando-se, inclusive, que a Universidade fornecesse ao diretor uma residência permanente em Genebra. O patrimônio da fundação que mantinha o Instituto foi retirado da Alemanha e depositado em bancos holandeses. No banco alemão, mantinha-se constantemente uma soma que bastava para cobrir os gastos mensais. Os direitos de propriedade sobre a biblioteca foram transferidos a uma associação ligada ao Instituto, a Comunidade de Estudos em Ciências Sociais, com sede em Zurique, e logo depois à *London School of Economics*.

O Instituto foi um centro único por ter como objeto permanente de análise e estudo os temas da ideologia e da crítica ideológica, ou seja, da investigação das relações entre as idéias e a base social.

---

[156] Podem consultar-se textos de Adorno e Horkheimer, em espanhol, em *Dialéctica del iluminismo*. Buenos Aires: Sudamericana, 1969.

A última grande aquisição acadêmica foi a chegada de Karl Mannheim, o qual dirigiu um seminário de Sociologia. A oferta de cursos e seminários era enorme e variada. Horkheimer favorecia o trabalho interdisciplinar e o fortalecimento da "esquerda espiritual". Os diversos especialistas organizavam cursos em conjunto sobre escritos filosóficos ou sobre a obra de determinados filósofos, como Locke, Hegel, Lessing, Simmel, Hobbes. Horkheimer era avesso à Sociologia especializada e sustentava *que o Instituto procurava a busca de um conhecimento dos processos sociais em conjunto.*

Os nazistas começaram a efetuar provocações, mas os estudantes formaram um grupo de autodefesa que funcionou com eficácia frente aos ataques da SA. Os nazistas referiam-se a Frankfurt como a Nova Jerusalém, junto ao Jordão do Main, e *a Sociologia começou a ser definida como ciência judaica.*

Apesar das dificuldades e da gradual passagem ao exílio, o Instituto produziu algumas investigações de grande alcance – não concluídas pelas dificuldades políticas – acerca da situação dos trabalhadores e empregados alemães à busca de determinar se eram resgatáveis para uma ideologia de progresso.

A revista trimestral *Revista para a Investigação Social* apareceu regularmente, durante dez anos, reunindo grande quantidade de artigos e trabalhos dos integrantes do Instituto.

Não obstante as dificuldades políticas, o exílio e outras complicações, o trabalho manteve-se regularmente, inclusive fora da Alemanha, com grande coerência. O estabelecimento final da sede central do Instituto em Genebra não foi considerado seguro pela vizinhança nazifascista da Alemanha e da Itália e pela pouco confiável política suíça com relação aos estrangeiros.

A posterior fuga em massa aos Estados Unidos e o retorno à Alemanha constituem capítulos diferenciados, cheios de matizes, no transcurso dos quais os integrantes do Instituto foram se perfilando como individualidades científicas famosas, tal como se lhes foi dado a conhecer no presente.[157]

[157] A informação para o desenvolvimento deste ponto foi obtida essencialmente do exaustivo livro sobre o tema: *Die Frankfurter Schule (La Escuela de Frankfurt)* de WIGGERSHAUS, Rolf. 3ª ed. Munich: D.T.V., 1991.

Capítulo 12

O conflito social

1. Sociologia do conflito

Nos capítulos anteriores, ficou suficientemente enfatizado que os representantes do funcionalismo tradicional – quase todos estadunidenses – tiveram uma visão otimista da sociedade, centrada na idéia de consenso. A sociedade requer – sustentavam – equilíbrio para funcionar, e os estudos sociológicos devem orientar-se de modo a interpretar as perturbações e possibilitar a recuperação da harmonia alterada ou perdida.

As idéias de contrato social e de consenso foram dominantes no Direito e na Sociologia dos séculos XIX e XX, expressando o projeto do Estado liberal e democrático a partir de uma grande diversidade de teorias. Nessa visão, o Estado permanecia neutro e se orientava pela defesa dos valores e interesses universais que eram afetados pelo delito. Por certo, tal caracterização genérica das idéias funcionalistas dominantes não implicou ausência de contradições e matizes no interior da corrente que se foram incrementando com a passagem das décadas. É claro, a idéia do conflito não era desconhecida ao longo da história e basta mencionar o tratamento que desse conceito fez Karl Marx no século XIX para inferir a amplitude de sua utilização filosófica e política.

No interior do funcionalismo do século XX, foram-se gestando novas interpretações, opostas aos ideais de harmonia e igualdade de poder social, admitindo gradualmente que a sociedade era um espaço que contém oposições, instabilidade e conflitos. Essas teorias se estruturaram conforme os fatores que se estimavam como determinantes na geração das tensões sociais internas. Houve teóricos que deram ênfase ao aspecto cultural, ao social ou, como no caso do marxismo, ao modelo produtivo e à luta de classes. Os autores funcionalistas que chegaram a conceber os conflitos como *funcionais à sociedade* em suas formulações representam outro vasto canteiro teórico sociológico – não-isento de complexidades teóricas – que abarca numerosos autores e matizes teóricos no campo da Sociologia. Um estudo profundo desse espaço corresponde aos sociólogos, ainda que, para os propósitos desta obra, tais aportes terão um interesse preferencialmente colateral. Por tal motivo, sua referência será aqui sucinta, remetendo-se o leitor interessado à bibliografia específica, a qual, lamentavelmente, está pouco traduzida ao castelhano.

No início das teorias culturais do conflito, costumava-se destacar a obra de Georg Simmel (1858-1918), filósofo e precursor da Sociologia alemã, que, desde a Universidade Humboldt de Berlim, alcançou uma grande influência teórica internacional que se prolonga, inclusive, até a atualidade.[158] Simmel foi um precursor indireto das idéias conflituais por intermédio de seus estudos sobre a estreita relação existente entre as tendências de associação e o conflito na vida social nas grandes cidades, considerando-os inseparáveis e em permanente coexistência. Sua obra teve grande influência sobre os trabalhos posteriores de Lewis Coser que introduzirá, na Escola de Chicago, a noção funcional da conflituosidade.

Robert Park (1864-1944), discípulo de Simmel na Alemanha e fundador da Escola de Chicago, difundiu a idéia da *competência como o mecanismo essencial das relações sociais,* apoiando-se em teses ecologistas e organicistas. Para Park, a sociedade é um sistema de partes ou órgãos interdependentes, conceito em que se evidencia não somente a influência de Spencer, mas também a gênese do posterior funcionalismo sociológico.

Os estudos de Park se concentraram em grupos étnicos e raciais, em particular os de cor. A competência nesses grupos – segundo esse autor – se expressava com distintas modalidades, incluindo a assimilação. O delito era um entre tantos acontecimentos conflituosos e, em tal contexto, um mero sintoma de processos de mudança social que podiam ser positivos em si mesmos.

Outros dois precursores para a evolução desse enfoque foram Donald R. Taft (1886–1970) e Thorsten Sellin (1897-1994), que desenvolveram a hipótese de que a criminalidade tinha sua origem nos processos de mudança social e nas contradições geradas a partir desta desestruturação.

Os conflitos relevantes tinham uma origem cultural e surgiam em processos de adaptação, diante das mudanças de valores ou estilos de vida urbanos. Seus trabalhos também podem ser enquadráveis ainda dentro dos estudos ambientalistas ou ecológicos.[159]

Pode-se apreciar também que a idéia de mudança social (produzida por fenômenos como a imigração, a crise de 1930 e a Segunda Guerra Mundial)

---

[158] Desse autor, podem consultar-se, em espanhol: *Cuestiones fundamentales de sociología*. Barcelona: Gedisa, 2000, e *Intuición de la vida*. La Plata, Argentina: Editorial Altamira, 2000.

[159] TAFT foi, ao longo de toda a sua trajetória, um culturalista convicto. Publicou em 1942 um manual de criminologia com várias reedições posteriores. De SELLIN pode-se ver, em espanhol: *Cultura, conflicto y crimen*. Caracas: EFOFAC, 1969.

foi um pano de fundo habitual nas investigações da Escola de Chicago e nas incipientes teorias funcionais do conflito.

Lewis Coser (1913-2003), nascido em Berlim e exilado pela persecução política e racial do nazismo, foi outra referência importante das teorias do conflito que teve muita influência sobre os distintos autores que, sucessivamente, adotaram esse enfoque.[160] Coser afirmou que o delito pode ser funcional à sociedade, porque é capaz de promover maior coesão social e ética em seu seio. Sustentou que o conflito é útil porque canaliza as frustrações e os conflitos reprimidos e estimula as mudanças normativas. A confrontação entre grupos opostos faz com que estes reforcem sua conformação, evitando que sua repentina dissolução crie problemas ao sistema social. Os conflitos podem ser *realistas*, quando perseguem o sucesso de certos fins – como poderia ser o enriquecimento –, ou *não-realistas*, quando têm origem emocional – como poderiam ser condutas determinadas pelo ódio ou afã de vingança. *Objeto do conflito* podem ser tanto questões de poder como meros interesses materiais.

Com a obra de Coser, o conflito é convertido em um parâmetro de funcionalidade a fim de manter em harmonia os papéis sociais e um sistema normativo compartilhado. As noções de classe social ou de luta pelo poder não foram o centro do interesse desse autor. Cabe notar que Coser também assinalou tipos de conflitos que não eram funcionais, como aqueles que põem em questão os valores que constituem as bases do sistema, e pode-se advertir aqui um precedente teórico do chamado "Direito Penal do inimigo" (que se analisará mais adiante). Destaca-se, por último, uma grande influência da anomia de Merton no emaranhado desse enfoque sobre o conflito.

Os quatro últimos autores e suas teorias tiveram um caráter essencialmente sociológico sem alcançar projeção relevante na Criminologia de fora dos Estados Unidos.

Com posterioridade, as teorias sociais do conflito, desenvolvidas nos anos sessenta e setenta, apoiaram-se em investigações que aprofundaram descobertas sociológicas sobre a desigualdade, em particular no tratamento jurídico dos atos danosos, como os evidenciados pelo "O delito de colarinho branco", de Sutherland.

Nos anos sessenta, a Guerra do Vietnã e outros acontecimentos multiplicaram os movimentos juvenis e estudantis de oposição, cujo expoente máximo foi o "maio francês" de 1968. Tais sucessos evidenciaram as contradições que fervilhavam no interior das sociedades opulentas e aparentemente satisfeitas, aumentando, sem dúvida, a atração em direção ao estudo dessas *reações de desafio ao poder estabelecido.*

---

[160] Desse autor, em espanhol e sobre esse tema: *Las funciones del conflicto social*. México: Fondo de Cultura Económica, 1965.

Um aporte novo às teorias conflituais foi o de Ralf Dahrendorf (Hamburgo, 1929), o qual qualificou de utópicas as sociedades estáveis imaginadas pelo funcionalismo, incapazes já de interpretar as complexas sociedades do bem-estar do final do século XX. Sustentou também que essas sociedades não se mantinham coesas por um consenso, senão pela coação do poder, do qual o Direito Penal é uma importante ferramenta. O exercício do poder é, então, o fator essencial que mantém coesa uma sociedade complexa, mediante o domínio de uns sobre outros. Interpretando a sociedade de tal modo, parecia lógico afirmar que os processos de mudança e transformação eram *normais* em toda a sociedade e, mais ainda, *essenciais para seu progresso*; o normal era, em realidade, a existência de conflitos sociais, e o anormal, sua ausência absoluta.

Dahrendorf, sociólogo e político liberal (foi postulado a altos cargos – que também ocupou – na política alemã e depois na Câmara britânica dos Lordes, por deter títulos nobiliários), oposto à noção de conflito de classes, propiciada pelo marxismo, formulou a noção de "*desigual distribuição do poder*", que opera em qualquer tipo de organização ou sistema social, e pode ser útil para o progresso do conjunto. As classes sociais que toma como exemplo (as dos países mais desenvolvidos das sociedades de bem-estar), já não expressariam a noção do proletariado marxista, mas, sim, encerrariam, em seu interior, setores muito heterogêneos, diferenciados e até opostos.[161] Esse autor substitui a noção de "classe" pela de "autoridade", isto é, daqueles que criam e tomam decisões às quais outros se submetem. Os homens, desse modo, não atuariam a partir da posição em sua classe, mas de acordo com o que possuem dentro de uma sociedade pluralista. Para utilizar um exemplo, um operário poderia atuar, em determinados casos, como um "sócio capitalista".

Sustentou-se que, na tese de Dahrendorf, há um retorno implícito ao modelo social do funcionalismo, visto que as mudanças sociais que tanto reivindica resultam, por fim, abstratas, uma vez que são *positivas* e benéficas, na medida em que contribuam ao aperfeiçoamento do sistema, mas inadmissíveis quando pretendam substituí-lo. De tal modo, o conteúdo da noção de conflito era dado pela manutenção implícita da relação de domínio que era, justamente, a que gerava os conflitos.

As idéias de Dahrendorf tiveram uma grande influência sobre dois sociólogos estadunidenses: George Vold e Austin Turk.

Georg Vold (1896–1967), baseando-se na idéias de Simmel, Sutherland e Dahrendorf, elaborou uma teoria criminológica do conflito, orientada somente a explicar os delitos que resultam de lutas concretas de interesses,

[161] De DAHRENDORF, em espanhol, podem ser consultados: *Las clases sociales y su conflicto en la sociedad industrial*. Madrid: Rialp, 1959; *Oportunidades vitales*. Notas para una teoría social y política. Madrid: Espasa-Calpe, 1983; e *El conflicto social moderno*. Madrid: Mondadori, 1990.

como os políticos, econômicos ou os passionais. Expôs suas idéias no livro *Theoretical Criminology* (sem tradução castelhana), publicado em Nova Iorque em 1958. Segundo Vold, a realidade do crime é inseparável da realidade social e de suas oposições, e é neste marco que se deve explicar essas condutas sem generalizar toda classe de delitos, porque há outros que requerem explicações diferentes.

Vold desenvolveu uma idéia que em Sutherland havia ficado meramente exposta: a idéia do poder de configuração normativa dos grupos hegemônicos da sociedade. Os poderosos configuram os delitos de modo em que menos os afetem, pelo que resultaram delitivas as condutas que eles determinem. Pelo contrário, os setores sociais sem poder serão os principais afetados pelos processos de criminalização. A idéia de que os seres humanos se movem dentro de grupos e têm uma relação de fidelidade ou ruptura com os mesmos é o eixo central da teoria de Vold. Nesses grupos, a luta para manter ou defender posições gera conflitos que, definitivamente, possibilitam o progresso social.

Por sua vez, Austin Turk tratou o problema da gênese do desvio no contexto da teoria do conflito, levando a atenção até as instâncias oficiais que intervêm no processo de criminalização. Em particular, concentrou-se na atuação da polícia e na forma em que seu trabalho se dirige, habitualmente, contra os setores mais desfavorecidos da sociedade. O certo é que Turk levou resolutamente a análise da questão criminal até as modalidades de atuação das autoridades ou agentes do Estado. Os processos de criminalização passaram a ser vistos, então, como o resultado de conflitos entre os que detêm o poder e aqueles que se encontram a ele submetidos. Como está dito, a análise do Estado e suas agências ocuparam – a partir desse enfoque – o centro da atenção que logo se acentuaria no campo das teorias do controle social, deixando o caminho aberto à futura Criminologia crítica.

A difusão bem-sucedida da "teoria do etiquetamento" permitiu, a sua vez, que a obra de autores como Richard Quinney e William Chambliss (os quais realizaram importantes investigações sobre as desigualdades na sociedade estadunidense) alcançasse ressonância criminológica fora dos Estados Unidos, em particular na Grã-Bretanha.[162]

[162] De QUINNEY podem consultar-se, em espanhol: *Clases, Estado y delincuencia*. México: Fondo de Cultura Económica, 1985. Uma análise crítica das teorias do conflito, a partir de uma perspectiva marxista, é a de BARATTA. *Criminología crítica...*, obra citada, Capítulos IX e X, e também, a partir do mesmo enfoque, TAYLOR, WALTON e YOUNG, *La nueva criminología*. Buenos Aires: Amorrortu, 1990, Capítulo 8, p. 253.

Figura nº 8

O CONFLITO SEGUNDO A SOCIOLOGIA FUNCIONALISTA E O MARXISMO

POSITIVISMO E FUNCIONALISMO (originário)	Estado neutro Visão consensual da sociedade Sociedade estável
TEORIAS FUNCIONAIS DO CONFLITO (O conflito é funcional à sociedade)	*Simmel*: relações entre associação e conflito *Park*: competência como mecanismo essencial *Taft, Sellin*: contradições geradoras de mudanças *Coser*: delito funcional à sociedade (mantém coesão) *Dahrendorf*: o conflito é essencial para o progresso, resulta da desigual distribuição do poder *Vold*: teoria criminológica do conflito (luta de interesses = delito) *Turk*: conflitos entre poderosos e submetidos (em instâncias oficiais)

2. A interpretação marxista do conflito

Há importantes diferenças entre as teorias do conflito vistas anteriormente e as de raiz marxista, que serão expostas aqui, uma vez que nas primeiras o conflito é funcional, útil ou necessário à evolução da sociedade (obviamente, tomando como modelo as sociedades capitalistas desenvolvidas em seus diversos momentos históricos). Segundo o marxismo, ao contrário, a confrontação está representada pela luta de classes que deve desembocar – fatalmente – em uma substituição violenta do sistema capitalista. Também é conhecido que o marxismo, ao longo de sua história e segundo diversas interpretações teóricas, foi aplicado a partir de enfoques distintos e até antagônicos.

Os teóricos clássicos (fundadores) do marxismo não desenvolveram o tema do delito especificamente e aludiram ao tema de maneira ocasional. Posto que Marx tenha destacado, em algum momento, que o delinqüente roubava por necessidade, manteve uma atitude negativa em relação ao proletário delinqüente, ao que destinava o conceito depreciativo de *lumpenproletariado*, ou seja, aos marginalizados sem consciência de classe ou aos trabalhadores que desprezavam seus interesses ideológicos ou que atuavam contrariamente a eles. O certo é que o tema da delinqüência aparece referido somente em alguns artigos jornalísticos de Marx e nos textos "Três teses sobre Feuerbach" e em "Elementos fundamentais para a crítica da economia política".[163]

Por certo, com o triunfo da Revolução Bolchevique em 1917, iniciou-se, no campo do socialismo "real-existente", um complexo processo de transformações institucionais que deveriam estabelecer regras para o controle do delito e estruturar uma Política Criminal socialista. A Rússia partiu de um Direito Penal de tipos judiciais, segundo o qual os juízes estabeleciam o ilícito, evoluindo posteriormente, a partir de 1922, até um Direito Penal de tipos legais, regulado já em um código penal. Em geral, a área socialista (que se expandirá notavelmente depois da Segunda Guerra Mundial) teve sistemas penais com forte influência positivista, com institutos carcerários convencionais, cuja função era (como no Ocidente) conseguir a "reinserção social dos condenados". Também se recorreu sistematicamente à pena de morte, à deportação e aos tratamentos psiquiátricos para delinqüentes que, em muitos casos, eram, em realidade, opositores ou dissidentes criminalizados. A dureza do sistema político durante a ditadura de Stálin é bem conhecida, mas pode admitir-se que nas últimas décadas da União Soviética houve uma paulatina liberalização do sistema penal, com maior respeito pelas garantias processuais e pelos direitos humanos, sem que isso permitisse alcançar, em nenhum momento, um nível qualitativo superior ao dos países do entorno capitalista.

3. O socialismo real e a Criminologia

A análise marxista ortodoxa dos países socialistas considerou, originariamente, o crime como uma "patologia social" ou um produto próprio da ideologia capitalista. A ordem social capitalista era, para essa versão do marxismo, *um aparato de poder mediante o qual as classes poderosas subjugam as fracas*, conformando ferramentas de controle – especialmente as leis – à medida de seus interesses, idéia de muita importância nos modelos críticos explicativos do delito. O conflito tem, essencialmente, uma raiz de classe própria dos grupos que disputam entre si a obtenção do poder, a partir do qual reforçam o esquema dos fatores de produção. Existem uma infra-estrutura produtiva e uma superestrutura em que se desenvolvem os fenômenos culturais. Dito nas palavras do próprio Karl Marx (1818-1883): "*O modo de produção da vida material condiciona o processo de vida social, política e intelectual em geral. Não é a consciência dos homens que determina a realidade; ao contrário, a realidade social é a que determina sua consciência*".[164]

---

[163] Ambos os textos em: *Marx y Engels, obras escogidas*, Moscú: Ediciones en Lenguas Extranjeras, Tomo I, 1951, e Moscú: Editorial Progreso, Tomo I, 1973.

[164] Em: *Crítica de la Economía Política*. Buenos Aires: Editorial El Quijote, 1946, p. 45.

Para Marx, as mudanças culturais que não modificam a base, ou seja, o sistema de produção, não constituem mudanças reais, mas, sim, *retoques reformistas a uma estrutura que permanece substancialmente idêntica.* Esse esquema explicativo é atribuível, em sua versão mais rígida, às idéias criminológicas oficiais da desaparecida União Soviética e à de seus países aliados, em especial a também desaparecida República Democrática Alemã. A ideologia oficial incluía uma visão interpretativa ortodoxa dos clássicos, que não podia ser modificada livremente. Em conseqüência, as idéias criminológicas que se admitiam eram também formulações oficiais, de forte tradição positivista e etiológica, que atribuíam os desvios sociais à influência capitalista prévia ou posterior ao socialismo e ainda terminaram admitindo, gradualmente, que esse sistema também gerava criminalidade.[165]

Nessas formulações, como já foi indicado, o delinqüente deve ser tratado para que volte a ser "útil" à sociedade e não constitua um obstáculo para esta na busca do máximo desenvolvimento das forças criadoras do homem.

Na Europa Ocidental, deve assinalar-se também a influência, na etapa imediatamente anterior à Segunda Guerra Mundial, de dois precedentes de interpretação marxista da criminalidade: o da Escola de Utrecht, conduzida por Willem Adriaan Bonger (1876-1940), influenciado por concepções muito deterministas (e também positivistas), conforme as quais o egoísmo que gerava o capitalismo produzia o delito.[166] Bonger terminou sendo vítima da sua ideologia, uma vez que se suicidou quando as tropas alemãs ocuparam a Holanda.

O outro precedente é o que ficou exposto no Capítulo 11, ou seja, o caso da chamada Escola de Frankfurt. Como vimos, no trabalho desse Instituto se procurou desenvolver uma interpretação socialista da história, isto é, uma teoria social marxista, mediante o compromisso ideológico dos investigadores com a realidade investigada.

4. A Criminologia crítica dos países capitalistas centrais e a mudança de paradigma

O último capítulo do desenvolvimento da teoria do conflito em sua versão marxista esteve representado, a partir da década de 1970, pela chamada

[165] Há uma tradução ao espanhol, baseada no livro *Criminología socialista* de autores alemães orientais. Trata-se de *Criminologia, fundamentos teóricos y análisis* de LEKSHAS e outros. Havana: Ciencias Jurídicas, 1989. Também existe versão espanhola da obra do autor russo AVANESOV, G. *Fundamentos de la criminología.* Moscú: Editorial Progreso, 1985.

[166] De BONGER, pode-se consultar, em espanhol, *Introducción a la criminología.* México: Fondo de Cultura Económica, 1943.

Criminologia crítica ou radical que se desenvolveu, fundamentalmente, na Europa Ocidental e na América Latina. É preciso sublinhar que, tanto na versão original como na européia, esses teóricos se concentraram, em grande medida, em realidades locais para interpretar a partir daí os fenômenos ligados ao delito e ao controle.

A chamada Criminologia crítica não teve homogeneidade teórica nem respondeu a um padrão unitário ou consensual; ao contrário, representou um mosaico a que muitos analistas denominaram em plural, isto é, "as criminologias críticas". Mas o certo é que tiveram em comum a referência ao marxismo, em forma plena ou com fortes influências dessa fonte, tomada como ferramenta interpretativa da sociedade.

A Criminologia crítica se configurou nos anos sessenta nos países capitalistas desenvolvidos como parte de uma linha evolutiva da Sociologia crítica e, apesar de retomar aspectos da teoria marxista para explicar a sociedade, não tem um caráter fechado nem ortodoxo e, em conseqüência, não representou o pensamento criminológico das estruturas estabelecidas pelo poder socialista. Uma citação do livro inaugural desta corrente criminológica bem ilustra esse contraste ideológico:

> Marxismo ortodoxo não significa uma aceitação acrítica dos resultados das investigações de Marx, tampouco ter "fé" em uma ou outra tese, nem a exegese de um livro sagrado.[167]

Em suma, trata-se de um enfoque não-dogmático, que, em muitas de suas análises, conduzia a inevitáveis contradições – e de fato teve diferenças explícitas – com as interpretações ideológicas do "socialismo real".

O ponto de partida da chamada Criminologia crítica situa-se nos Estados Unidos, onde chegou a configurar-se como uma escola criminológica radical em Berkeley, Califórnia *(Union of Radical Criminologists),* na qual colaboraram Tony Platt, Paul Takagi, Herman e Julia Schwendinger, Richard Quinney e William Chambliss. No entanto, é paradoxal que, assim que essas idéias eclodiram na Europa, onde foram parcialmente reelaboradas, as idéias críticas tenham alcançado fama internacional. Para nossa área, resulta também importante destacar que a recepção dessas idéias se fez majoritariamente por meio das formulações européias, e não da doutrina californiana original.

Na Europa, a gênese da corrente materializou-se a partir das propostas de um grupo de sociólogos que se separaram da *National Deviancy Conference*, na qual vinham trabalhando enquadrados no enfoque do *Labelling Approach*, ao qual, todavia, terminaram considerando insuficiente sem o apoio de uma teoria geral da sociedade. As idéias que, a partir de daí desenvolveram, foram expostas no famoso livro de Ian Taylor, Paul Walton e Jock Young, "*A nova*

[167] "La nueva Criminología", citação 101, referida à obra de Georg Lukács, *Historia y conciencia de clases.*

Criminologia", antes citado. O texto, surgido em 1973, teve rápida difusão em diversas línguas e uma repercussão imediata.[168]

A Criminologia crítica (em especial sua fração radical) corporifica uma ruptura terminante com todo o resto do positivismo criminológico e com todo enfoque etiológico como um afastamento deliberado e incisivo do Direito Penal e dos penalistas, das instituições de controle e de toda colaboração com o regime vigente, ao qual se menosprezava quase como um enfermo terminal. A preeminência do enfoque macrossocial, a esperança messiânica em uma iminente mudança social do futuro imediato, assim como seu distanciamento das instituições do capitalismo destinado a desaparecer, fizeram com que essa corrente (em especial na América Latina) centrasse o seu interesse nas questões político-sociais aptas à denúncia ou à oposição militante. Isso conduziu a um ensimesmamento no teórico que logo seria criticado, em 1980, pelos próprios iniciadores da corrente, interpretando-o como um isolamento que os fez perder contato com a sociedade e com as investigações empíricas de curto e médio alcance.

A corrente inglesa intitulava-se inicialmente como "a nova Criminologia" nestes termos:

> As condições de nossa época estão impondo uma reavaliação desta separação artificial dos problemas [...] Uma criminologia apta para compreender esta evolução e que possa voltar a introduzir o político na análise do que antes eram questões técnicas terá que se ocupar da sociedade como um todo. Esta "nova" criminologia será, na realidade, uma criminologia velha no sentido de que fará frente aos mesmos problemas que preocuparam os teóricos sociais clássicos. [...] Aqui propusemos uma economia política da ação delitiva e da reação que provoca e uma psicologia social (politicamente orientada) desta dinâmica social permanente. Em outras palavras, acreditamos haver consignado os elementos formais de uma teoria que sirva para tirar a criminologia de seu confinamento em questões concretas artificialmente segregadas. Tratamos de voltar a combinar as partes para formar o todo.[169]

As atividades da corrente crítica apontaram contra o sistema penal, tratando de situar as leis e instituições dentro de um contexto político-econômico que derivava fatalmente em ataques contra o sistema capitalista. Os críticos privilegiaram os estudos de grande amplitude, as investigações históricas ou as que denunciavam a existência de condutas muito danosas socialmente, mas não criminalizadas, como a corrupção, os delitos do poder, o racismo etc. Também se continuaram investigando alguns temas do interacionismo, como o poder de definição, a gênese normativa, o etiquetamento, os processos de criminalização etc., atacando a Criminologia tradicional por corporificar, com sua existência a serviço do sistema, "uma função legitimadora com falsa base científica".

---

[168] Também se pode consultar, em espanhol, uma recompilação de trabalhos desse enfoque em *Criminología crítica*. México: Siglo XXI, 1985.

[169] *La nueva...*, obra citada, p. 294-295.

Segundo os críticos, a criminalidade não podia ser explicada isoladamente, senão com seu contexto social; e como esse contexto era desigual no marco de uma luta de classes, tudo o que tendia a apontá-lo era burguês e reacionário, em particular, o Direito Penal. Era preciso mudar essa relação, produzindo justiça na sociedade, o que sucederia somente na vigência de um modelo social socialista que terminaria com a opressão, extinguindo o problema do crime, uma vez eliminado o fator criminológico fundamental que era o próprio sistema capitalista. O eixo teórico (objeto a investigar) foi proposto por vários autores agregados à Criminologia crítica em distintos aspectos; assim, o casal Julia e Herman Schwendiger tratou de centralizá-lo na defesa dos direitos humanos; William Chambliss, na economia política do crime; Alessandro Baratta, no movimento operário ou nos interesses das classes subalternas etc. Dentro de cada eixo de interesse, esses autores esforçaram-se para elaborar modelos alternativos, redutores, protetores, instâncias de diálogo etc., como programas de políticas concretas para resolver problemas práticos, enquanto prosseguia a luta teórica e política para a mudança do sistema. Ao contrário, os autores conhecidos como *criminólogos radicais* (denominação que se generalizou sem distinção de matizes) privilegiaram aquelas formulações que pretendiam a supressão do sistema penal no marco de uma mudança de estruturas sociais, renegando toda a alternativa ou programa intermediário e declarando uma oposição frontal ao sistema capitalista. A forma militante ou maximalista de pensamento crítico foi adotada por Richard Quinney e pelo movimento de Berkeley que, por essas características, chegou a ser denominado "radical".

A partir dessa linha de pensamento, pode ser situada, na América Latina, a venezuelana Lola Aniyar de Castro, cuja liderança teórica continental, nos anos oitenta, esteve ligada a fortes processos de revolução social na América Latina, em especial em Cuba, Nicarágua e El Salvador.

A recepção na Alemanha da teoria *Labelling* e sua reformulação pela obra de Fritz Sack,[170] assim como a produção dos críticos ingleses, favoreceram a formação de um grupo de Criminologia crítica alemão, no qual se sobressaíram por suas publicações Karl Schumann, Manfred Brusten, Hans Haferkamp, Helge Peters, Rüdiger Lautmann, Sebastian Scheerer e outros. Eles fundaram o Círculo de Trabalho de Jovens Criminólogos (AJK) o qual, por intermédio de sua publicação, *Jornal Criminológico*, permitiu a difusão e expansão das idéias críticas na Alemanha até coroar a conquista acadêmica de uma Pós-graduação em Criminologia, na Universidade de Hamburgo, de caráter crítico e interdisciplinar, cujo primeiro diretor foi precisamente Sack. Na Itália, destacou-se o trabalho crítico, com base marxista, de Massimo Pavarini, Dario Melossi, Alessandro Baratta, Luigi Ferrajoli e outros teóricos que têm deixado importantes trabalhos representativos daquelas posturas.

[170] Esse aspecto pode ser ampliado por BARATTA. *Criminología crítica...*, obra citada, p. 104 e segs.

A irrupção da Criminologia crítica foi genericamente celebrada por seus partidários como uma "mudança de paradigma" ou "revolução científica", porque veio a alterar o enfoque da disciplina, elaborando uma proposta interpretativa inovadora com explicações gerais do fenômeno criminal, o que não pode ser subestimado. Sem prejuízo de que a evolução política adversa, devido à dissolução do bloco socialista soviético e seus aliados, tenha amenizado os fundamentos marxistas e suas propostas de futuro revolucionário, não há dúvida de que muitas das contribuições desse enfoque conservarão vigência para futuras reformulações da Criminologia.[171]

No século XXI, alguns dos criminólogos que sustentaram enfoques críticos e radicais continuaram buscando, agora individualmente, novos caminhos interpretativos críticos, condicionados pelas profundas mudanças sociais, políticas e ideológicas introduzidas pelo fenômeno da globalização e suas conseqüências, sem que, até o momento, se possam ver fortes correntes homogêneas de pensamento que tenham um valor paradigmático ou de "escolas" de análise teórica, ou ainda que tenham produzido "teorias" totalmente originais. Não obstante, uma bibliografia nova intenta novas interpretações do controle na sociedade global e de seus processos de exclusão.[172]

Figura nº 9

O CONFLITO SEGUNDO AS TEORIAS MARXISTAS

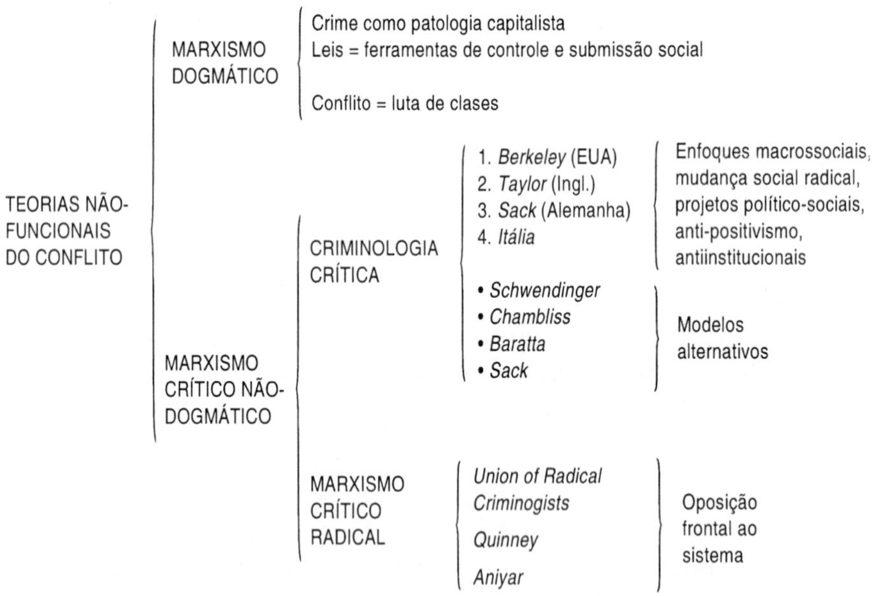

[171] Uma análise crítica (negativa) sobre essa corrente pode-se ver em LARRAURI, Helena. *La herencia de la criminología crítica*. México: Siglo XXI, 1991.

[172] No panorama internacional destacam-se, a partir do ano 2000, as obras de BAUMANN, GARLAND, RUGGIERO, LIPPENS, YOUNG, entre outros, que se citam na bibliografia geral.

5. Os novos realistas e o neo-realismo de esquerda

Nas palavras de Jock Young, o conceito de "novo realismo" denomina as teorias críticas norte-americanas, que haviam entendido que a causa da criminalidade deveria ser buscada na estrutura social de classes e patriarcal, substancialmente modificadas nos anos oitenta, mediante a introdução de novos pontos de vista teóricos e metodológicos. A adoção do novo enfoque foi favorecida, na Grã-Bretanha, tanto por circunstância *externas* (aumento das taxas de criminalidade, aparição de uma nova esquerda, movimento de antipsiquiatria), quanto internas (crise científica do Positivismo, expansão dos estudos das ciências sociais). Os sociólogos ingleses que haviam dado lugar à Criminologia crítica se submeteram, então, ao que chamaram uma autocrítica sobre sua "escassa dedicação ao positivismo", às estatísticas, aos movimentos de reforma e à *necessidade de segurança da população.* O assim agora denominado *realismo de esquerda* propôs-se, então, em 1987-88, alcançar uma nova síntese que superara sua anterior experiência crítica.

Os *novos realistas* explicaram sua mudança, centrando-se nas particularidades locais e no isolamento que sofreu a Criminologia crítica na Grã-Bretanha devido a sua progressiva incapacidade de influir nas políticas de controle, afastando-se das necessidades das classes baixas e trabalhadoras. Em realidade, temiam expor-se a um fracasso similar ao da corrente de Berkeley, que não conseguiu impedir a irrupção bem-sucedida de criminólogos de ultradireita na cena política dos Estados Unidos, denominados "Novos realistas de direita", que prepararam o terreno político-criminal para a posterior administração de Ronald Reagan (1981-1989).

Como resposta aos problemas sociais e como contribuição a um programa trabalhista para influir politicamente na realidade, foi-se gerando no grupo britânico a revisão de suas teses originais, as que, por oposição àquelas dos realistas de direita, denominaram como os *novos realistas, realistas de esquerda ou realistas radicais.* Entre seus representantes mais notáveis encontram-se Jock Young e seus colaboradores, do Centro de Criminologia do Politécnico de Londres e outros, como Vicenzo Ruggiero, John Lea e o mesmo Ian Taylor. Seu manifesto seria o livro, publicado em 1984: *What is to be done about law and order? (¿Qué hacer con la ley y el orden?).*[173]

Não cabe dúvida de que tal mudança oportuna de rumo teórico preservou esse grupo dos desprazeres do posterior fracasso do socialismo real e da utopia socialista, que afetou fortemente o resto da Criminologia crítica; mas, por outro lado, sua ligação aos assuntos particularizados da política britânica diminuiu-lhes a transcendência internacional antes alcançada como criminólogos críticos no sentido estrito.

[173] Tradução ao espanhol publicada pelos Editores del Puerto, Buenos Aires, 2001.

Essa corrente afirmou querer "levar a sério" o problema do delito, ou seja, de acordo com o sentido comum da opinião pública, porque a criminalidade "tem existência real" e era preciso admiti-lo. Ocupam-se, em especial, do problema das vítimas, geralmente das classes mais baixas, segmento a partir do qual deveria fortificar-se o sistema penal.

Os realistas consideraram que *as causas do delito deviam ser buscadas na subcultura, na privação relativa de bens e na marginalização* para poder-se opor às idéias do saber cotidiano de que a pobreza e a falta de ocupação são causa do delito. A *privação relativa* seria, segundo essa corrente, *"o excesso de expectativas com respeito às oportunidades que existem de alcançá-las"* (ou seja, um retorno às idéias de Merton). A *privação absoluta*, por sua vez, é a daqueles setores marginalizados que não têm interesse em participar da estrutura de oportunidades e direitos sociais da qual se encontram excluídos. Somente os afetados pela privação relativa podem intervir em distúrbios e atos de violência delitiva devido à frustração que sofrem como motivo de sua privação relativa.[174]

Os realistas sustentaram também que era preciso improvisar medidas e ações para manter o delito dentro dos limites razoáveis, e a Criminologia devia organizar sua prática *a partir da forma em que o povo sentia os problemas*, porque *havia delitos dentro das próprias classes baixas*, devendo tomar-se partido pelas vítimas e não pelos delinqüentes desses setores. Para isso, é preciso colaborar com a polícia e com as autoridades em defesa das vítimas, oferecendo uma prevenção útil aos desvalidos.

Pode-se apreciar uma clara ruptura com a tendência classista da formulação crítica anterior e a introdução da noção de "criminalidade intraclasse". Também se pode advertir que essa formulação teórica coloca no centro de interesse a "criminalidade comum", ou seja, a delinqüência predatória contra as pessoas e a propriedade, a que – segundo eles – se bem não conforma *toda a delinqüência da sociedade, deve ser atendida prioritariamente, deixando de lado* as investigações sobre delitos do poder, de colarinho branco ou ecológicos, regressando *aos limites do Direito Penal vigente* para satisfazer à sociedade em relação ao delito *comum*.

Algumas das críticas mais profundas que se fazem a esse movimento desde os setores da Criminologia crítica, que eles mesmos geraram, é que não se pode interpretar como "crítico" um realismo que entende a Criminologia segundo o catálogo de elementos prescritos por um Direito Penal que não é prescrito como tal, nem sequer como objeto da crítica.

O novo realismo concentrou-se, essencialmente, nos métodos e nas atividades que podem incidir na comunidade mediante a prática. Explicaram que sua própria obra fundacional *The new criminology* (1973), apesar de seu

[174] *¿Qué hacer con la ley....?*, obra citada, p. 223 e segs.

impacto teórico, não conseguiu influir sobre o sistema penal vigente e, em conseqüência, era um programa "falto de fantasia". Nesse esforço por obter êxito político, os novos realistas abandonaram, então, os princípios centrais de sua Criminologia prévia. O movimento concentrou-se cada vez mais na investigação aplicada com a finalidade de desenvolver programas práticos político-criminais. A transformação dos críticos em "assessores municipais" foi tratada com ironia por autores como Alessandro Baratta, Stanley Cohen, Dario Melossi, Tamar Pitch etc., os quais consideraram tais pontos de vista como uma nova edição de velhas opiniões jurídico-penais, cuja inutilidade estava demonstrada há muito tempo, e que se tratava do retorno a um modelo causal-explicativo do delito. Tony Platt sustentou que muitas das propostas dos britânicos propugnavam um vago populismo que fazia eco a uma ênfase localista; e os conceitos de "comunidade" ou "a gente" também eram utilizados metaforicamente e não em termos classistas.[175]

Assinala-se também que, com essas receitas, se faz entrar pela porta de trás da Criminologia crítica grande parte dos conceitos da Criminologia clássica. Recordava-se que um ponto fundamental da Criminologia crítica havia sido o compromisso com as classes inferiores e a idéia de que a ciência se deve orientar conforme a mudança social. Ao contrário, esses realistas reimplantaram a ficção de um Direito e um Estado neutros para o conjunto social, esquecendo tudo o que até o próprio Foucault tinha desmitificado desde posturas clássicas.

Cohen assinala que ser "realista" perante a lei e a ordem significa ser *não-realista*, ou seja, fantasioso, frente às suas possibilidades; por isso, acrescenta, para descentralizar o Direito Penal, há que ser abolicionista.[176] A partir da esquerda, criticou-se os realistas pela sua adscrição ao trabalhismo, partido que há tempo tinha deixado de ser "socialista", destacando que o novo modelo resultaria em um tiro de misericórdia para a posição dialética do movimento social que se pretendia proteger; e que o compromisso com a atividade policial ignorava o que essa instituição implicava, degradando politicamente as classes submetidas à condição de meras vítimas impotentes etc.

Por último, censurou-se os novos realistas por terem deixado de problematizar o conceito de criminalidade e por haverem admitido o componente da reação social, aceitando, inclusive, a necessidade de aplicar penas, justificando-as com o argumento de seu poder disuassivo.

À crítica de que esqueciam que o Estado tem o poder de definir o que é bem e mal, os realistas responderam sustentando que essa era uma postura acadêmica. Afirmaram que a maioria das situações que estão contempladas

[175] "La criminología en la década del 80. Alternativas progresistas a 'Ley y orden'", em *Capítulo Criminológico*, Maracaibo, n° 11/12, 1983/84, p. 77. Ver também, do mesmo autor e Paul Takagi: "Los intelectuales del derecho y del orden: una crítica a los nuevos realistas", em *Capítulo Criminológico*, n° 6, 1978.

[176] "La descentralización del control social tomada en serio", Colombia: Nuevo Foro Penal, n° 45, 1989, p. 361.

no Direito Penal é aceita pelo homem comum. Negaram-se a propor alguma utopia, dizendo que a tarefa dos intelectuais não era encontrar um futuro, mas, sim, manter abertos todos os caminhos presentes possíveis. Um realismo verdadeiro devia opor-se, nesse sentido, à ficção de um futuro tecnocrático hipotético.

As posições dos novos realistas foram perdendo força na passada década de noventa, sem alcançar mudanças nem influências destacáveis na Política Criminal britânica. Os intentos de controle comunitário fracassaram por completo de igual modo ao o ocorrido na mesma época nos Estados Unidos.[177] Para agravar ainda mais as coisas, Margaret Thatcher ganhou as eleições com um programa de direita, pondo a ênfase na "mão dura" contra o crime e implantando, durante sua gestão (1979-1990), um controle social ao estilo do governo Reagan. Nas publicações britânicas especializadas, recuperaram espaço as explicações etiológicas e psicológicas do fenômeno criminal.[178]

---

177 Stanley Cohen, artigo citado.

178 Sobre os riscos de vincular centralmente a Criminologia como disciplina a algum projeto político-criminal concreto, ver ELBERT, Carlos Alberto, "El fin de las utopías y la tentación de reconstruirlas: el duro camino de la criminología", conferência lida no *I Seminario de Derecho Penal y Criminología*, Santa Rosa, La Pampa, 15 e 16 de novembro de 2001, publicada na Revista *Capítulo Criminológico*, da Venezuela, vol. 30, nº 3, julho-setembro, 2002.

Capítulo 13

A Criminologia da América Latina

1. As experiências de um século de mudanças

Já analisamos o fenômeno da Criminologia positivista, por meio da experiência destacada dessa corrente na Argentina de 1860 a 1950. Restaria agregar que essa Criminologia teve uma importante expansão continental que influenciou, durante um longo tempo, vários países da América Latina, em especial México, Brasil, Cuba e Equador, onde se organizaram cátedras e publicações, algumas de considerável permanência, que mantiveram por décadas o ideário positivista ou tradicional.[179]

Mesmo a Criminologia tendo sofrido, na Argentina, um forte declínio a partir de 1945, conservando uma existência mais formal que substancial, isso não aconteceu em outros países da região. Essa Criminologia, fiel aos parâmetros positivistas, fortemente institucional e integrada aos sistemas de controle, seria denominada pelos anos sessenta como "tradicional" ou "clássica". O certo é que o enfoque consensual da sociedade, que seguia fazendo sua a legitimidade do Direito Penal e o imperativo de lhe ser útil ou de lhe prestar colaboração, deixou estabelecida uma atividade criminológica influenciada por movimentos como a Defesa Social e a Nova Defesa Social, que, até a década de 1970, predominavam em congressos, publicações e atividades de toda classe. Essa continuidade se viu abruptamente alterada com a irrupção de um setor contestador, que hoje conhecemos como *Criminologia crítica*, cujas primeiras proposições tiveram forte repercussão. Em primeiro lugar, o questionamento aberto e ideológico de assuntos considerados até ali "normais" ou "administrativos", que passaram a ser entendidos como *formas de exercício do poder e do controle do Estado,* causaram grande alvoroço entre os penalistas e em setores como as faculdades de Direito, muito apegados a uma visão tradicional da sociedade.

[179] Por exemplo, *Criminalia* de México, *Archivos de Criminología* do Equador etc.

Essa irrupção, que poderia ser considerada como o segundo grande momento histórico local da evolução criminológica depois da etapa positivista, ainda não foi recapitulada em um estudo sistemático e exaustivo, comparável à *América Latina e sua Criminologia*, a obra de Rosa del Olmo que fez um seguimento histórico do Positivismo, em especial do argentino.[180] Essa segunda etapa, certamente muito recente, teve um desenvolvimento desigual e turbulento, que parece haver terminado de maneira tão abrupta como seu começo. É preciso uma análise de recuperação histórica e avaliação que não pode ser traçada no escasso espaço de um manual. Em uma síntese apertada, pode-se dizer que a versão crítica latino-americana reproduziu o esquema teórico dos modelos centrais (Berkeley, Europa), tratando de adaptá-los à análise dos modelos de controle dessa região. Essa evolução das idéias na Criminologia pode esquematizar-se tal como mostra a Figura nº 10:

Hegemonia histórica das teorias criminológicas na América Latina

1860 a 1950:	Positivismo.	Visão consensual do social
1950 a 1970:	Defesa Social ou Criminologia "tradicional".	
1970 a 1990:	Criminologia crítica *contra* a Defesa Social e a Criminologia "tradicional".	
1990 a 2000:	Insegurança, confusão, reformulação?	
2000 a 2006:	Coexistência de paradigmas, encurralados pela evolução das sociedades de risco, excludentes, da era global e o declíneo dos postulados da Modernidade.	

2. A irrupção dos enfoques críticos e radicais

Lola Aniyar localiza o nascimento da Criminologia crítica no congresso chamado *Curso Internacional de Criminologia,* realizado em Maracaibo, em 1974.[181]

Diz essa autora:

> Note-se que, para 1974, nenhum centro oficial ou acadêmico da América Latina, com exceção de alguns casos individuais na Venezuela já mencionados, tinha trabalhado sobre parâmetros alheios ao positivismo ou ao defensismo. Note-se igualmente que em muitos países latino-americanos não existia à época nenhum desenvolvimento, nem sequer por reflexo de países centrais, do trabalho criminológico. Várias univer-

[180] *Criminología...*, Depalma, obra citada.

[181] Em: *Criminología de la liberación,* Universidad del Zulia, 1987, p. 6.

sidades careciam ainda até da cadeira de criminologia.[182] A investigação era praticamente inexistente.[183]

Produziu-se, então, uma perturbação repentina nas plácidas águas de uma disciplina adormecida, carente de inovações durante décadas. Algo similar havia acontecido quando os positivistas romperam com a Escola Clássica do Direito Penal, centralizada no normativo, que criticou não se ocupar dos sujeitos localizados no centro do drama jurídico-penal e fazer "metafísica" ao invés de olhar a realidade. A censura dos críticos será agora outra, tendente a colocar a Criminologia precedente e seu vínculo com o Direito Penal na posição cúmplice do *status quo*, ou seja, de responsabilidade pelas desiguais relações sociais existentes na América Latina. Essa nova atitude de uma Criminologia *que se define a partir do social* será denominada *a mudança de paradigma criminológico.* Como se viu no capítulo anterior, não houve tal câmbio epistemológico, senão, apenas, um câmbio de enfoque teórico.[184]

É sabido que a Criminologia crítica surgiu de situações de intranqüilidade e desajuste de valores nos países centrais. Pois bem, o momento de sua irrupção latino-americana superava excessivamente aqueles marcos originais convulsionados. Cabe lembrar que, em nossa área, pululavam as ditaduras militares, em muitos casos travando lutas com movimentos insurrecionais de variado apelo popular. Lembre-se dos casos da Argentina, Uruguai, Chile, Brasil, Peru, Paraguai, Bolívia, Equador, El Salvador, Nicarágua, Honduras e Guatemala durante a década de 1970 a 1980, para ter uma idéia do difícil momento que devem ter passado as ciências sociais para seu desenvolvimento, durante um período que oscilou, em média, para todos esses países, entre 10 a 30 anos. Disciplinas como a Psicologia e a Sociologia foram suprimidas, queimaram-se bibliotecas, e a perseguição aos intelectuais terminou com muitos deles assassinados, na prisão ou no exílio. Essa etapa foi, além disso, de intensa luta ideológica em meio a enfrentamentos armados que propunham impor ou impedir – segundo o signo ideológico – o estabelecimento de modelos de Estado socialistas, seja de caráter pluralista, como no caso do Chile, ou segundo o padrão do partido único, como em Cuba, país que nunca deixou de ser o grande exemplo social inspirador da intelectualidade mais radical ou progressista.

[182] No Brasil, o Prof. Ney Fayet, então Diretor da Faculdade de Direito da Universidade do Vale do Rio dos Sinos (UNISINOS), sob a influência do Curso Internacional de Criminologia realizado em Maracaibo, Venezuela, do qual participou, introduziu, em 1974, no currículo acadêmico do Curso Jurídico, a disciplina de Criminologia. A UNISINOS foi a primeira Universidade do Rio Grande do Sul, e uma das primeiras do Brasil, a inserir a disciplina de Criminologia no Curso de Direito. Nesse Congresso, tiveram destacada atuação vários penalistas e criminólogos brasileiros, dentre os quais – além do Prof. Ney Fayet – os professores Nelson Pizzotti Mendes, Mathias Nagelstein e Fábio Bittencourt da Rosa. (N.T.)

[183] *Criminodogía de la...*, obra citada, p. 12-13.

[184] Ver a análise crítica do tema em: MARTEAU, Juan Félix. *La condición estratégica de las normas*, obra citada.

É aceitável imaginar que a Criminologia crítica foi identificada como prolongação da luta ideológica no terreno científico, o que condicionou suas possibilidades de expansão geográfica e institucional, submetendo a riscos diversos quem estabelecesse contatos com ela. Assim se explica por que as maiores repercussões dos críticos tiveram lugar na Venezuela, na Colômbia e, em menor medida, no México e nos países como Peru, Panamá, ou Equador, que apresentavam democracias estáveis ou períodos de tolerância política.

Seguindo o relato de Aniyar, deve-se dizer que o Instituto de Criminologia da Universidade do Zulia se encarregou, em 1974, de formar um *Centro Internacional de Criminologia Comparada,* evitando contatos com entes oficiais para impulsionar seu trabalho. Cabe destacar o poderio material que tal Instituto tinha nesse momento, localizado no estado petroleiro por excelência de uma Venezuela democrática e enriquecida pelo petróleo. O certo é que se sucederam numerosos seminários: em Quito, em 1976; em Lima, em 1977; e em Bogotá, em 1978, entre outros; levando adiante um projeto comparativo sobre a *violência na América Latina,* do qual participaram representantes de catorze países. A este seguiu outro projeto sobre o *delito do colarinho branco na América Latina*, diversos seminários e o mestrado em Criminologia crítica com sede em Maracaibo. Durante a realização desses trabalhos constituiu-se um chamado *Grupo Latino-Americano de Criminologia Comparada.* Logo surgiu um segundo grupo, de *Criminólogos críticos latino-americanos,* que realizou numerosas reuniões em diversos países.[185]

Ainda quando as atividades criminológicas que assinala Aniyar não tenham sido as únicas da região nessa época, não cabe dúvida de que representaram a expansão da corrente e as tentativas mais importantes de investigação crítica transnacional. No trabalho que citamos, Aniyar enumera detalhadamente aqueles que estiveram vinculados, em todo ou em parte, aos projetos da nascente Criminologia crítica. Apenas alguns poucos participantes jovens daquela época continuaram produzindo no campo criminológico.[186]

Lola Aniyar organizou, em seu Instituto da Universidade do Zulia, numerosas investigações de campo com caráter interdisciplinar. É autora de *A realidade contra os mitos* e *Conhecimento e ordem social,* ambas as publicações da Universidade do Zulia, 1981; dentre seus artigos, pode-se mencionar "O movimento da teoria criminológica e seu estado atual", Universidade de Loja, Equador, 1986.

Depois de assumir diversos cargos políticos como legisladora e governadora, consagrou-se à atividade diplomática. Sendo governadora do Estado do Zulia, coube a ela enfrentar o problema dos sangrentos motins carcerários de Tocorón e Sabaneta e um problema de deportação de camponeses

[185] *Criminología de la...*, obra citada. Ver também, em "El triunfo de Lewis Carroll", palestra publicada em *La criminología del siglo XXI..*, obra citada, p. 159.

[186] *Criminología de la...*, obra citada, p. 12-13.

colombianos do Estado que governava, que foram tema de polêmica criminológica.[187]

A Criminologia crítica está ligada também à obra de Rosa del Olmo (1936-2001), outra importante criminóloga venezuelana, investigadora e docente na Universidade Central de Caracas. Suas contribuições, do mesmo modo que as de Aniyar, resultam não apenas imprescindíveis para entender o desenvolvimento de sua corrente, mas também ambas marcam seus perfis bibliográficos pela profusão de artigos que publicaram em revistas especializadas de toda a região. Uma das características objetáveis da Criminologia crítica foi, certamente, a publicação de livros que, na realidade, eram recopilações de artigos sobre temas diversos (tal como os de Aniyar e del Olmo aqui mencionados) e a reiterada publicação de trabalhos idênticos em numerosas revistas, às vezes com nomes distintos. Deve ficar claro que as alusões a esses artigos são apenas um recurso para localizar as idéias centrais, obviando detalhes do conjunto. Rosa del Olmo estudou Sociologia nos Estados Unidos e foi transmissora da obra de importantes sociólogos norte-americanos, como Sutherland. Na última década de sua vida, afastou-se da elaboração teórica, concentrando-se preferentemente no tema das drogas.[188] As polêmicas que manteve com Aniyar foram numerosas e importantes para a marcha da disciplina. Ao mesmo tempo, muitas dessas divergências mostraram que tampouco a Criminologia crítica latino-americana constituiu um campo homogêneo de idéias e propostas. Assim o demonstra, também, a coexistência dos "grupos" mencionados, que, possivelmente, responderam mais em níveis de compromisso ideológico que à distribuição de tarefas científicas. A diversidade no setor progressista não obedecia só a convicções, mas também a motivos de segurança. É digno recordar que vários estudiosos ligados a esses grupos perderam a vida ou sofreram atentados, em particular na Guatemala, em El Salvador e na Colômbia; e os criminólogos que atuavam fora de seus países podiam pôr em risco, involuntariamente, compatriotas que, permanecendo neles, se desempenhavam sob condições institucionais precárias.

Outro autor importante, de uma perspectiva crítica não influenciada pelo marxismo, é Eugenio Zaffaroni, que integrou o Grupo de Criminologia comparada em 1984, na época em que dirigiu um importante trabalho de alcance internacional: o projeto *Direitos Humanos e sistemas penais na América Latina,* criticado, então, por Aniyar.[189] De todos os modos, seu único trabalho

[187] Podem ver-se os artigos dos colombianos SILVA GARCÍA, Germán, "Xenofobia y criminalización", em seu livro *¿Será justicia?*, Bogotá: Universidad Externado, 1997 e MARTÍNEZ SÁNCHEZ, Mauricio, "Poder político y control del delito", em *Pensamiento Jurídico*, Bogotá, n° 5, 1995, p. 23. As explicações de ANIYAR podem ver-se em "Criminología y poder", *Capítulo Criminológico* 23/2, 1995, p. 3.

[188] DEL OLMO publicou também *Ruptura criminológica* e *Segunda ruptura criminológica*, ambas em edições da Universidad Central de Venezuela, em 1979 e 1990, respectivamente.

[189] Buenos Aires: Depalma, 1984 e 1986. As críticas de ANIYAR foram expostas no trabalho "Derechos humanos, modelo integral de la ciencia penal y sistema penal subterráneo", na *Revista del Colegio de*

que poderia ser qualificado como especificamente criminológico é a obra já citada *Criminologia, aproximação desde uma margem.* Portanto, Zaffaroni é um dos mais relevantes teóricos do Direito Penal na América Latina, atividade a que retornou depois de uma prolongada atuação política, coroada, em 2004, com seu reingresso à Judicatura como Ministro da Corte Suprema argentina.

À medida que as idéias críticas se foram expandindo e afirmando, coexistiram, de fato, um setor que se poderia denominar "moderado" e outro que radicalizou ao máximo suas opiniões. Se o primeiro setor podia atribuir-se a Del Olmo, Zaffaroni e outros, o segundo estava encabeçado por Aniyar, que pode ser definida como a criminóloga radical por excelência da América Latina. Quase nenhum outro criminólogo crítico podia ser comparado a ela, frente a seu estilo categórico, provocativo e iconoclasta, "em guerra com o mundo burguês".

A radicalização dos críticos consistiu em um discurso de denúncia contra todas as instituições do controle, ou seja, leis, justiça, polícia, serviços penais, ministérios etc. Em especial, houve ataques implacáveis contra a Dogmática Penal e seus cultores, contra as prisões como instituições sem futuro destinadas a desaparecer, contra as políticas criminais etc. Todos os seus representantes, e em especial os criminólogos tradicionais, foram acusados de "legitimar" o estado de coisas reinante na região em cumplicidade ao sistema capitalista e às formas de poder dominantes. Se, por um lado, a aura libertária e justiceira do movimento se via enaltecida pelo ataque a governos totalitários da região, por outro, tinha efeitos paradoxais, como, em muitos casos, a "sobrevivência" de profissionais independentes ou funcionários democráticos nos serviços públicos ou privados; em países sob ditaduras, constituíam alguns dos escassos recursos contra a arbitrariedade dominante. A *carapuça* de "legitimadores" repercutia então muito negativamente em democratas que não podiam expressar-se publicamente e que poderiam dar outro rumo à discussão. Por isso, o sermão crítico pareceu, durante certo tempo, um fácil monólogo deslegitimador, frente ao qual muitos silêncios eram forçosos.

Vejamos, nas palavras de Aniyar, como se interpretava a realidade: "a experiência latino-americana demonstra que a Criminologia começa a se ocupar do controle social somente quando ele está orientado à consolidação do sistema de classes. A função que chamaremos de 'reprodutora' do controle social parte da tendência a declarar ilegais os interesses da classe subalterna e a converter em questão de ordem pública a afirmação desses interesses, tanto se essa afirmação se faz mediante ações concertadas de tipo político (subversão), como se se verifica por meio de ações individuais (delinqüência),

---

Abogados Penalistas, Cali, Colombia, n° 13, 1985, p. 301.

mesmo quando essas sejam estrategicamente irracionais em sua dimensão política".[190]

A Criminologia crítica teve importantes pontos de contato com os processos sociopolíticos da Nicarágua e de Cuba, pelos quais Aniyar e Del Olmo nunca ocultaram sua simpatia. Além de seus trabalhos teóricos sobre problemas do controle social nesses países, houve importantes contatos institucionais: em 1985, a Corte Suprema de Justiça da Nicarágua ofereceu-se para ser sede do Terceiro Encontro de Criminólogos Críticos, e, posteriormente, de outras atividades. Em 1987, realizou-se em Havana um curso Internacional de Criminologia com certo protagonismo dos criminólogos críticos. Contudo, como já foi dito, as relações com o sistema positivista do socialismo real nunca foram simples, e o discurso fundamentalmente teórico dos criminólogos críticos latino-americanos não pôde trazer qualquer aporte de interesse para as políticas criminais de Cuba nem da Nicarágua pós-revolução.

3. A busca de uma teoria crítica do controle social: "Criminologia da liberação"

Na década de 1970, era habitual que os movimentos políticos e/ou armados da América Latina fossem denominados "de liberação", no sentido libertador dos vínculos externos de dependência, em particular com os Estados Unidos. Esse conceito foi aplicado à Religião, à Pedagogia, à Criminologia e a outras atividades que quiseram contribuir para esse processo, *aparentemente potencial e inevitável,* que logo concluiu nos fracassos políticos hoje conhecidos. Nas ciências sociais estava muito arraigada a visão da "teoria da dependência", que explicava, do ponto de vista da Sociologia, da Economia e das Ciências Políticas, os problemas especificamente latino-americanos da dependência, à qual se esperava cortar mediante desenvolvimentos capitalistas autônomos.[191]

Essa chamada "teoria" parecia demonstrar *a possibilidade de um raciocínio originalmente latino-americano, baseado na história, na cultura e nas realidades políticas locais.* Sem dúvida, tal precedente exerceu grande influência nas tentativas de desenvolvimento teórico dos criminólogos críticos, cujo grupo mais radical, reunido no México em 1981, proclamou o lançamento da chamada *Criminologia da liberação*, documentando-a em um *Manifesto*, no qual se propunha como objetivo a construção de uma teoria

[190] Em *Conocimiento y orden social,* Universidad del Zulia, 1981, p. 31. Podem ver-se minhas críticas a essas interpretações em "Ejecución penal y terapia social", no livro *El poder penal del Estado*, obra citada, p. 146.

[191] Ver minha análise da teoria da dependência em *Criminologia...*, obra citada, parte segunda, p. 107.

crítica do controle social.[192] Até a data, não parece ter ficado claro o porquê da fundação desse novo grupo, ao qual se denomina como *Criminólogos críticos latino-americanos*, salvo que se tenha pretendido conseguir um maior grau de coerência ou compromisso ideológico que, visto em perspectiva, não produziu efeitos diferentes dos que já se haviam alcançado com os *grupos* precedentes, aos quais antes aludimos. Em meu entender, as interrogações sobre a origem e virtual desaparição desse setor seguem sem resposta.

Emiro Sandoval Huertas (assassinado na tomada do Palácio de Justiça de Bogotá, em 1985, onde também pereceu Alfonso Reyes Echandía), jovem e lúcido expositor da Criminologia crítica, descreveu suas expectativas dos anos oitenta do seguinte modo:

> Resulta necessário, não obstante, apontar desde agora pelo menos que esse desenvolvimento na América Latina se iniciou em meados dos anos setenta e que a partir de então a criminologia crítica experimentou entre nós uma rápida, diversificante, enriquecedora e esperançosa evolução. Duas magníficas demonstrações dessa última asseveração estão constituídas pelo I Seminário de Criminologia Crítica, organizado pela Universidade de Medellín em agosto de 1984 e cuja realização uma década atrás teria sido quase impensável pela numerosa bibliografia proveniente de autores latino-americanos que existe sobre o tema. Não cabe dúvida alguma, pois, acerca de que, firmemente consolidada, existe criminologia crítica na América Latina. Questão parcialmente diferente, porém, é a de que se existe ou não uma criminologia latino-americana, isto é, se há ou não uma sociologia crítica dos sistemas penais do nosso continente, que tome em consideração as peculiaridades dos países agrupados sob o nome de América Latina. Essa classe de enfoque, pelo contrário, apenas começa a estruturar-se, mas já parece contar com bases sólidas.[193]

A expectativa em torno dos aportes libertadores conduziu também à realização de um *Encontro Nacional sobre a Liberação* em Maracaibo, em abril de 1985, que reuniu filósofos, criminólogos, teólogos, pedagogos etc., todos com o qualificativo "da liberação", sem ter chegado a resultados teóricos nem práticos importantes.[194]

A tomada do rótulo de *latino-americana* para uma atividade científica iniciou polêmicas sobre a viabilidade epistemológica do projeto, primeira crítica importante das muitas que enfrentou o projeto da "liberação".[195] Geralmente, seus defensores mostraram uma certa propensão a desqualificar

---

[192] Em 1988, deu-se a conhecer um novo manifesto do Grupo de Criminólogos Críticos Latino-americanos. Pode ser consultado no livro: *¿Qué pasa en la criminología moderna?* Bogotá: Temis, 1990.

[193] Em *Sistema penal y criminología crítica*. Bogotá: Temis, 1989, p. 7.

[194] ANIYAR, Lola. "Criminología y sistemas de poder", em *Criminalia*, México, 1986.

[195] Ver BIRKBECK, Christopher. "La criminología comparada y las perspectivas para el desarrollo de una teoría latinoamericana", em *La Criminología en América Latina...*, obra citada, p. 119. De minha parte, dei um perfil mais pragmático à questão, na minha *Criminologia latino-americana*, obra citada, Segunda Parte, Capítulo I.

os opositores como "positivistas", deixando insinuada a suspeita de sua identificação com o sistema capitalista.

Em suma, o objetivo de criar uma *Sociologia crítica do controle social latino-americano* não foi alcançado e, até o momento, não se conta com uma avaliação suficientemente objetiva do enfoque que, por ora, tampouco deixou uma compilação teórica sistemática de sua obra. Uma primeira análise faz supor que o lançamento do projeto se baseou em um excessivo otimismo sobre a solidez do desenvolvimento teórico alcançado pela produção local e a superestimação da coerência teórica da Criminologia crítica e suas possibilidades de desenvolvimento futuro.

4. Crise e crítica da Criminologia ao final do século XX

A Queda do Muro de Berlim, em 9 de novembro de 1989, foi um acontecimento surpreendente, que acelerou o rápido processo de dissolução da União Soviética, modificando completamente a relação internacional de forças ideológicas, despedaçando a utopia do socialismo como modelo de futuro e garantia de uma divisão mais eqüitativa da riqueza.[196]

Obviamente, tais mudanças repercutiram diretamente nas situações políticas de El Salvador, Nicarágua e Cuba, na estrutura dos partidos socialistas ou marxistas da região e na Criminologia crítica, que entrou em crise, da mesma forma que outras ciências sociais. Não obstante, foi dito que, antes que a realidade política impusesse suas mudanças mais drásticas, dentro da corrente crítica já haviam começado as dissidências e polêmicas sobre seus conceitos básicos. Sem entrar em maiores detalhes, cabe recordar muitas críticas de Rosa del Olmo, colocando em dúvida a solidez epistemológica da Criminologia crítica e outras questões.

Em especial, as dúvidas afloraram no Seminário "A Criminologia na América Latina, balanço e perspectivas", celebrado em Mérida, Venezuela, em 1985, onde se percebeu uma repentina prudência ou cepticismo sobre as possibilidades críticas. Paralelamente, nesse mesmo ano, iniciou-se um debate referente a um artigo questionador, publicado pelo penalista chileno Eduardo Novoa Monreal. Além disso, houve outras críticas, provenientes de diversos setores.[197]

---

[196] Ver minha análise desse processo na minha *Criminologia latino-americana*, obra citada, Segunda Parte, Capítulo III.

[197] As opiniões de DEL OLMO podem ver-se em *Segunda ruptura...*, obra citada e também em *La criminología en América Latina, balances y perspectivas*, publicado pela Universidad de los Andes em 1992. O debate provocado por NOVOA MONREAL foi publicado em *Doctrina Penal* de Buenos Aires, nos tomos 1985, 86 e 87 e reproduzido em *Criminalia* de México em 1987. BARREDA SOLÓRZANO, Luis de la, publicou "Hércules en el jardín criminológico", em *Nuevo Foro Penal*, Bogotá, n° 53, 1991, p. 353. Ver o

Imediatamente depois do debate em Doutrina Penal, a Criminologia crítica latino-americana caiu em um estado de letargia e desvanecimento dos quais não se recuperou. A única tentativa destacável de avaliação foi o "XX Encontro Latino-Americano de Criminologia", realizado em Maracaibo em julho de 1995, cujas conclusões foram publicadas na edição especial do *Capítulo Criminológico* n° 23-2 de 1995.

Um dos cronistas mais sérios da Criminologia crítica é o colombiano Mauricio Martinez Sánchez, discípulo de Baratta, que publicou vários artigos de consulta obrigatória para investigar a coerência teórica e epistemológica da corrente, por dentro dela.[198] Pode sustentar-se, então, que a corrente não deixou um conjunto claro de idéias, nem um programa de ação futura ou certo grau de continuidade em uma organização supérstite. Das publicações especializadas da corrente subsiste somente a do *Capítulo Criminológico*, da Universidade de Zulia. Cabe reconhecer que, por outro lado, a Criminologia crítica constitui o intento mais importante na história da disciplina em nossa região, na procura de um pensamento original, centrado na realidade e nos problemas de nossas sociedades, propósitos que considero elogiáveis e dignos de resgate, mais além de todas as críticas que a atuação passada mereça. Para muitos criminólogos da nossa área, entre os quais me encontro, o trabalho crítico realizado representa um ponto de referência inafastável para os passos evolutivos posteriores da disciplina.

5. Hipótese sobre a Criminologia do século XXI. O momento atual

A última tentativa de traçar um balanço sistemático sobre a evolução da Criminologia durante o século passado foi o congresso "A Criminologia do século XXI na América Latina", que teve sede em Buenos Aires, em setembro de 1999.

Citei a publicação que reúne as colocações mais importantes, às quais remeto o leitor, e que se complementaram com o número especial do *Capítulo Criminológico* de dezembro de 1999. Em geral, parece ter continuidade a busca epistemológica pelos caminhos tradicionais, desde que submetidos a uma forte revisão crítica, sem que se manifeste interesse em resgatar o

comentário crítico de MUÑOZ CONDE, Francisco, ao livro de ANIYAR *Criminología de la liberación*, em *Doctrina Penal de 1989*. Ver minhas críticas já citadas. Sobre as objeções à trajetória da Criminologia crítica latino-americana, ver minha *Criminologia latino-americana*, obra citada, p. 23 e segs.

[198] Ver, desse autor: *¿Qué pasa en la criminología moderna?* Bogotá: Temis, 1990, e sua palestra "El estado actual de la criminología y de la política criminal", em *La criminología del siglo XXI*, obra citada, p. 261.

projeto da Criminologia da liberação ou outro semelhante.[199] Por outro lado, pôde-se advertir a aparição de enfoques analíticos pós-modernos, neofuncionalistas ou do ponto de vista da anarquia epistemológica que tampouco têm mostrado continuidade nem gerado correntes teóricas nos anos posteriores. No primeiro sentido, podem-se mencionar a conferência de Zaffaroni e a exposição de Francisco Delgado Rosales. No segundo, a exposição de Germán Silva García, e, no terceiro, as posições de Aniyar de Castro. De todo modo, primou uma coincidência geral à caracterização do estado político social da região como regressão das políticas e legislações criminais a estágios históricos inclusive prévios ao iluminismo e ao Direito Penal liberal. Ao mesmo tempo, a incapacidade dos intelectuais de influenciar a marcha da realidade político-criminal parece ter chegado a seu ponto mais alarmante.

Essas constatações impõem uma continuidade de buscas por todo tipo de caminhos, em meio a processo de adaptação e à complexa sociedade global, seus valores e mecanismos.

Finalmente, cabe reconhecer que, já no século XXI, com a sociedade global solidamente instalada, cresceu a resistência contra as iniqüidades que esse modelo desencadeou. Diversos foros antiglobalização e o clamor dos governos de países e regiões excluídas da megaconcentração do capital assim o demonstram. Associações regionais de comércio, organizações não-governamentais, ecologistas e uma mudança radical nas preferências dos eleitores intentam limitar os efeitos negativos do processo instalado na década de 1990. No campo da Política Criminal, multiplicaram-se os encontros e debates, e pode-se perceber a irrupção de uma nova bibliografia interpretativa. A esses temas dedicaremos o Capítulo 15.

[199] Para além da minha *Criminologia latino-americana*, obra citada, podem-se ver também *Control social en México, D.F.*, de Alicia González Vidaurri, Augusto Sánchez S. e Klaus Gorenc, UNAM, 1998, e a colaboração da primeira em *La criminología del siglo...*, obra citada.

Capítulo 14

Modernidade, pós-modernidade, globalização, exclusão, segurança

A enorme complexidade e rapidez das mudanças experimentadas na última década pelas sociedades do mundo tornam cada vez mais difícil interpretar esses acontecimentos aplicando categorias convencionais prévias. Não somente se modificaram a economia, a vida social e os valores, mas também foram desencadeados efeitos e fenômenos novos e multifacetários, de imprescindível incorporação a nosso material de estudo. Daí por que devemos buscar os possíveis sentidos da Criminologia na etapa pós-moderna da história e avaliar o alcance da crise dos sistemas de controle formal.

1. Modernidade tardia ou terminal?

Muitos autores denominam (seguramente como resultado de traduções mecânicas do inglês que estão na moda) como "Modernidade tardia" a atual conjuntura de transição. Pior ainda, chega-se a utilizar o neologismo "tardo-modernidade", imitando vocábulos técnicos compostos, como "turboélice". Estimo que esses conceitos são incorretos, uma vez que o sentido do adjetivo *tardio* em espanhol leva a pensar em uma modernidade *que chegou tarde*, mas que "está chegando".[200] Em realidade, é uma concepção que parece estar desvanecendo-se. A etapa atual tem a ver com valores de uma modernidade fraca, em crise e sem consenso social, à qual se deve definir, então, como "terminal". Por certo, essa clausura se refere à idéia de *Modernidade* desenvolvida até meados do século passado, apesar de que, desde a Primeira Guerra Mundial, o debate acerca da continuidade ou esgotamento do conceito foi crescendo em intensidade. O funcionamento desigual dos direitos e

[200] Segundo o *Diccionario de la Lengua Española de la Real Academia Española*, 20ª edición, tomo II, Madrid, 1984: "Tardío: que tarda en venir a sazón y madurez algún tiempo más del regular. Que sucede después del tiempo oportuno en que se necesitaba o esperaba"

liberdades, e certos horrores instrumentais da razão (Hiroshima, Auschwitz etc.) foram abrindo o caminho às críticas mais profundas, que passaram por Weber, Marcuse, Adorno e Foucault, orientadas, em boa medida, contra os aparatos de intervenção administrativa e de controle social. Max Weber havia observado, oportunamente, que a racionalização instrumental não levava à realização da liberdade, mas *a uma jaula de racionalidade burocrática* da qual não se podia sair.

Há também autores como Habermas e Giddens, que defendem hoje a possibilidade de recuperar o ideário da Modernidade, atualizando-o, para colocá-lo a serviço da mudança social. O desafio consiste, obviamente, em imaginar um novo pacto social que o torne possível, em meio às exclusões do presente e do sistema econômico que as provoca. Cumpre advertir também que as propostas filosóficas sobre a continuidade ou declinação definitiva da modernidade dependem do caráter "fechado" ou "aberto" do que se entenda por ela.[201]

Por sua vez, a chamada "pós-modernidade" cresceu ao ritmo da globalização, desmistificando todas as fronteiras racionais construídas durante a etapa moderna, propondo mudanças culturais igualitárias, iconoclastas, que proclamavam o fim da história, do homem, dos grandes discursos, da possibilidade humana de compreender nada, assegurando que a vida se desenvolvia no puro presente, sem visões claras do passado nem do futuro, em meio a um grande caos de acontecimentos.[202]

Os opositores ao discurso pós-moderno têm identificado suas debilidades fundamentais como o recurso encoberto à razão ou à inumanidade da eliminação de toda perspectiva filosófica de futuro.[203] Contudo, não parecem ter inclinado ainda a balança em seu favor, na luta contra um conjunto de idéias e um *estado de ânimo intelectual* que foram aproveitados habilmente pelo poder econômico, para serem apresentados como *dados da realidade*, questões que tinham um profundo sentido ideológico.

O modelo produtivo que desenvolveu as mudanças tecnológicas e as novas modalidades de fluxos financeiros é o *capitalismo ilimitado*, posterior à Guerra Fria, baseado no conjunto de idéias que entronizaram a razão econômica como bem supremo, afastando a política e estabelecendo a fatalidade de um chamado "Pensamento único".[204] A partir desses ideais, implementa-

[201] Ver de MARTURET, Hernán Javier. *Visiones abiertas y cerradas de la Modernidad*. Buenos Aires: Universidad Libros, 2002.

[202] Ver FUKUYAMA, Francis. *El fin de la historia y el último hombre*. Barcelona: Planeta-Agostini, 1995; LYOTARD, Jean-François. *La condición posmoderna*. Barcelona: Planeta-Agostini, 1993; e GARGANI, Aldo (comp.). *Crisis de la razón*. México: Siglo XXI, 1993.

[203] Sob este enfoque, ver ANDERSON, Perry. *Los orígenes de la posmodernidad*. Barcelona: Anagrama, 2000; e MARTURET, Hernán. *Visiones abiertas...*, obra citada.

[204] Ver RAMONET, Ignacio (coord.). *Pensamiento crítico vs. pensamiento único*. Madrid: Debate, 1998.

ram-se as políticas econômicas neoliberais de desmantelamento do Estado e de sua privatização.

A *Modernidade terminal* não consegue adaptar seu discurso nem seu repertório institucional a essas intensas mudanças, orientados por pontos de vista essencialmente pragmáticos que repelem toda estrutura axiológica ou jurídica que pretenda limitar seus impulsos de expansão ilimitada e fulminante.

As normas e os valores têm sido rebaixados à condição de *mero obstáculo a evitar*. O suborno, a chave que abre as portas dos grandes negócios, opera desinibidamente em todo o planeta como parte normal de qualquer grande movimento financeiro, corrompendo as frágeis estruturas estatais que sobreviveram às políticas neoliberais. O proclamado fim dos grandes discursos permitiu o intercâmbio versátil de argumentos superficiais para justificar (juridicamente) o injustificável. Os discursos jurídicos foram adaptados à nova situação como assim o demonstra a jurisprudência da Corte Suprema argentina e de outros tribunais da década 1990-2000.[205] Tal como já tive ocasião de assinalar em diversos trabalhos, a introdução de institutos processuais norte-americanos, como proteção às testemunhas, delação premiada, juízos sumários etc., a fim de tornar "mais eficientes e rápidos" nossos procedimentos, foi desnaturalizando o sistema de garantias, para desembocar em uma persecução mais expedita dos criminalizáveis de sempre – agora multiplicados em progressão geométrica –, deixando na impunidade mais notável e ampla gravíssimos delitos de corrupção política e financeira que assolam o país. No capítulo seguinte examinar-se-á o modo como essas circunstâncias afetaram a essência de um "Direito Penal liberal".

2. Globalização e sociedades excludentes. Queda do Muro, capitalismo global e neoliberalismo

Para nos situarmos com exatidão no momento histórico atual, é preciso especificar a que se denomina "globalização", fenômeno complexo no qual – especulações semânticas à parte – estamos imersos. A possibilidade de reconhecer esse processo histórico é imprescindível para marcar diferentes contextos entre países do primeiro mundo e periféricos e também com processos globais acontecidos nos séculos anteriores.

[205] Ver meu livro *Criminologia latino-americana*, Parte Segunda, citado, Capítulo VIII, "A administração da justiça na América Latina". A sobrevivência do sistema de argumentos jurídicos declamatórios, com finalidades instrumentais, pode ser constatada em BOVINO, Alberto. "Un voto cínico. A propósito dei voto de Riggi en el caso 'Chabán'", em *Nueva Doctrina Penal*, 2006-A, p. 127.

O conceito da globalização em curso está associado, em termos econômicos, a um incremento dos fluxos financeiros internacionais, à desestruturação dos antigos sistemas produtivos e à busca de novos regimes de crescimento e regulação econômica internacional, mediante uma concorrência sem limites, apoiada na tecnologia de comunicação mais poderosa da história. Baumann agrega que, em seu significado mais profundo, a idéia expressa também o caráter *indeterminado*, *ingovernável* e *autopropulsado* dos assuntos mundiais, ou seja, a ausência de um centro, de uma agência de controle, de um diretório, de uma gerência geral. A globalização seria, para ele, uma "nova desordem mundial".[206]

O processo global foi utilizado pelas correntes neoliberais, para apresentá-lo como a única via possível da economia mundial e como sua *realidade definitiva*. Seus panegiristas pretendem que não seria um sistema imposto pela vontade de algum centro de poder, mas uma conseqüência fatal dos progressos técnicos e informáticos e de uma nova lógica produtiva "pós-fordista". O denominado fordismo, cuja montagem em cadeia caracterizou a produção industrial durante quase um século, foi substituído drasticamente por novas modalidades produtivas: automatização e robotização, redução de perdas de tempo, integração decisória a todos os níveis de produção, flexibilização inédita na qualidade dos produtos mantendo baixos custos massivos etc.[207] Os especialistas já denominaram a etapa atual como "pós-industrialismo".

O custo social dessas mudanças foi enorme, porque puseram fim a uma era com condições de trabalho estáveis, gerando desocupação em massa e empregos precários, ao contrário de uma evolução jurídica trabalhista de quase um século. De imediato, milhões de pessoas foram jogadas à sua própria sorte, conformando assim algo como uma massa de "supérfluos", um exército de desocupados que no futuro somente poderão obter trabalho precário ou informal com ganhos insignificantes e ocasionais. Em suma, os excluídos do sistema dificilmente podem a ele retornar naquilo que lhes resta de vida.[208]

Para o Prêmio Nobel de Economia, Professor Joseph Stiglitz, a globalização estabeleceu, de fato, um regime de comércio injusto que impede o desenvolvimento e um sistema financeiro global instável, que desemboca em crises recorrentes, enquanto que os países pobres, afogados por dívidas insustentáveis, se tornam os grandes prejudicados pelas novas condições.[209]

---

[206] Ver BAUMANN, Zygmunt. *La globalización, consecuencias humanas*. Buenos Aires: Fondo de Cultura Económica, 1999, p. 80; e SAFRANSKI, Rüdiger. *¿Cuánta globalización podemos soportar?* Buenos Aires: Tusquets, 2005.

[207] Sobre a evolução histórica dos sistemas produtivos e suas técnicas, pode ser consultado AROCENA, Rodrigo. *Ciencia, tecnología y sociedad, cambio tecnológico y desarollo*. Buenos Aires: Centro Editor de América Latina, 1993.

[208] Ver, de Jeremy Rifkin, *El fin del trabajo*. Nuevas tecnologías contra puestos de trabajo: el nacimiento de una nueva era. Buenos Aires: Paidós, 1997.

[209] "Cómo hacer para que la globalización funcione", em Clarín, 24-9-2006.

3. A boa vida dos integrados e o destino spenceriano dos supérfluos

As últimas mudanças afundaram o mundo *em uma comunidade capitalista global de características inéditas*; sobretudo, gerando uma concentração financeira jamais vista. Um punhado de pessoas acumula riquezas superiores à de muitos países do mundo. As Nações Unidas reconheceram que 225 pessoas possuem uma riqueza equivalente à metade da população mundial. Há quase dez anos, assinalei que 83% da *riqueza mundial* estavam em mãos de 20% dos habitantes dos países mais ricos; e 20% dos mais pobres ficavam com 1,4%. Segundo projeções desses dados, somente 10% da população mundial participava, realmente, da vida econômica, social e cultural do planeta.[210]

A dinâmica econômica global estabeleceu sistemas de exclusão de pessoas; em primeiro lugar do trabalho, depois dos serviços sociais e, finalmente, da própria vida social. Recentemente, descreveram-se metaforicamente esses modelos, recorrendo ao canibalismo e à bulimia. A primeira figura corresponde às sociedades de meados do século XX, que se tornaram devoradoras, incorporadoras de gente ao processo, mas com baixa tolerância para as diferenças (homossexualidade, drogas, feminismo, vanguardas, ideologias). A atual seria, ao contrário, uma sociedade bulímica, que admite sem problemas as diferenças, mas que expele mais pessoas que absorve.[211]

O *espaço emergente integrado* – ou seja, o de uma parte menor no quantitativo, mas hegemônica no qualitativo – impõe a respeito de nossas sociedades suas pautas culturais, políticas, morais e econômicas, estabelecendo a cosmovisão que explica a realidade, desde as leis até os costumes culturais, especialmente por influência dos meios. Por sua parte, os excluídos, segundo Castel, "são coleções (e não coletivos) de indivíduos que não têm nada em comum além de compartilhar uma mesma carência. Definem-se em função de uma base somente negativa, como se se tratasse de elétrons livres completamente dessocializados".[212] Esse autor sustenta também que a descoletivização em si mesma é uma situação coletiva.

Nos países centrais as mudanças implicaram o desmanche do Estado do Bem-Estar, ou seja, de numerosas e eficazes redes sociais de proteção ao indivíduo. Nas áreas periféricas ocorreu o mesmo, mas afetando redes de contenção mais reduzidas e imperfeitas que freqüentemente se originavam em políticas populistas, implementadas em certas etapas prévias de prosperidade econômica. Contudo, dadas as condições de endividamento e debilidade dos países marginais, os efeitos da exclusão foram especialmente devastadores, privando mi-

[210] Ver *Criminologia latino-americana*, obra citada, Parte Segunda, Capítulo III: "*Nossa realidade material*".

[211] YOUNG, Jock. *La sociedad excluyente*. Madrid: Marcial Pons, 2003, p. 108.

[212] CASTEL, Robert. *La inseguridad social*. Buenos Aires: Manantial, 2004, p. 63.

lhões de pessoas de seus recursos essências de subsistência e proteção. Parecia que, da mesma forma que na discussão sobre a Lei dos Pobres, da Inglaterra do século XIX ou no ajuntamento insalubre do cortiço de Buenos Aires no início do XX, as idéias de depuração social de Spencer teriam sido postas em prática para "expelir do corpo social aos débeis, pérfidos e incompetentes, que, em última análise, são os únicos culpados por sua miséria presente". Não seria exagero dizer que todo gasto social a favor deles seria considerado um ato de populismo ou desperdício de dinheiro público, supondo que exista.

4. A deterioração cultural

A mudança global arrastou consigo também os valores e as pautas precedentes de comportamento social e interpretação da realidade. Como conseqüência, uma anomia massiva (conceito estudado no Capítulo 11) recorre boa parte da humanidade, alterando as regras do jogo que a Modernidade havia estabelecido durante tanto tempo. Esse processo debilitou os vínculos solidários, borrou a identidade das classes sociais e desacreditou toda classe de autoridades representativas, em especial as políticas e sindicais, impotentes para resolver os desafios que lhes colocava o novo cenário. No modelo da Modernidade, todos, até os mais modestos cidadãos, ocupavam um lugar na rede social e aí podiam obter algum reconhecimento ou auxílio solidário. Ser o melhor gari permitia alcançar homenagem e prêmios. Cada indivíduo podia "sentir" sua importância. Hoje, a maioria sente a insignificância do subsistir em um sistema anônimo e indiferente, no qual o único *reconhecimento* é a auto-satisfação. Enquanto isso, as escassas reformas políticas que se praticam parecem paliativas para tornar mais suportáveis as condições precárias de existência dos setores abandonados. Também se pode reconhecer facilmente a *deterioração cultural* que afeta a maioria da sociedade e a gestação do *imaginário atravessado por fatores irracionais, que modificam a memória histórica*, misturando dados diversos e combinando-os em um discurso errático, contraditório e até antidemocrático. Sucede que estamos em face do *homem global*, que deixou de ser *cidadão*, e hoje somente tem relevância mediante seu poder aquisitivo, sua capacidade de consumo e, eventualmente, seu desempenho como protagonista público. O contexto do homem global tem, necessariamente, um porvir caótico, sem valores gerais, cultura, nem recursos afetivos como orientação. Seus saberes precedentes para entender a crise lhe são, agora, obsoletos e inaplicáveis.[213]

[213] Vários autores (Grupo Doce), *Del fragmento a la situación (notas sobre la subjetividad contemporánea)*, Buenos Aires: Gráfica México, 2001; e minha conferência "Hacia una nueva política criminal", no *V Encuentro argentino de Profesores de Derecho Penal y Jornadas argentinas de Derecho Penal*, Tucumán, outubro de 2005.

Como assinalam os autores que sigo neste ponto, um dado chave é o *esgotamento do Estado como instituição "transmissora de sentido" aos fatos sociais*, destruindo as subjetividades que aquelas instituições estabeleciam. Dito em linguagem jurídica, os indivíduos *já não se sentem parte das operações institucionais que antes os continham e relacionavam*. Talvez por isso não se confie nos políticos, nas eleições, na administração pública, nos juízes nem sequer nos educadores e professores. A crise social que estamos transitando não consiste na *passagem de um modelo esgotado a outro superior*. Pelo contrário, *a crise global oferece um porvir errático, sem regras fixas nem modelos substitutivos*; tem uma totalidade descomposta, um processo de desintegração social, sem que se observe nenhuma forma de recomposição razoavelmente previsível.[214]

Em conseqüência, os pesquisadores devem aprender a interpretar um homem cético, frustrado e perplexo, com escassa ou nula tolerância para com os demais, que não entende os parâmetros que regulam o porvir de sua existência, à qual, não obstante, se resigna, sem convicções, como uma fatalidade. Como teóricos, também deveremos admitir que, pertencendo ao mundo integrado, tendemos a conservar valores próximos às raízes teóricas nas quais fomos formados; entretanto, os excluídos (a maioria) perdem e esquecem suas raízes culturais. Esse é o abismo que medeia protagonistas sociais que se alienam reciprocamente e vivem em universos culturais tão contíguos como incompatíveis. Não é algo simples para um incluído com sentimentos solidários estabelecer laços de comunicação e intercâmbio no território dos descartados, nem em seu próprio. A distância social é rígida e não escuta argumentos: funciona por imagens que identificam o outro como um marciano. As subculturas de ambos os extremos geram modelos de vida, vestimentas ou modos de falar incompatíveis, salvo que a exploração comercial as reúna ocasionalmente, como no caso da música popular ou do futebol.

Por outra parte, a grande maioria das pessoas está submetida àquilo que Sartori denomina um processo de *estupidização global*, promovido essencialmente a partir da televisão, que substituiu o ato de *discorrer* pelo de *ver*, deslocando qualquer valor cultural precedente, apagando os limites entre o verdadeiro e o falso, o ético e o imoral; mas, fundamentalmente, o real do virtual, mediante um constante consumo de passatempos.[215]

O primeiro problema que teremos pela frente consiste então – nada menos – em *inventar uma lógica capaz de assinalar sentido a essas manifestações sociais*. Tudo parece indicar, para começar, que a idéia de contrato social deverá ser substituída por algo muito mais flexível e disforme, ou se

[214] LEWKOWICZ. Ignacio. *Pensar sin Estado*. Buenos Aires: Paidós, 2004.

[215] SARTORI, Giovanni. Homo videns. *La sociedad teledirigida*. Buenos Aires: Taurus, 1998.

se quer "líquido", capaz de nos conter na diversidade fraturada e hostil de hoje.[216]

Em referência à questão cultural, cabe recordar também que os mentores otimistas da globalização asseguraram que as novas tecnologias comunicativas iriam aprofundar as democracias. Prognosticaram as bondades do processo de globalização para a humanidade, por sua capacidade de nivelar, de generalizar a informação e o saber, e pelas vantagens de abandonar a velha filosofia do trabalho assalariado e dependente. O mágico caminho de acesso à igualdade futura, superior à perseguida pelo socialismo, seria, simplesmente, a comunicação. Interconectar-se à rede bastaria para gerar uma vida nova, qualitativamente superior, acedendo a oportunidades que permitiriam realizar os sonhos de todos. A igualação estaria dada pela uniformidade, integrando como dados da cultura todo tipo de fenômenos sociais, despojados de significação moral, ou de valores artísticos ou intelectuais; assim, para a humanidade teriam a mesma importância Maradona ou Mozart, ou "Ratinho" ou Aristóteles, por exemplo.

Contudo, hoje se multiplicam as vozes de alarma contra aquela utopia perfeita; Mario Bunge, por exemplo, pergunta-se se é certo que as pessoas e as nações se igualem à medida que se conectam à rede; se é certo que a internet globalizará e aperfeiçoará a democracia, baseando-se na suposição de que somente a informação conta e que hoje seria universalmente acessível. O conhecimento epistemológico responde que os dados estatísticos não sustentam nem a tese de igualdade socioeconômica, nem a de uniformidade política. Isso prova que nossas sociedades seguem estando profundamente divididas e, em quase todos os casos, essas divisões têm se acentuado.[217]

A rede global de comunicação rompeu, ademais, o tradicional vínculo entre cultura e território, colocando incontáveis problemas novos, como a preservação das tradições locais, o pluralismo ideológico, religioso e até gastronômico etc., frente à crescente estandardização cultural e concentração monopólica da informação, assuntos que excedem por completo o alcance dessa análise.[218]

---

[216] Na sua obra *La razón ausente*, Buenos Aires: Editores del Puerto, 2005, (apéndice), Julio Virgolini propõe, a fim de restituir legitimidade ao poder político, a incorporação de "*handicapes* de cidadania" (indicadores de graus de exclusão) para especificar o grau de privação de cidadania. O autor propõe isso em referência à responsabilidade penal, mas não deixa de ser uma idéia interessante, para imaginar novos modelos de pacto social.

[217] BUNGE, Mario. *Tres mitos de nuestro tiempo*: virtualidad, globalización, igualamiento. Argentina: Universidad Nacional del Litoral, 2001.

[218] Sobre o tema, ver "Las exclusiones sociales de la conquista y la modernid republicana: plebes, etnias y culturas negadas de América Latina. ¿La hora de la síntesis?" (Capítulo I, p. 47, de meu *Criminología Latinoamericana*, Parte Segunda, obra citada); e LARRAÍN IBÁÑEZ, Jorge. *Modernidad, razón e identidad en América Latina*. Santiago de Chile: Editorial Andrés Bello, 1996.

Em suma, as boas possibilidades teóricas que a globalização poderia oferecer à humanidade não se observam; entretanto, os desajustes e as exclusões que suas mudanças desencadearam alcançam já um saldo trágico que poderia medir-se em milhões de vítimas inocentes. A história dirá se isto constitui uma nova modalidade de Holocausto e como se deverão entender ontologicamente os direitos humanos, no futuro, para superar seu atual estado declamatório, cada vez mais abstrato.

5. Os riscos nas sociedades inseguras da aldeia global

O fenômeno da globalização disparou, ou ao menos acentuou, o sentimento difundido de que o homem de hoje está cercado de perigos terríveis que condicionam sua vida. O fenômeno é, em parte, real e, em parte, cultural, porque se assomaram aos riscos convencionais de sempre (acidentes, enfermidades) os provenientes de modelos sociais que já não garantem o futuro a ninguém. Também apareceram fenômenos novos de grande intensidade, como o terrorismo, a degradação ecológica, a deterioração urbanística das grandes cidades, e perigos próprios das tecnologias modernas, como os acidentes nucleares, vazamento de gás, envenenamento de águas, acidentes ou efeitos inesperados de manipulação genética, uso no Terceiro Mundo de medicamentos duvidosos proibidos no primeiro etc., aumentando a lista de ameaças para os seres humanos nas sociedades do século XXI. Muitos desses riscos não admitem seguros e não há modo de cobrir-se contra seus efeitos que podem prejudicar gerações inteiras. O Tsunami de 2004, no Oceano Índico, (que podendo ser antecipado com sensores e com os atuais meios de comunicação ultra-rápida, não o foi, devido à pobreza e à marginalização da região), afetou oito países asiáticos e causou mais de 300.000 mortes; esse é um exemplo de catástrofe devastadora contra a qual não houve recursos imediatos de nenhum tipo. Tais fenômenos deram lugar à denominação das comunidades globalizadas como "sociedades de risco" ou "culturas de risco". Existe uma demanda geral – que muitos autores consideram exagerada – em busca de segurança, e cada vez se investe mais dinheiro com a ilusão de alcançar um "perfeito grau" de proteção, em primeiro lugar, mediante a compra de armas. A mais disso, a destruição das redes sociais, a decadência das classes médias, o relaxamento dos vínculos solidários, familiares, sociais, políticos e sindicais, o caos cultural etc., contribuíram em grande medida para o aumento real e psicológico da sensação de vulnerabilidade, de solidão e de falta de defesa em milhões de pessoas que se sentem isoladas e temem os demais.

Ante tantos perigos reais ou imaginários, os níveis de tolerância e confiança diminuíram em todo o mundo, instalando-se um temor difuso até dos desconhecidos e diferentes, especialmente os portadores de estereótipos de aparência (mau aspecto, vestimenta pobre, cabelos compridos, sujos) ou raciais: indígenas, negros, pessoas pobres de tez escura etc. Generalizou-se a idéia de que não se sabe o que se pode esperar de um desconhecido, e a melhor atitude protetora é a desconfiança. Em meio ao anonimato das grandes cidades, esses reflexos chegam ao paroxismo e são adotados para a administração dos edifícios, buscando impedir a entrada de indesejáveis ou de possíveis ladrões.

No contexto anterior se pode verificar (em todo o mundo) um crescimento das denúncias e taxas de delitos registrados, em especial contra a propriedade e as pessoas, e um considerável aumento no emprego de armas e violência.[219] A possibilidade imediata de ser vítima desses feitos (por ser possuidor de bens caros, como o automóvel) instalou o temor ao delito como o medo por antonomásia nas classes médias e altas. Os meios de comunicação exacerbaram esses sentimentos, difundindo a sensação de que a segurança das posses e da vida está ameaçada, de que ninguém pode sentir-se protegido em nenhuma parte, alimentando uma grande insatisfação coletiva, que explode em reações vingativas dispostas a aplaudir toda classe de excessos, justificados desde a insuportável condição de cordeiros indefesos às que o Estado não brinda nem sua proteção, nem seu interesse.[220] Esse fator coloca o tema como prioritário nas discussões dos candidatos a ocupar cargos públicos, em especial durante campanhas eleitorais. Em muitas pesquisas de opinião, altas porcentagens de cidadãos de classe média privilegiam a segurança em relação à liberdade ou à democracia.

6. A violência e a expansão global da criminalidade

Desde o início do ano 2000, as promessas onipotentes do neoliberalismo entraram em crise, e se registraram em todo o mundo expressões de repúdio e resistência – que chegaram até a violência explícita. Enquanto isso, pauperização firmemente instalada gerou rápidos processos de concentração marginal urbana precária, os quais colocaram à administração e ao controle situações mais incontornáveis e complexas que quaisquer das conhecidas durante o século XX. Nasceu uma nova gestão do espaço das cidades que o Estado já não pode manejar.

[219] Ver estatísticas e figuras em CIAFARDINI, Mariano. *Delito urbano en la Argentina*. Buenos Aires: Ariel, 2006, Capítulo III; e SAÍN, Marcelo. *Política, policía y delito*. Buenos Aires: Capital Intelectual, 2004, Capítulo 5.

[220] A análise mais completa e clara desses fenômenos nas sociedades do Primeiro Mundo pode ser ampliada em GARLAND, David. *La cultura del control*. Barcelona: Gedisa, 2005.

O campo delitivo também se globalizou, dando sobradas mostras de poder. Citando alguns exemplos recentes, deve recordar-se que, em maio de 2006, narcotraficantes brasileiros presos em São Paulo planificaram e fizeram executar – dando ordens de dentro das prisões – ataques em massa contra delegacias e estabelecimentos comerciais que geraram um estado de guerra e fizeram necessária a intervenção do exército, para recuperar e manter o controle da cidade, ao ponto de guerra civil, com um saldo de mortes muito superior a cem. Em julho, ameaçaram novamente atacar as plantas elétricas e provocar o maior "apagão" na história do Brasil. Em dezembro de 2006, produziram-se (pela enésima vez) episódios similares, no Rio de Janeiro, com dezenas de vítimas inocentes, que também forçaram a intervenção do exército federal. Não parece casual que o Brasil seja a sociedade mais desigual da América Latina (e de quase todo o mundo), à qual os analistas tomam como caso paradigmático de injustiça social ligada a reações violentas.

Informações dos governos dos Estados Unidos e do México reconheceram que o grupo de sicários – "Los Zetas" –, braço armado do Cartel do Golfo, recruta em suas fileiras militares formados nos corpos de elite das Forças Armadas Mexicanas.[221]

Por sua vez, grupos islâmicos extremistas recrutam militantes de distintos países não-islâmicos, inclusive do Primeiro Mundo; dominam tecnologias de ponta e se valem dos recursos da lavagem de dinheiro para financiar suas operações. Todos seus contatos se fazem por meio da rede e em diversos idiomas e países etc. Conceitos como "narcoterrorismo" (Colômbia) ou "capitalismo mafioso" (Rússia e outros países da ex-URSS) estão na ordem do dia e podem ser analisados em qualquer jornal ou informativo. Tanto evoluíram essas organizações delitivas complexas, e tanto se têm mesclado com o mundo dos negócios "normais", que muitos especialistas consideram impossível definir a noção de "criminalidade organizada".

Sem prejuízo do caráter espetacular dos exemplos anteriores, a América Latina já estava habituada – há mais de uma década – a situações como o financiamento de governos pelos czares do narcotráfico, o emprego de assassinos de aluguel, a exploração infantil generalizada, a irrupção exótica de máfias asiáticas ou russas, a lavagem de dinheiro mediante inversões em obras faraônicas, os delitos informáticos, o tráfico de armas e a corrupção de altos funcionários a níveis grotescos e com uma impunidade escandalosa. O Paraguai é um país onde sua classe dirigente (democrática) está vinculada direta ou indiretamente a dezenas de circuitos econômicos ligados ao contrabando e a outras atividades proibidas. Esses fenômenos delitivos superaram todos os aparatos estatais de controle, desnudando sua ineficiência para neutralizá-los ou julgá-los. Em conjunto, isso indica que estamos ante

[221] *Clarín*, Buenos Aires, 03 de dezembro de 2006.

um agravamento da realidade delitiva que evidencia a ligação entre a deterioração social e seus efeitos de violência, degradação humana e delito. À parte disso, a globalização gerou um fenômeno muito mais complexo que uma mera sofisticação da criminalidade comum; tal como destaca Zaffaroni, certas manobras que antes foram delitos contra a economia nacional *são agora condutas lícitas na economia mundial*. A magnitude crescente do delito econômico tende a apoderar-se da economia mundial, e a corrupção convencional fica obscurecida pela *corrupção macroeconômica*, sem que exista um poder regulador capaz de controlar essa massa de negócios (turvos) por cifras astronômicas, das quais dependem já as grandes economias do planeta. Esse problema estava instalado há décadas nos Estados Unidos, em cujo orçamento os ingressos provenientes do negócio das drogas ocupam uma proporção essencial.[222] Hoje se sustenta que a soma total de capitais que esse negócio faz circular no mundo ocupa o segundo lugar atrás apenas dos ganhos produzidos pela comercialização do petróleo.

A retirada do Estado das funções de custódia e segurança levou à perda cada vez maior do controle da ordem pública, enquanto os grupos delitivos aumentavam seu número, poder e audácia, alcançando, como na Colômbia ou no Brasil, níveis paramilitares capazes de pôr em xeque as autoridades e gerar situações de ingovernabilidade cada vez mais longas.

7. Os modelos de segurança no estado global. Segurança pública e privada. Transnacionalização das funções policiais

O "encolhimento do Estado", objetivo essencial das políticas neoliberais, que – como vimos – já se haviam posto em prática (com outro nome) na Argentina do Centenário,[223] afetou fortemente as estruturas do controle social. As restrições orçamentárias e a filosofia do novo "Estado frágil" fizeram com que as polícias diminuíssem suas funções até privatizá-las, tarifando-as como "serviços extraordinários". Isso significa que numerosas atividades que antes contavam com a vigilância pública, como as esportivas, tiveram que contratar serviços de mercado à polícia. A passagem declarada das funções policiais ao livre mercado fez com que cada vez mais funcionários ficassem afetados para cobrir horas extras de serviços, com tarifas especiais, ou fossem diretamente recrutados por agências de segurança e vigilância privadas. Os

[222] "La globalización y las actuales orientaciones de la política criminal", no livro *En torno de la cuestión penal*. Buenos Aires: Editorial B de F, 2005, p. 190 e segs.

[223] A Argentina do Centenário se refere à década de 1900-1910. Em 1910, celebraram-se os primeiros cem anos da independência argentina. [N. T.]

serviços policiais "de mercado" abarcam uma grande diversidade: vigilância domiciliar, custódia pessoal, trâmites, apoio a empresas de recuperação de carros roubados, seguradoras, serviços privados de controle do trânsito etc. Com tais "ganhos", o Estado tirou um peso de seus ombros com os custos de manutenção de uma polícia pública a serviço (ao menos teórico) de todos os cidadãos, debilitando sua identidade e sua legitimação sociais.

Paralelamente, os remanescentes da vigilância e patrulhamento "público" foram se concentrando nas áreas urbanas, nas comerciais e nas de classe média alta, jogando à sua própria sorte grande áreas periféricas e marginalizadas, em muitas das quais vige – internamente – a lei da selva. Essas notáveis mudanças culturais foram acompanhadas de escandalosos casos de ineficácia ou corrupção policial (na Argentina, a história da polícia do Estado de Buenos Aires é um caso antológico), as quais geraram crescente intranqüilidade nos setores mais poderosos que, em pouco tempo, passaram a ser uma cobiçada clientela para a indústria de segurança privada. A transferência total desses serviços se iniciou com o gradual isolamento de setores ricos que foram se distanciando da cidade e se refugiando com suas famílias em torres, bairros e zonas exclusivos, dotados de todos os serviços, com grandes muralhas ou com forte vigilância, tal qual ilhas de segurança em um mar crescente de marginalidade. No Brasil e na Venezuela, os empresários e as autoridades se deslocam a seus locais de trabalho somente em helicópteros, para não terem de transitar pela cidade, expondo-se a seus perigos. Por outro lado, a blindagem de automóveis deu lugar a uma onda de expansão das indústrias automobilísticas, do mesmo modo que os sistemas eletrônicos de alarmas, controles visuais e comunicações, armas sofisticadas etc.

O vertiginoso crescimento da quantidade de empresas privadas de segurança que suplantaram as polícias públicas alcançou altos níveis de rentabilidade, despertando o interesse de – e posterior absorção por – empresas estrangeiras, especialmente norte-americanas. Consumou-se, assim, um dos fenômenos iniciais da transnacionalização dos serviços de segurança interior, ao qual logo se somariam outros espetaculares acontecimentos.

As agências privadas de segurança recrutam preferencialmente ex-integrantes das forças policiais (em grande medida, quadros exonerados ou expulsos por graves delitos, por indisciplina ou por participação em atividades clandestinas do processo militar), e seu número – que não parou de crescer nos últimos 15 anos – é calculado em mais de 100.000 homens. Cabe recordar que, na atual ocupação militar do Iraque, a segunda força invasora – em quantidade de homens – é representada pelo contingente pessoal das companhias privadas de segurança; e seus plantéis são contratados de mercenários internacionais. Algo parecido aconteceu com o processo de privatização das prisões que, nos Estados Unidos, alcançou magnitudes formidáveis.

A segurança privada custodia hoje todo tipo de instituições, inclusive públicas, como universidades, colégios, hospitais, escolas etc. Na Argentina, a própria presidência da Nação tem *web site*: seguridadprivada.com.ar, cujo primeiro *sponsor* é nada menos que o Ministério da Defesa. Daí se brinda toda a informação necessária para tomar contato com o negócio da segurança privada. Os *links* abarcam: academias, alarmes, armas, biblioteca, boletins, cabines, câmeras, CCTV,[224] comunicações, consultores, correio e custos.

A denominada "modernização" ou "adequação às exigências internacionais" adaptou verdadeiros *"programas de segurança interior" dentro da aldeia global*, rebaixando limites nacionais. Existem precedentes nem um pouco felizes desse tipo de acordos internacionais de polícia, como quando a "teoria da segurança nacional" instrumentalizou, na década de setenta, as polícias da Argentina, Bolívia, Chile, Brasil, Paraguai e Uruguai, para intercambiar informações e prisioneiros e inclusive torturar e executar seus cidadãos em países estrangeiros, no marco da denominada luta anti-subversiva.

Na década de noventa, as publicações policiais da Argentina não dissimulavam seu entusiasmo por compartilhar tarefas com o FBI, a DEA, a INTERPOL e outros organismos similares, profusamente difundidos com fotografias de bolsistas, cursos, visitas de intercâmbio e entrega de diplomas e distinções recíprocas. Um chefe da DEA, durante os anos noventa, foi, inclusive, um argentino nacionalizado norte-americano.

No plano político interno, esse processo de internacionalização do controle foi apresentado como "equiparação aos padrões do primeiro mundo". A própria polícia local de Buenos Aires foi adornada como se fosse de Nova Iorque; a ponto tal que se dispôs uma troca de uniformes, adotando-se uma indumentária quase idêntica à que mostravam os seriados norte-americanos. Vários políticos e governadores latino-americanos viajaram para familiarizar-se pessoalmente com o modelo de segurança do prefeito de Nova Iorque, Rudolph Giuliani, da "tolerância zero" ou das "janelas quebradas", com o qual assegurava ter pacificado os bairros mais difíceis, perseguindo até as faltas mais insignificantes com um esquema agressivo tanto no plano teórico como no prático.[225]

Tomando em conta o marco da globalização geral das economias latino-americanas e suas conseqüências sociais, tornou-se previsível que, caso se mantenha o aprofundamento do atual processo de deterioração econômica, não haverá possibilidade de conformar uma ordem que obtenha a passividade de tantas vítimas sociais. Conter a semelhante massa de insatisfação a partir de um simples discurso autoritário, distante das necessidades e dos problemas da população, conduzirá a uma desagregação final dos corpos de segu-

[224] Sigla correspondente à expressão "*closed-circuit television*". [N.T.]

[225] Ver, a respeito, WACQUANT, Loïc. *Las cárceles de la miseria*. Buenos Aires: Ediciones Manantial, 2000, p. 28 e segs.

rança, similar à debandada dos exércitos das ditaduras derrotadas. O abuso da contenção violenta somente serve para incubar situações incontornáveis quando o dique se rompe.

Por certo, não se pode acusar os ricos que estão sofrendo meras manias persecutórias: o clamor por mais segurança tem bases na realidade, mas essa realidade, gerada pela exclusão, foi largamente ignorada pelos favorecidos que pretendem agora manter a *choldra* à saudável distância. Logicamente, a violência da massa de seres humanos sem esperanças é cada dia mais difícil de "controlar" em termos convencionais. Tudo indica que, em última instância, nossos exércitos serão mobilizados contra eles, como o são contra plantadores de coca, cartéis da droga, favelas, greves e explosões sociais. Agora mesmo na Argentina algumas favelas como a famosa "Fuerte Apache" estão custodiadas já há anos pela Guarda Nacional. Na América Central e em vários países sul-americanos, o exército patrulha as ruas das grandes cidades pelas noites e "combate" a criminalidade, causando dezenas de "baixas" aos supostos delinqüentes.

8. Segurança nacional e internacional. O Direito Internacional militar e civil. Os modelos transnacionais de controle e a polícia bélica global contra o terrorismo

Não existe dúvida de que todo o conhecido como "terrorismo" nas décadas passadas se modificou por completo com o acontecimento das Torres Gêmeas de Nova Iorque. Esse horror desencadeou uma guerra de caráter imperial contra o terrorismo, difusamente religiosa, mas com mal-dissimulados objetivos econômicos e estratégicos, que pareceu disposta a militarizar o tema das seguranças interiores do todos os países. Essa quebra da ordem internacional implicou a decisão de "pacificar" – por intervenção direta – qualquer manifestação de perturbação interna ou evolução política que molestasse as convicções militares, religiosas ou políticas do Executivo dos Estados Unidos, respaldado pelo Pentágono. Muitas atividades consideradas antes delinqüência comum (o tráfico de drogas ou a lavagem de dinheiro) ou assuntos políticos nacionais (as guerrilhas insurgentes) passaram a formar parte do campo do definido como "terrorismo", abrindo caminho à hipótese das respostas mais draconianas.

Os ataques de 11 de setembro de 2001 serviram de justificativa para oficializar o abandono do marco jurídico básico das atividades civis e militares a nível global. A cruzada do "Império do Bem" se encaminhou abertamente, a partir de então, até a subordinação dos direitos humanos e civis a um modelo de hegemonia militar.[226]

Convém recordar que, logo após o 11 de setembro, os Estados Unidos estabeleceram tribunais militares próprios, com competência para julgar terroristas de qualquer parte do mundo, e esses começaram a ser presos em vários países, a fim de serem trasladados clandestinamente em transportes militares e encerrados em jaulas ou barracas, na base de Guantanamo, ou nas de Bagram, Kandahar e outras, ainda desconhecidas. Parte da estratégia consiste em prolongar a detenção em lugares e países distintos, por acordos secretos com suas autoridades. Os processos e as condenações contra esses "imputados" têm lugar (logo após a sua destruição psíquica e física) mediante processos secretos, sem garantias de defesa. Também, dentro dos Estados Unidos, minorias étnicas e religiosas foram confinadas em campos de detenção, e limitaram-se os direitos dos próprios cidadãos.

O ataque norte-americano contra o Iraque derrogou, de fato, as normas internacionais do "direito de guerra", violando o artigo 51 da Carta da ONU. Para os Estados Unidos, o Iraque devia ser arrasado somente por ser considerado um *perigo potencial*, sem direito à demonstração prévia, nem posterior, de inocência. (Trata-se da introdução no Direito Internacional do conceito de periculosidade pré-delitual.) Pouco antes, a primeira potência se havia negado também a convalidar o "Tribunal Penal Internacional", criado pelas Nações Unidas em abril de 2002 e posto em atividade em julho do mesmo ano, depois de ter alcançado 60 ratificações ao tratado de Roma.[227]

No começo de agosto de 2002, a administração Bush fez aprovar uma lei que autoriza o governo a *aplicar a coerção em qualquer parte do mundo para manter suas tropas fora do alcance do Tribunal Internacional.* A mais disso, a lei citada outorgou ao Presidente autoridade para liberar os membros das forças armadas norte-americanas que estejam sob a custodia da Corte Penal Internacional, *utilizando qualquer meio "necessário e apropriado", incluindo a força militar.*

Não satisfeito ainda com o anterior, o governo norte-americano conseguiu, mediante pressões financeiras, que o Conselho de Segurança das Nações Unidas outorgasse imunidade por um ano às tropas estadunidenses. Além disso, obrigou todos os países que dependem de sua ajuda militar a firmar pactos bilaterais de imunidade para suas tropas, sob a ameaça de lhes retirar todo apoio.

---

[226] Distintos enfoques sobre estes acontecimentos podem ser encontrados no livro de Atas do Colóquio Internacional dos ex-bolsistas Humboldt, em Montevidéu, em abril de 2003: *El derecho ante la globalización y el terrorismo*, Valencia: Tirant lo Blanch, 2004.

[227] Esses temas podem ser aprofundados em: WERLE, Gerhard. *Tratado de derecho penal internacional.* Valencia: Tirant lo Blanch, 2005; e PASTOR, Daniel. *El poder penal internacional.* Barcelona: Atelier, 2006.

Parece evidente que os Estados Unidos não tomam essas precauções por casualidade e se colocam à margem ou acima da comunidade internacional porque suas ações violentas incluem numerosos delitos contra o direito das gentes; esses são violadores dos direitos humanos ou tipificáveis como atos de genocídio. Por outra parte, ao ficar fora do Tratado a principal potência mundial, o peso jurídico e a legitimação do Tribunal Internacional, como o das próprias Nações Unidas, perderam grande parte de sua representatividade prévia e posterior.

Em relação à juridicidade civil, o sistema econômico internacional havia ficado estabelecido nos 80, mediante o Consenso de Washington, organizando as políticas financeiras em um sentido global. Após a Queda do Muro de Berlim, poderosos operadores financeiros se apoderaram dos debilitados mecanismos estatais e institucionais, econômicos ou políticos de numerosos países ricos ou pobres. Os ex-países socialistas se converteram, de fato, em um botim de guerra para investidores.

Como conseqüência do processo descrito, a legislação de numerosas nações foi subordinada ao modelo econômico, forçando seus regimes judiciais a concentrar-se na segurança material e jurídica dos investidores e seus operadores. Produziu-se uma "anglosaxonização" dos direitos nacionais por meio de novos tratados, inesperadas mudanças legislativas e interpretações judiciais. Os mercados lograram uma dupla cobertura jurídica: brindaram-lhes as justiças locais acomodadas e, na sua falta, a competência jurisdicional dos Estados Unidos ou de outros países centrais aos quais remeteram seus assuntos.

Em conclusão, estabeleceu-se uma hegemonia jurídica do mercado, incompatível com qualquer modelo alternativo, institucionalizando, no Direito das Gentes, uma etapa que alguns autores chamam a *Era do Protetorado*, durante a qual qualquer país ou região áspera poderá sofrer intervenção por qualquer meio até que se adote o rumo que se considere apropriado para ele ou ela.[228]

9. Síntese

A análise efetuada neste capítulo permite ter uma imagem de conjunto da situação atual da humanidade em meio ao processo de globalização forçada na qual foi imersa. Parece indiscutível que a complexidade do problema

[228] Ver KAPLAN, Robert. *El retorno de la antigüedad.* Barcelona: Ediciones B-Grupo Z, 2002. Esse influente ideólogo da política exterior norte-americana atual sustenta, entre outros pontos de vista, que "derrotar os guerreiros (terroristas) dependerá da velocidade de reação dos Estados Unidos, não do direito internacional".

da segurança sob tais condições não permite tratá-lo com simples fórmulas mágicas de algum iluminado. Preferencialmente, o tema convoca grandes tratamentos coletivos e interdisciplinares, nos quais a convergência de conhecimentos permita elaborar propostas novas, que contemplem os interesses mais gerais. Nesse sentido, a Criminologia parece naturalmente convocada a participar na análise dos problemas aqui expostos, o que significa atribuir-lhe novas tarefas e responsabilidades futuras.

Capítulo 15

O controle social na pós-modernidade

1. Os pressupostos racionais de um sistema penal democrático

Segundo os parâmetros da utopia iluminista, que veio desenvolvendo-se desde o século XVIII, a Política Criminal devia basear-se (como toda gestão social) em princípios de *racionalidade* que permitiriam avaliar as leis como justas e legítimas – e especialmente como previsíveis – de acordo com os parâmetros teóricos do momento histórico de sua sanção. A intenção filosófica subjacente era a de brindar certeza e segurança às relações sociais, e os juízos sobre as condutas humanas deviam ser, portanto, tão previsíveis e mensuráveis como os horários de um trem. Dessa forma, a ordem resultante possibilitaria uma governabilidade organizada, estável, a qual não seria perturbada por fatores ou incidentes imprevistos. Tal foi o modelo de ordem para exercer a liberdade e a igualdade, que presidiu durante uma longa etapa histórica o desenvolvimento social e material do Ocidente. Dentro do esquema da Modernidade, a Política Criminal era, em suma, parte de um *programa disciplinar para adaptar os cidadãos à harmonia do progresso conduzido pela razão*.

Ao longo do século XX – como vimos nos capítulos anteriores –, a concepção contratualista e as teorias da defesa social representaram a sociedade como integrada por uma *maioria* da população *normal*, que *tinha direito a ser protegida* de uma *minoria* agressiva e patológica. Os fins do controle apontam, mais ou menos explicitamente, para a proteção "tanto da sociedade como do delinqüente", mediante o recolhimento e posterior "tratamento" do segundo, para "recuperar" ou "reinserir" os desviados do conjunto social. Considerava-se que a intervenção da lei era inexorável e igual para todos, e seus objetivos podiam ser alcançados perfeitamente com as instituições disponíveis. Para dizê-lo em termos funcionalistas, a confiança na vigência da norma era hegemônica e pacífica. Arribados ao século XXI, as coisas modificaram-se drasticamente (para bem ou para mal) em relação à vigência e utilidade de um Direito liberal, apesar da fé inalterada de muitos especialistas em sustentar, esforçadamente, essa meta jamais alcançada em plenitude.

Tal como se expôs no capítulo anterior, os argumentos democráticos e humanistas da Ilustração estão hoje desacreditados publicamente, como uma espécie de romantismo ineficaz e fora de moda. O Direito Penal clássico foi tornando-se, pela força de discursos irracionais e acontecimentos arrojadores, cada vez mais distante das novas exigências sociais e políticas do presente, sendo relegado às universidades. O menosprezo público pelo discurso liberal do controle chega ao repúdio e a reações coletivas – mais ou menos espontâneas – contra decisões de tribunais ou administrações públicas ou opiniões de teóricos e especialistas na mídia.

Por outro lado, os poderes judiciais da América Latina caíram, nas pesquisas, a níveis de impopularidade sem precedentes, e abriram caminho a decisões oportunistas de seus setores partidários da "severidade exemplar" ou do mais vergonhoso oportunismo, para satisfazer o "clamor social" ou "melhorar a imagem da justiça".[229]

O atual estado de coisas permite compreender o porquê da inocuidade do discurso penal liberal e também daqueles desenvolvidos para superar a questão punitiva, como o minimalismo, o abolicionismo ou a descriminalização, já vistos nos Capítulos 8 e 9, e as propostas teóricas locais que, em seguida, serão analisadas. Tais enfoques propõem saídas consideradas "impraticáveis", porque *não são funcionais ao modelo social estabelecido*. Não servem para manter a classe de "ordem" que necessita a voracidade do denominado "turbo-capitalismo" para assegurar seus esquemas de rentabilidade, a contramão de valores coletivos ou de objetivos igualitários. A única liberdade que preocupa é a da circulação financeira. Os direitos fundamentais dos antigos cidadãos, garantidos nas constituições, tornaram-se um papel molhado que não pode assegurar nada a quem não pode pagar. Sob tais condições, o triunfo da racionalidade parece já difícil de ser – sequer – sonhado.[230]

Os programas de limitação ou estreitamento do poder punitivo do Estado chocam-se constantemente contra argumentos "realistas", como os de "momento desfavorável" para debilitar a reação punitiva, ou de que a defesa social deve estar por cima de qualquer outra consideração teórica, em face do iminente perigo de transbordamento marginal e de "caos social", ou ainda de que contra as ferramentas cruéis do narcotráfico, do terrorismo e da delinqüência moderna, *deve-se opor respostas não menos brutais de freio e dissuasão.*

Neste momento histórico, pretende-se gestar formas de controle à medida dos incluídos e daqueles que, a duras penas, conseguem permanecer

[229] Ver minha palestra "La justicia ante las actuales demandas de seguridad", apresentada no *Primeiro Congresso sobre segurança e Estado de Direito*, Faculdade de Direito (UBA), agosto de 2006.

[230] Ver meu estudo "El sistema penal ante las exigencias del presente", no livro de mesmo título. Santa Fe: Rubinzal y Culzoni, 2004.

dentro do modelo. Os excluídos somente são passíveis de ser criminalizados, e o limite de seus direitos já não está marcado pela Constituição e pelas leis, senão pela *intensidade de sofrimento que padecem suas vítimas e sua capacidade de expressar isso por meio da "opinião pública"*.

Qualquer proposta de análise racional em matéria de segurança é turvada por uma colossal mescla de idéias e princípios contraditórios que, por caminhos do "senso comum", levam ao estereótipo de que a "solução ao problema da delinqüência" radica no rigor e na satisfação retributiva, mediante a presunção de culpabilidade e um seguro castigo aos autores, deixando de lado antigos escrúpulos processuais.[231]

Os monopólios de informação audiovisual são decisivos na hora de fazer do tema criminal um espetáculo rentável e, das *campanhas da lei e ordem*, uma consciência ou ideologia coletiva, desestabilizando a "sensação de segurança" das classes médias. Grande parte do arsenal político-criminal que manejam nossos governos tende a acalmar as expectativas assim geradas, cujo poder multiplicador deve ser levado constantemente em conta.

Vemos agora, em apertada síntese, alguns dos intentos teóricos e práticos que foram propostos ou executados ultimamente para pôr diques de contenção à investida *neopunitivista* em curso.

A partir do Direito Processual, pretendeu-se solucionar o problema da falta de representatividade da justiça, mediante a adoção do *sistema de jurados*, sem uma avaliação profunda dos poucos alentadores resultados que a instituição produziu nos países anglo-saxônicos, recorrendo autisticamente a um mero argumento de autoridade normativa: a existência do texto do artigo 24 da Constituição Nacional, passando por alto pelos necessários debates sociais, políticos e históricos que expliquem tal desuetudo de mais de 150 anos.[232]

No campo da teoria do delito, merecem destaque os esforços de Zaffaroni para articular um retorno ao Direito Penal liberal, mediante a limitação redutora do poder punitivo por parte das agências jurídicas. Essa função – à qual denomina 'limitadora' – seria a única que poderia dar base a uma "reetização" do Direito Penal, de natureza republicana e humanista.

Define o Direito Penal *como o ramo do saber jurídico que, mediante a interpretação das leis penais, propõe aos juízes um sistema orientador de decisões que contém e reduz o poder punitivo, para impulsionar o progresso do Estado Constitucional de Direito.*[233]

---

[231] Ver PASTOR, Daniel R. "La deriva neopunitivista de organismos y activistas como causa del desprestigio actual de los derechos humanos", em *Nueva Doctrina Penal*, 2005/A.

[232] Ver ELBERT, Carlos, "¿Necesitamos, en 1998, el juicio por jurados?", em *Jurisprudencia Argentina*, Buenos Aires, 1998, tomo IV, p. 784.

[233] *Derecho penal*: parte general, obra citada, Capítulo I.

Segundo a proposta, os juízes deveriam ser a contenção do poder punitivo, para que este não ficasse livre ao impulso das agências executivas e políticas, fazendo desaparecer o Estado de Direito e a República e dando lugar a um Estado de Polícia.

O autor propõe também um novo sistema de mensuração da culpabilidade segundo a "vulnerabilidade" do jurisdicionado, que seria a posição de risco criminalizante nos quais os próprios autores se colocam, ou seja, o esforço pessoal para delinqüir, descontando, da medida da pena, os caracteres estereotipados do agente que o tornam vulnerável.[234] Trata-se, certamente, de uma compensação aos criminalizados por aquelas desvantagens sociais e pessoais das quais é responsável o Estado.

Lamentavelmente, a obra não parece ter logrado ressonância no meio judicial, e os juízes democráticos se encontram em xeque permanente por parte do poder político, que, inclusive, melhorou sua posição estratégica dentro do Conselho da Magistratura Nacional, adquirindo peso determinante em suas votações. A presumida "estabilidade constitucional dos juízes" foi substituída por negociações caprichosas de votos intercambiáveis segundo os hábitos parlamentares, para decidir pelo julgamento e pela remoção dos juízes que não se alinhem aos requerimentos do sentido comum da política conjuntural. As mobilizações populares nos casos "Blumberg" e "Cromañón"[235] e seus efeitos institucionais são eloqüentes para ilustrar o porvir errático e demagógico dos Poderes Executivo e Legislativo e, em menor medida, do próprio Poder Judiciário em ocasião de acontecimentos que causam comoção.[236]

Outra proposta criativa, baseada notoriamente na de Zaffaroni, é a de Julio Virgolini, o qual se limita a imaginar um funcionamento inverso dos *handicaps* de criminalização automática dos países anglo-saxônicos, fazendo valer com "*handicaps* de perda de cidadania".[237]

Virgolini considera que a categoria da vulnerabilidade zaffaroniana é uma audaz iniciativa para reduzir a certos limites a irracionalidade do Direito Penal dentro do próprio sistema penal, mas não é suficiente para lhe dar legitimidade política. Afirma este autor que se deveria formular o princípio da

[234] *Derecho penal*, obra citada, Capítulos XX e XXX; e *En Busca de las penas perdidas*, Buenos Aires: Ediar, 1989, Capítulo 6.

[235] Trata-se dos casos trágicos ocorridos em 2004, que causaram grande comoção na Argentina. Ver de Carlos Elbert e colaboradores: *Inseguridad, víctimas y victimarios*. Buenos Aires: B. de F., 2007. (N.T.)

[236] A partir da reforma do Conselho da Magistratura (Lei nº 24.937/06), o total de seus membros se reduziu a sete. O setor político (representantes do Senado e da Câmara de Deputados) se elevou a quatro membros, dois por cada corpo legislativo; desapareceu o presidente da Corte Suprema; a presença dos juízes se reduziu a dois, e a dos advogados, a um membro. Essa diminuição do setor profissional viu reduzida sua representação de três sobre nove membros (33 por cento) a um sobre sete (14,5 por cento). Nos anos 2005 e 2006, produziram-se numerosas renúncias de juízes, que, em muitos casos, deram a conhecer seu cansaço e a incomodidade para cumprir suas funções, devido à interferência da política. Tudo parece indicar que a independência judicial iniciou uma agonia irreversível.

[237] VIRGOLINI, Julio. *La razón ausente*, obra citada.

intolerabilidade política (não somente ética) do castigo real, quando se dirige contra aqueles que estão fora do direito por terem sido *privados da lei, ou seja, da condição de cidadãos*. Em conseqüência, em lugar de identificar os fatores que tornam perigosos os delinqüentes, deveriam aplicar-se "parâmetros de desventura" para legitimar o castigo, "descontando" as circunstâncias que privaram o sujeito de cidadania (falta de trabalho, de escolaridade, vida carente e moradia precária, padecimento de violências etc.). Desse modo, ainda que os delitos fossem intrinsecamente perversos, se reconheceriam também indicadores de exclusão que marcariam uma relação política do sujeito com o Estado ante a falta de *prestações de cidadania* por parte deste. Em suma, quando um sujeito reunisse um número significativo de variáveis da tabela, isso deveria aparelhar o ditado de medidas como a prescindibilidade da pena, sua redução ao mínimo legal, aplicar medidas alternativas etc. À parte disso, deveria habilitar aos afetados e às suas famílias um direito subjetivo, para reclamar uma compensação material pela situação padecida. Propõe-se um artifício destinado a pôr em um mesmo plano as obrigações estatais de prestar segurança e as de garantir a cidadania de todas as pessoas.

Como se assinalou no capítulo anterior, a proposta excede o marco da punição penal, e é um interessante ponto de partida para uma reformulação dos conceitos de *cidadania e pacto social*. O autor não se estende além de um jogo dialético com sua proposta, a qual, se bem que parece mais simples e praticável que a de Zaffaroni, está submetida a similares limitações (justamente políticas) quanto à sua viabilidade na conjuntura atual. Sem um novo pacto social, a presente coalizão do poder político-social dificilmente cede espaços no exercício de um controle que considera imprescindível e premente à manutenção do modelo.

A única corrente jurídico-penal que brilha como possível superação prática do discurso da Modernidade é o *funcionalismo sistêmico*, já analisado no Capítulo 11. Essa metodologia, puramente instrumental, deixa de lado alguns dos pilares essenciais de um Direito Penal liberal, como o limite da afetação dos bens jurídicos, a importância dos conteúdos subjetivos da conduta humana ou a proibição da analogia. A divisa do funcionalismo poderia ser: "nem bom nem mal. Eficiente". Por certo, eficiente para assegurar o funcionamento adequado de *qualquer sociedade*, com abstração de vontades, de valores, de ideologias e, especialmente, de dados da realidade.

Em sintonia com a situação presente, também foram bosquejadas opções seletivas dentro do Direito Penal, sob as formas do Direito Penal de "duas velocidades" (e suas variantes) e do "Direito Penal do inimigo"; no primeiro caso, com intenções de igualdade social e, no segundo, com objetivos que aperfeiçoam a segregação atual.[238] O Direito Penal *de duas velocidades*

[238] *La globalización y las actuales orientaciones*, artigo citado, p. 203.

pretende alcançar mais igualdade entre excluídos e incluídos da sociedade; assim, supõe que deve existir uma legislação com maiores garantias para os fracos e outra com menos garantias para os poderosos. Como variante, também se sustentou que a impunidade dos poderosos deve ser compensada com maior pena nos casos de condenação, ou que a menor gravidade do fato menos garantias para os imputados etc. Tal como assinala Zaffaroni, são muitas as objeções que refutam esse tipo de proposta, apesar de as boas intenções que, em alguns casos, podem animá-las. Em geral, o problema se coloca porque esse tipo de sistema tende a legitimar a introdução de provas ilícitas nos processos e a se estabelecer definitivamente como se fossem vias judiciais ordinárias.

Em boa medida como resultado da deterioração progressiva do Direito Penal na globalização e dos acontecimentos bélicos indicados no capítulo anterior, as legislações excepcionais em certos assuntos foram se perfectibilizando; em especial, o caso da luta contra as drogas ou contra o terrorismo levaram até os pontos mais extremos uma legislação intolerante e alarmista que arrasou quase todas as garantias dos Direitos Interno e Internacional. Se bem que a intolerância da Política Criminal estadunidense já proclamava com uma sinceridade brutal os benefícios de segregar os elementos perigosos dos cidadãos pacíficos, apareceu, mais recentemente, um conceito totalizador de alarmante exatidão: *o Direito Penal do inimigo* que concentra teoricamente os elementos fundamentais de todo regime de exceção contra certos sujeitos. Günther Jakobs é quem tem a duvidosa honra de ter colocado a conceitualização filosófica e jurídica que iniciou o debate em torno do chamado "Direito Penal do inimigo". A polêmica acerca do que esse autor disse, quis dizer ou retificou, é uma autêntica confusão que não nos cabe resolver neste ponto.[239] Possivelmente pela complexidade de seus textos e sua reticência em aclará-los, Jakobs desperta desconfianças, solidariedades e também o temor de que sua representação do Direito Penal já esteja se materializando na realidade.

Partindo da expansão do Direito Penal, as tendências a criminalizar condutas prévias à lesão de bens e à severidade das penas, Jakobs considera que apareceu no horizonte político-criminal um Direito Penal da colocação em risco de bens, de características antiliberais. Em tal contexto, o Estado pode proceder com os delinqüentes vendo neles pessoas que cometeram um erro, ou bem sujeitos aos quais se deve impedir que destruam o ordenamento jurídico. Quem não oferece segurança sobre seu comportamento pessoal não deveria ser tratado como pessoa, porque isso vulneraria o direito à segurança dos demais. Por certo, a maioria dos delinqüentes poderia ser tratada como

[239] Ver JAKOBS, Günther e CANCIO MELIÁ, Manuel. *Derecho penal del enemigo*. Buenos Aires: Hammurabi, 2005; e APONTE, Alejandro, "Derecho penal del enemigo vs derecho penal del ciudadano. Günther Jakobs y los avatares de un derecho penal de la enemistad", em *Cuadernos de Doctrina y Jurisprudencia Penal*, n° 18-19, 2005, p. 481; ALLER, German. *Co-responsabilidad social, sociedad de riesgo y derecho penal del enemigo*. Montevideo: Carlos Álvares Editor, 2006.

pessoas, mas ficaria uma proporção de indivíduos que não permitem ser incluídos em uma Constituição cidadã. Em conseqüência, seria necessário um direito especial, de prevenção, para os "outros" que, com seu comportamento perigoso, se colocam fora do direito comum. Que essas idéias tenham sido lançadas provocativamente por um alemão, nada menos que em Berlim, já seria suficiente para desencadear fatalmente um escândalo jurídico, pela direta evocação dos "estranhos à comunidade" do nacional-socialismo e das tendências xenofóbicas da Europa comunitária de hoje. Possivelmente, não se podem atribuir a Jakobs essas ideologias, mas passarão ainda muitos anos até que se logre desvencilhar do estigma adverso de aprendiz de feiticeiro que convocou, inconscientemente, forças incontroláveis.

Resumindo o exposto, encontramo-nos em face de um panorama cheio de dificuldades para o trabalho de um Direito Penal que não se satisfaça com políticas de fatos consumados para *espaços privilegiados de ordem.* Esse é o lugar que lhe deixou um modelo de Estado incapaz de possibilitar a inclusão social plena, baseada no direito igualitário para todos os cidadãos. Daí a constante tentação de levar a mão à cartucheira das leis de exceção. Esse é o difícil marco de atuação do Direito Penal liberal no século XXI, seja aquele que persiste na sustentação das velhas utopias, seja aquele que intenta reformá-las.

2. Políticas inermes, ingênuas ou intolerantes

Os dados e argumentos já desenvolvidos permitem visualizar múltiplos fenômenos novos no quadro da criminalidade do século XXI. A polarização social em extremos incompatíveis (integração e decadência) e os níveis de deterioração institucional estão colocando o mundo ante um ponto de inflexão, sobre *o que se deve entender por ordem e segurança, e o que se deve fazer (ou não) para mantê-las, mediante quais ferramentas e a quantos (e a quem) se pretende beneficiar*. Isso inclui, como já se viu, uma crise profunda do Direito Penal liberal, que abarca seu campo teórico e prático de ação.

A busca por respostas a essa emaranhada problemática corre por caminhos diversos, com sorte também diversa. Os modelos de controle que estão sendo aplicados poderiam ser avaliados, em primeiro lugar, segundo a sua maior ou menor vocação democrática. O problema é que as idéias mais democráticas devem, necessariamente, reivindicar um modelo liberal, integrador, respeitador de garantias que, como se disse, parece hoje inviável. Em geral, os mais qualificados especialistas penais permanecem *inermes*, ignorados politicamente e repudiados em nome do humor social.[240]

[240] Um recente projeto de reforma integral do Código Penal [argentino], elaborado por uma comissão de juristas convocada pelo Ministério da Justiça, foi "desativado" pelo próprio Ministro após conhecer as

Fora do campo especificamente acadêmico ligado ao Direito Penal, também houve intentos de pôr em prática programas de governo, locais ou regionalizados, para "melhorar a segurança" em setores de classe média das grandes cidades.[241] Geralmente, tais intentos se basearam em medidas preventivas, imitando experiências do Primeiro Mundo e esquemas práticos confeccionados originariamente pelos ecologistas da Escola de Chicago, tais como iluminar melhor as esquinas, manter podadas as árvores, limpar as praças, colaborar com a polícia em face da aparição de pessoas estranhas etc. O problema é que muitos desses modelos, além de fazer uso da *prevenção situacional*, deixam intacta a imagem simplista do "bom cidadão" ameaçado por forças obscuras e malignas – ou seja, "os outros" –, ou bem não tem poder para gerar políticas sociais para os excluídos, *conditio sine qua non* para uma mudança real da situação.

É discutível que a "participação cidadã" nesses intentos haja sido um aporte positivo, se tais projetos fracassaram, sem lograr que seus "beneficiários" lhes deram uma dinâmica própria, autogestionária, posterior. Pelo contrário, as intenções essencialmente reivindicativas das classes médias não cessaram de potencializar-se na forma de demonstrações públicas ou reações violentas contras falhas da justiça ou atuações policiais consideradas "brandas". Parece evidente que uma política cultural adequada siga sendo prioritária para operar imediatamente a partir de mudanças de atitude e convicções na sociedade.

O mérito de haver "intentado fazer alguma coisa" não deve eximir de balanços autocríticos rigorosos, em particular os que correspondem a ensaios articulados a partir de espaços do poder político, de financiamento seguro, mas com rumo criminológico imprevisível. Convém recordar também que a falta de um diagnóstico teórico certeiro da realidade esteriliza as melhores intenções práticas de mudança e que descrever estatisticamente a realidade não significa compreendê-la. Uma situação tão complexa como a atual dificilmente pode ser resolvida a partir do método "ensaio-erro", ou com programas que não tenham um contexto teórico essencialmente local.

A partir de uma esquerda moderada, expressaram-se também alguns entusiasmos com políticas do Primeiro Mundo que lá já fracassaram, como as dos novos realistas da Inglaterra. Esses modelos (pretendidamente "marxistas") se confeccionaram para realidades e em circunstâncias muito distintas das da América Latina, e sua única sedução política se baseia, provavelmen-

---

suas conclusões, porque o projeto resultou demasiadamente "garantista". Ver "El gobierno desactiva la reforma penal", *La Nación*, 12-7-2006.

[241] Ver uma síntese do "Plan Piloto de prevención del delito", no apêndice do livro *Delito urbano en la Argentina*, de Mariano Ciafardini, obra citada, p. 84 e segs.

te, em um *slogan* de "levar a sério o crime, tal como o sente o povo".[242] As objeções correspondentes já foram expostas no Capítulo 13. Por outro lado, o recurso de fazer sentir melhor as classes médias, chamando-as de "povo" (assinando-lhes representatividade geral), é um enganoso lugar-comum simplificador, cunhado pelos meios de comunicação menos democráticos.

Mais além dos intentos das práticas *ingênuas*, somente podem se encontrar todos os receituários antidemocráticos e classistas, muitos deles também importados do Primeiro Mundo, como se fossem um elixir para fazer crescer o cabelo. Certamente, esses setores se caracterizam por não possuir teorias, senão lugares-comuns ideológicos apoiados na intolerância que soem ser muito exitosos na colocação em prática de suas idéias retrógradas. Apesar da preocupação que esses "êxitos" podem despertar, não parece efetivo – com já se disse – lhes opor ativismos de sentido contrário, e menos com motivo de campanhas eleitorais ou acontecimentos específicos da política quotidiana, salvo se fossem parte de uma estratégia geral com suficiente respaldo institucional.

Os grupos que propugnam a mão dura em qualquer de suas variantes possuem fórmulas postas em práticas nas últimas duas décadas, improvisadamente, ignorando a opinião de especialistas reconhecidos, que somente engrossaram os códigos e as leis com normas contraditórias e defeituosas, insistindo nelas apesar de seus reiterados e demonstrados fracassos. Assim, se tem proposto, uma vez depois da outra, o aumento das penas, a diminuição do limite da responsabilidade penal, a incorporação de agravantes, a restrição para as condições de concessão de liberdade provisória, os tipos de autor, a limitação das garantias processuais, a supressão de benefícios processuais e materiais, juízos políticos em vez de juízes "permissivos", mais prisões e até intentos propagandistas à adoção da pena de morte etc., em confusa acumulação.[243]

Nesse campo do ativismo repressivo, a única novidade é a adoção de modelos importados, como o da "tolerância zero", que oferecem medidas similares com outro nome, apresentadas internacionalmente como políticas exitosas, sob lemas como "podemos ganhar a guerra contra o delito". Recordemos que, desde a irrupção dos realistas de direita nos Estados Unidos, as políticas criminais desse país ganharam um lugar entre as mais duras e implacáveis do mundo, com a convicção de que a única causa do delito é a maldade de certas pessoas que existem, sujeitos predispostos ao crime, e a única resposta possível são penas duras e longas, ou a morte, tudo em um discurso carregado com tons de fatalidade religiosa medieval. Essas sustentam que o Estado não deve perder tempo perguntando-se pelas causas destas condutas, senão de sua rá-

[242] Ver o epílogo da edição latino-americana de *¿Qué hacer con la ley e el orden?*, obra citada, p. 271 e segs.

[243] Ver o meu artigo: "La pena de muerte y el endurecimiento del sistema penal: ¿solución para el sentimiento colectivo de inseguridad?", na *Revista Derecho Penal*, n° 6, Rosario, 1998.

pida sanção, para proteger os cidadãos honestos, e *é justo ser intolerante com quem não tem nada o que fazer nas ruas*. Para erradicar o crime, levam-se a cabo hostilidades constantes contra pobres e marginais em espaços públicos (que desembocam em surras e encarceramentos) gerando assim tranqüilidade aos setores médios. Trata-se, como disse Wacquant, de estratégias de *intolerância seletiva*. Esse programa teve uma espetacular demanda internacional e significou um rentável negócio para seu mentor técnico, o policial William Bratton, que foi avalizado por uma série de "fundações", as quais lhe deram apoio e promoção em setores influentes.

As questionáveis técnicas estadunidenses (tolerância zero, lei dos três golpes, execuções itinerantes, dureza carcerária extrema, estigmatização pública de abusadores infantis etc.) foram tomadas como *exemplo de eficácia* por políticos de muitos países que entendiam estar comprando o assessoramento dos "melhores especialistas do mundo". A tal fim, proeminentes ministros, governadores, candidatos políticos e familiares de vítimas viajaram aos Estados Unidos para informar-se, de maneira direta, sobre as técnicas dessas "soluções radicais para a desordem social".

Outra elaboração recente de países centrais é a chamada *justiça actuarial* (enigmática transcrição literal que deveria ser punição automática ou estatística), consistente na aplicação, ao tema do delito, dos critérios de cálculo que aplicam as companhias de seguro e empresas comerciais para quantificar riscos, segundo prospecções estatísticas. Tais ferramentas, aplicadas ao cálculo da probabilidade delitiva futura, são chamadas "estratégias de incapacitação seletiva" e permitem estabelecer e identificar os "setores de risco" na sociedade, segundo suas particularidades raciais, pessoais, laborais e, em especial, por seus antecedentes prévios. Determinadas características, como as de haver consumido drogas ou álcool, que se ligam à comissão freqüente de delitos, são agregadas a uma equação, ou seja, uma listagem que indica instantaneamente a pena em abstrato que é conveniente impor (poderia ser até a prisão perpétua), para "neutralizar o fator perturbador", diminuindo assim as probabilidades estatísticas de que volte a causar danos no futuro. Uma manifestação concreta de tal teoria é a lei dos "três golpes", vigente na Califórnia e em outros Estados, segundo a qual a terceira condenação corresponde automaticamente à pena de vinte anos ou vitalícia. Houve casos nos quais se impôs essa resposta a quem cometeu um terceiro furto, consistente em ter furtado uma pizza, por exemplo. Por certo, as estatísticas têm desmentido essas predições do futuro, do mesmo modo que nunca antes se pode ser especificada a periculosidade pré-delitual.

A *prevenção situacional* é outra descoberta da engenharia anglo-saxônica e consiste na assunção aberta de que o delito é uma fatalidade inevitável e deve formar parte da vida quotidiana. Em conseqüência, os cidadãos (noção já imprecisa) devem ocupar-se por *si mesmos* de reduzir os riscos de ser vitimizados, melhorando as condições de segurança, desconfiando dos estranhos, colaborando com a polícia etc.

3. Síntese

No capítulo anterior, analisaram-se alguns dos importantes problemas que o processo de globalização coloca à humanidade, e destacou-se a responsabilidade que cabe à Criminologia na elaboração de novas propostas teóricas e práticas no tema do controle social formal. Nesse capítulo, analisou-se especificamente a situação no campo das ciências penais, envoltas em uma crise que já ninguém discute e que empurra o Direito Penal até notáveis contradições e à impotência teórica.

Nos capítulos anteriores, traçou-se uma detida análise da Criminologia até desembocar na sua crise epistemológica, para cuja análise reservamos o último capítulo. No campo das políticas criminais locais, sejam essas de signo progressista e liberal ou reivindicativas, se observa, em suma, uma grave falta de criatividade e eficácia. Tal como se havia assinalado no Capítulo 9, a tendência à adoção rápida do que está em voga no Primeiro Mundo segue sendo uma debilidade local que, em grande medida, mostra suas reiteradas limitações.

Por último, as dificuldades para conceber a sociedade como um todo, em seu atual estado de fragmentação, limitam os efeitos de programas setoriais, que, em geral, vão dirigidos às classes médias, como rendendo um perene tributo à visão de mundo da Escola de Chicago.

O diagnóstico sobre a situação atual é muito grave e requer imperiosamente novos enfoques que permitam articular aquelas velhas e sábias conquistas da cultura com os requerimentos urgentes e pragmáticos destas sociedades atomizadas. É bom recordar, em tal sentido, aquele pensamento de Kant, quando sustentou que habitamos um mesmo planeta e que, em conseqüência, estamos fatalmente condenados a nos entender, ainda que não tenhamos à mão os instrumentos para fazê-lo.

Capítulo 16

O futuro científico da Criminologia. As ciências sociais do século XXI

1. As ciências sociais do século XXI

No Capítulo 2, analisamos os árduos problemas a enfrentar para definir o que é ciência, método, objeto e, particularmente, a difícil problemática das ciências sociais no terreno epistemológico. *Sabemos que elas não alcançaram objetos precisos, e sua objetividade é duvidosa, porque sempre envolvem o observador.* Entretanto, essas dificuldades das ciências sociais não provocaram sua desaparição. Não se observam, no campo da Sociologia, por exemplo, propostas de enclausurá-la por sua incapacidade de alcançar um pleno *status* de ciência. Tampouco ocorre algo semelhante em relação à Psicologia social, apesar de sua natureza de mera *disciplina*. Poder-se-ia dizer que a busca de saberes ou de conhecimentos sociais se parece à da felicidade ou ao prolongamento da juventude, ambos objetivos inalcançáveis, aos quais, contudo, ninguém quer renunciar.

Viu-se que é impossível a objetividade em qualquer ciência humana e que, fatalmente, são parciais e provisórios os conhecimentos que nelas se obtenham; não obstante, as distintas faculdades e centros de estudos sociais prosseguem com entusiasmo suas tarefas apesar de reconhecer essas limitações.

Até o momento, tampouco parece estabelecida nas ciências sociais uma bacanal da subjetividade analítica; nada pode sustentar alguma idéia baseando-se em suas sensações ou, simplesmente, porque deseja dizer algo. A inter-relação comunicativa subsiste como uma ponte indispensável para intercambiar saber e ainda parece legítimo exigir que toda pretensão de cientificidade seja *razoável e justificada* com as ferramentas mais elaboradas e transmissíveis que podem ser oferecidas.

A Criminologia compartilha as dificuldades próprias das ciências sociais, e isso não deveria chamar a atenção no marco da profunda crise dos paradigmas científicos do último fim de século. Tendo-se negado viabilidade à ciência mesma e caráter de tal às ciências sociais, é óbvio que à Criminologia também se pode negar sua pertinência ao quadro dos estudos sociais; como se verá, por distintos caminhos, alguns criminólogos raciocinaram desse modo. Todavia, como o século XXI colocou desde seu início problemas numerosos e prementes, sem bases estáveis de articulação. Para contribuir a esclarecer os problemas da sociedade atual, não se pode negar a vantagem de contar com ferramentas interpretativas como a Criminologia, que reclamam, em tal contexto histórico, uma nova oportunidade.

A partir de um par de décadas, a Criminologia permanece atomizada, encerrada em compartimentos estanques. Cada enfoque permanece ensimesmado em aspectos temáticos específicos, tais como drogas, menores, cárceres, segurança etc., quase sem esforço algum por transcendê-los e inseri-los em uma visão teórica geral. Nesse sentido, instalou-se uma dispersão por especialidades similar a que apresenta a Sociologia e, às vezes, se pretende dissimular essa situação, recorrendo à "transdisciplinaridade" – quase como uma saída de emergência – para continuar na elaboração de discursos parciais e paralelos, ou mesmo uma acumulação quase inabarcável de teorias contrapostas, que fez da Criminologia um espaço extremamente complexo e abstrato.

O intento deste trabalho é fornecer um aporte para superar tal estado de coisas a partir do único plano legítimo para estabelecer um estatuto de cientificidade: o da epistemologia.

Por isso, após repassar as origens da Criminologia, sua evolução histórica e os paradigmas ou a sucessão de idéias que nela foram sendo hegemônicas, intentar-se-á coroar aqui o trabalho, aplicando as bases de conhecimento reunidas, em busca a dar respostas às principais interrogações ao que concerne à natureza científica do saber criminológico.

2. Um fantasma recorre às ciências sociais: é o fantasma da Criminologia

Resulta curioso que, na última parte do século anterior, se tenha apelado a simplificações tendentes a desterrar a Criminologia do espaço científico sem juízo prévio. É notável que sua presumível desqualificação epistemológica fosse decidida tão ligeiramente, sendo que, antes da crise dos anos oitenta, seu caráter científico foi subentendido, evitado ou escondido sob discursos pouco inteligíveis. Não houve, em suma, na doutrina mais recente, análises profundas e específicas do tema, excetuando-se a obra de Ceretti, já mencionada, de 1992. Suponho que esse vazio se deve à complexidade do tema que deve ser analisado conforme as categorias da teoria das ciências, porque nesse terreno os níveis de coerência que são exigidas pelos discursos são difíceis de alcançar. Talvez por isso a proposta de discussão do estatuto científico da Criminologia, no terreno epistemológico (que venho colocando desde 1996), não goza de muito poder de sedução a julgar pelo longo silêncio que lhe sucede. Tampouco deixa de ser curiosa a estratégia de esquivar constantemente a esse debate, ou estigmatizar os que pretendem conduzi-lo com etiquetas de "positivistas" ou "tentativa de coarctar a liberdade à teoria social", ou ainda que tais propósitos são "meros atos de autoridade sem valor vinculante à liberdade intelectual". Por certo, a liberdade absoluta é o bem mais apreciado para o homem, mas a realidade demonstra que a coexistência social impõe, em toda época histórica, forçosamente, o estabelecimento de limites (velocidades máximas, horários, decibéis) e de instituições com certa hierarquia (não é o mesmo um *kindergarten* que a universidade). Ainda que as teorias pós-modernas e a anarquia epistemológica têm debilitado muito a convicção de que tais limitações sejam necessárias e legítimas, não parece ter-se alcançado o ponto de dissolução necessário para livrar completamente as forças da criação intelectual à casualidade. Em conseqüência, parece errôneo ver a busca de um horizonte melhor definido como um ato de poder coativo. Diria que essa pretensão libertária se parece à de quem, logo após inscrever-se em um concurso de tiro ao alvo com pistola, pretende usar uma besta em nome de sua liberdade desportiva.

A Criminologia é hoje um fantasma errático, e cada um utiliza como melhor lhe compraz. Contudo, ainda nesse estado contraditório, sua larga e vasta evolução teórica permite analisar uma série de problemas transcendentes, de maneira especializada, ainda quando combinando o aporte de diversas ciências e disciplinas. Será por isso, provavelmente, que na doutrina são muito poucos aqueles que se atrevem a declará-la formalmente "morta" ou "enclausurada". Assim o demonstra, com contundência, a continuidade por parte de uma esmagadora maioria de autores e teóricos, no uso do conceito, na participação em congressos de Criminologia e na publicação em revistas e coleções de artigos criminológicos.

3. O fantasma deve ser ignorado, justiçado ou deportado?

A Criminologia foi considerada, desde o início, uma Ciência com maiúscula, que se acreditava definitivamente estabelecida no marco epistemológico. Contudo, a confluência de diversos saberes em sua produção complicou extremamente a busca de um objeto e um método próprios, razão pela qual *a Criminologia não pode ser definida como ciência.* Pavarini explica ironicamente essa situação, dizendo que:

> A Criminologia não é uma ciência autônoma na medida em que não tem um objeto definido, não procede com base na aceitação de paradigmas comuns e, menos ainda, de um mesmo método. Ela – tem-se apontado várias vezes – não é outra coisa que uma expressão cômoda para abarcar uma pluralidade altamente heterogênea de conhecimentos científicos, em nenhum caso homogeneizáveis, salvo por ter tentado oferecer algumas respostas aos problemas suscitados pela violação de certas normas sociais, em particular as jurídico-penais. Em suma, um cômodo guarda-sol a cuja sombra se resguardam pessoas de distintas línguas, às vezes incapazes de se entenderem, mas todas igualmente preocupadas com a desordem reinante na sociedade, ainda que cada uma delas atribua-lhe razões distintas.[244]

A posição de Pavarini frente à Criminologia pode ser, então, definida como *agnóstica*. Agora entendo bem que quem se apóia em posições negadoras ou relativistas não descobre algo novo nem encerra o debate. Pode replicar-se, com a maior simplicidade, que também se nega viabilidade às ciências sociais *em seu conjunto*, apesar de, como vimos, elas ainda sobreviverem. O que não se poderia negar é que, a partir da decepção causada pelo declínio da Criminologia crítica, surgiram atitudes de distanciamento do padrão criminológico que abriram, de fato, canalizações diversas para a atividade futura que poderiam sintetizar-se como se segue:

- Considerar inviável a Criminologia (agnosticismo ou negação a partir do caráter epistemológico),
- transferir totalmente o estudo do delito e o controle à Sociologia, ou à ciência política,
- negar a existência da Criminologia (e da ciência) a partir do subjetivismo gnoseológico,
- intentar, a contrapelo das propostas anteriores, um resgate da Criminologia, reformulando-a.[245] Ocupar-me-ei de fundamentar esta última hipótese, que compartilho, ao longo do capítulo.

Outra postura *agnóstica* original é a que coloca Zaffaroni, sustentando uma visão da história da Criminologia de caráter global, negando que arranque em Lombroso, se não com o manual para inquisidores, *Malleus Maleficarum (martillo de las brujas)*, do século XV. Com base nessa obra, afirma que:

> Em Criminologia todos os discursos estão vivos, quer dizer, não estamos recorrendo a um parque paleontológico, estamos recorrendo a um zoológico de animais vivos de todas as épocas. Nenhum discurso morre, são as árvores, mas árvores que o que mais pode passar é que mudem a folhagem, mas seguem presentes, são todos contemporâneos.[246]

---

[244] PAVARINI, Massimo. *Control y dominación*, obra citada, p. 93. Esse autor conservou, ao longo do tempo, sua postura cética, sustentando-a, em boa medida, na obra de Ceretti. Ver o Capítulo 9 de seu livro *Un arte*...obra citada, aparecido antes como artigo, em diversas publicações, com o título "¿Vale la pena salvar a la criminología?".

[245] Ver minha conferência "El fin de las utopías y la tentación de reconstruirlas....", já citada.

[246] "El curso de la criminología", em *Capítulo Criminológico* (conferências), Maracaibo, vol. 27, nº 3, p. 153, dezembro de 1999, reproduzido também na *Revista de Ciencias Penales*, Costa Rica, nº 18, novembro de 2000.

Cabe entender que essa postura constitui uma visão *sui generis*, uma parábola histórica ou uma metáfora que, por certo, parece apagar de um só golpe tudo o que se expõe nesse manual, em outros similares e em quase toda a bibliografia criminológica mundial. Trata-se de um enfoque que opera, no plano discursivo (com notória influência de Foucault), apartando-se da cronologia dos fatos históricos, ou seja, da realidade dentro da qual se foram gerando, em certos contextos, os diversos discursos punitivos. Poderia sustentar-se, por certo, como grande metáfora, que "não há nada novo sob o sol", tal como fizemos ao analisar os conteúdos do Código de Hammurabi no Capítulo 3. No entanto, reduzir os discursos do controle do mundo a um só, que estaria formulado com todos seus detalhes em um obscuro livro medieval e que não faria mais que se reproduzir desde então, é uma proposta intelectual ousada que oportunamente criticamos.[247] Ainda que se trate de uma estratégia do autor para romper com a linearidade tradicional dos relatos, não parece ter-se imposto em nossos âmbitos majoritariamente pouco familiarizados ainda com as arqueologias pós-modernas. Zaffaroni, por sua vez, continua reivindicando essa metáfora na atualidade.[248] Por último, é possível admitir a hipótese metafórica colocada como a genealogia de um dos elementos de controle: o discurso de legitimação da lei e da ordem, desprovido de contextos históricos. Não obstante, deve recordar-se que o *Malleus* teve também raízes históricas e precedentes específicos.

Outra estratégia negadora (implicitamente) da Criminologia é a de tratá-la em plural. Haveria, então, numerosas "Criminologias", sem que se saiba qual é a verdadeira. Por certo, se trata de um recurso elementar em meio ao panorama teórico das ciências sociais que permitiria também falar de "Sociologias", "Psicologias", "Pedagogias" etc.

Tão logo se deu a "transferência" da Criminologia a outras regiões científicas, os intentos mais visíveis propuseram sua passagem à Sociologia, com a nova designação de "Sociologia do controle social", do "controle penal" ou, simplesmente, "do controle". Mais adiante discorrerei com amplitude sobre o ponto, ao analisar o estatuto epistemológico da Sociologia.

Recentemente, formulou-se uma proposta de transferência da Criminologia à ciência política, ainda que de maneira implícita. Refiro-me ao trabalho de Virgolini,[249] no qual sustenta que o problema do crime e de seu castigo *tem uma raiz política* e que, ao se ter abolido o pacto social, esses temas exce-

[247] Pode ver-se o artigo "Un análisis crítico de la visión de Zaffaroni sobre el curso de la criminología", de Susana Murillo e Carlos Elbert, *Capítulo Criminológico*, Maracaibo, vol. 28, nº 3, setembro de 2000, p. 19. O mesmo trabalho reproduzido na *Revista de Ciencias Penales*, Costa Rica, nº 18, novembro de 2000.

[248] Ver o prólogo da *Historias de los pensamientos criminológicos*, de ANITUA, Gabriel, obra citada; e "La criminología como curso", no livro *En torno de la cuestión penal*, obra citada. Em um recente artigo: "Un replanteo epistemológico en criminología" (www. juspenalismo.com.ar), Raúl Zaffaroni limita, expressamente, os alcances de sua explicação à Criminologia etiológica.

[249] *La razón...*, obra citada.

dem à *mediação técnica* do Direito ou da Criminologia. Os elementos ocultos na relação Estado-delinqüente coincidiriam, na realidade, com a equação *governantes e governados*, os quais deveriam resolver o atual problema da cidadania efetiva. É nesse âmbito, cujas condições são ditadas pela política, que se deve discutir o relativo à legitimidade da pretensão de obediência dos cidadãos por parte do Estado.[250]

Certo é que Virgolini não propõe expressamente uma mudança dos temas criminológicos à ciência política. Além disso, exclui categoricamente a competência no assunto à *própria ciência*, quando sustenta que:

> É somente nesse âmbito (da relação política entre governantes e governados) cujas condições estão ditadas pela política 'e não pela ciência' nem por um direito reduzido a mera técnica de regulação de comportamentos sociais, que tem sentido o discurso próprio das ciências sociais e, entre elas, o da criminologia. Fora disso, a pretensão de castigo deriva um escândalo.

Entendo que o autor incorre em contradição quando pretende se situar *mais além da ciência*, ao passo que as categorias que utiliza na maior parte de seu trabalho (violência, legitimidade do poder, cidadania, tirania, direito de resistência, consenso etc.), assim como a bibliografia de apoio, são as empregadas habitualmente pela ciência política que ademais seria chamada a interpretar (teórica e praticamente) o desenvolvimento e os resultados dessa nova "Assembléia Constituinte", que deveria resolver os problemas da cidadania e do castigo. E isso remete, circularmente, ao *problema do conhecimento de tais fenômenos* em respeito ao qual a Filosofia tem a primeira palavra. E, justamente, uma parte da Filosofia ocupa-se do saber, e no que tange ao saber científico possui um ramo especializado chamado epistemologia, em cujo quadro as ciências políticas ocupam um lugar a mais entre outras numerosas ciências ou disciplinas sociais como vias de acesso ao conhecimento. Para além disso, o debate sobre a identidade epistemológica das ciências políticas é muito mais recente que o da Criminologia (data somente de meados do século XX) e está ligado à dependência prévia que essa disciplina teve (e tem) a respeito da Sociologia e da Filosofia.[251] Cabe acrescentar que também reinam em seu interior distintos enfoques teóricos coexistentes e incompatíveis. Por outro lado, o "câmbio de fichas" (sociedade por política) se parece muito ao dilema do ovo e da galinha, já que é difícil imaginar algum debate político sem uma base social prévia que o sustente. Também creio que qualquer acordo ou convenção entre grupos sociais se transforma, indissolúvel e automaticamente, no que nos habituamos chamar "decisões políticas".

[250] Obra citada, p. 261, 262 e segs.

[251] Ver o dossiê: "La ciencia política: historia, enfoques, proyecciones", pelo grupo de investigação Estatuto epistemológico da ciência política, em *Cuadernos de Ciencia Política*, Bogotá, março de 2004.

Por último, o raciocínio do autor para estabelecer a situação social da era global se apóia em aportes interdisciplinares, provenientes da Sociologia, do Direito e da Filosofia, ou seja, do mesmo tipo de intercâmbios de saber que a Criminologia efetua desde sempre.

4. A Criminologia é uma ciência?

Se bem compartilho o ponto de vista de que a Criminologia não é uma ciência, resisto a admitir sua desaparição por quaisquer das alternativas resenhadas. É verdade que a Criminologia não pode ser ciência porque não possui métodos próprios nem um objeto estabelecido com claridade e consenso, mas sua reunião de saberes não deveria ser menosprezada rapidamente, porque não é menos séria que outras que também podem ser matéria de controvérsia epistemológica. À parte disso, nas ciências sociais, a falta de precisão de método e objeto afeta quase todas as especialidades e, em particular, a Sociologia.

Como se viu ao longo desta obra, a Criminologia *se constituiu* como ciência, proclamando possuir um objeto e um método próprios, apresentados de tal modo que puderam ser admitidos *no modelo das ciências naturais*, dominante no final do século passado a primórdios do presente. Isso é confirmado a partir da análise de diversas obras de Criminologia latino-americana que têm sido textos básicos de formação universitária, nas quais o modelo naturalista se exibe inteiramente, ou reaparece interligado a modelos explicativos mais atualizados, nos quais se dedica algum capítulo a mencionar didaticamente em que consistem as correntes modernas, mas se mantém o grosso da obra fiel e um desenvolvimento tributário do modelo etiológico.[252]

[252] Por exemplo, limitando-nos a obras aparecidas desde 1950, podemos verificar a afirmação em: *Criminología,* de PEREZ, Luis Carlos, Bogotá, 1950; *Lecciones de criminología,* de CADIMA M., Hugo Cesar, Bolívia: Oruro, I, 1954, e II, 1957; LAPLAZA, Francisco, *Objeto y método de la criminología.* Buenos Aires: Arayú, 1954; a monumental tradução em cinco tomos da *Criminología* de Alfredo Nicéforo, obra citada; RIBEIRO, Leonidio. *Criminologia.* Rio de Janeiro: Suramericana, 1957; CARVALHO, H. Veiga de. *Compêndio de criminologia.* Rio de Janeiro: Forense, 1964; GÓMEZ GRILLO, Elio. *Introducción a la criminología.* Caracas: UCV, 1964; VALDIVIA ZEGARRA, Dante. *Criminología.* Arequipa: Alvarez, [s.d.]; LYRA, Roberto. *Criminologia.* Rio de Janeiro, 1964 (1ª ed.), e 2ª ed. atual. por João Marcello de Araújo Jr. Rio de Janeiro: Forense, 1990; CAJÍAS K., Huáscar. *Criminología.* La Paz, 1970; MENDOZA, José Rafael. *Curso de criminología.* Caracas: El Cojo, 1970; OLIVERA DÍAZ, Guillermo. *Criminología peruana.* 2ª ed. Lima, 1973, t. I e t. II, 2ª ed., 1978; RENGEL, Jorge Hugo. *Criminología.* Quadros: Loja, 1961. t. I; RENGEL, Jorge Hugo. *La concepción sociológica del delito.* Quito: Ecuador, 1980; REYES ECHANDÍA, Alfonso. *Criminología.* 6ª ed. Colombia: Universidade Externado da Colombia, 1982; PELÁEZ, Michelángelo. *Introducción al estudio de la criminología.* 3ª ed. Buenos Aires: Depalma, 1982; SOLÍS ESPINOSA, Alejandro. *Criminología, panorama contemporáneo.* Lima: EDDILI, 1984; ALVES, Roque de Brito. *Criminologia.* Rio de Janeiro: Forense, 1986; ALBERGARIA, Jason. *Criminologia.* Rio de Janeiro: Aidê, 1988; WIARCO, Octavio A Orellana. *Manual de criminología.* 4ª ed. México: Porrúa, 1988; MERLYN, Pilar Sacoto. *Introducción a la criminología.* Quito: PUCE, 1989; MÁRQUEZ PIÑERO, Rafael. *Criminología.* México: Trillas, 1991 e provavelmente muitos outros autores, cujos trabalhos não chegaram a meu conhecimento.

Pois bem, se dentro do modelo originário não se alcançou consenso sobre o objeto e o método, a situação piorou com a ruptura que considera o controle e as normas como seu objeto preferível. Não obstante, reproduzirei uma posição pessoal sobre a matéria que havia fundamentado em outro lugar.[253]

Tal como sustento desde então, entendo que a Criminologia está legitimada como disciplina científica e interdisciplinar, na medida em que, ainda *sem dispor de um objeto unívoco nem de um único método, pode tratar – legitimamente – temas relativos ao crime e ao controle social com coerência científica, valendo-se de objetos e métodos de distintas disciplinas*. Esse ponto de vista foi compartilhado, em linhas gerais, pela maioria dos participantes no Congresso Internacional "A Criminologia do século XXI na América Latina", realizado em Buenos Aires em setembro de 1999. Também se alcançou um alto grau de coincidência no sentido indicado, nos seminários que ditamos conjuntamente com o Professor Adolfo Ceretti, nas universidades nacionais de Buenos Aires e do Litoral.[254]

Os desenvolvimentos teóricos da Criminologia têm permitido, em seus diversos paradigmas, submeter à verificação racional suas proposições e descobertas, determinando o grau de validez e alcance explicativo atingidos.

O que significa ser a Criminologia uma *disciplina científica*? Para defini-la, dever-se-á recorrer outra vez ao saber especializado, a fim de nos informarmos de que as *disciplinas* são "sistemas anônimos constituídos por erros e verdades que cumprem uma função positiva. Marcam o horizonte teórico, quer dizer, o que está na verdade do discurso de cada época (vontade de verdade), e possibilitam a produção de novas proposições, sempre e quando se enunciem, respeitando as exclusões".[255]

Para Klimovsky, a *disciplina* é uma *unidade de análise tradicional que põe a ênfase nos objetos de estudo a partir da qual poderíamos falar de ciências particulares*. Recorda também que os objetos de estudo de uma disciplina mudam à medida que o fazem as teorias científicas, o que torna muito variável o conceito.[256]

Como se verá mais adiante, há uma forte tendência a equiparar "disciplinas" com "especialidades".

Ceretti assinala que as disciplinas são amontoados de teorias e técnicas de prova tendentes a solucionar problemas; que são especialidades que alcançam certo grau de integração teórica, ou seja, um estudo especializado de um conjunto de temas. As disciplinas estariam formadas por um conjunto de

[253] *Criminologia latino-americana*, obra citada.

[254] *Epistemología, ciencias sociales y criminología: ¿una relación imposible?*, agosto e setembro de 2004.

[255] DÍAZ-HELLER, *El conocimiento...*, obra citada, p. 36.

[256] Em *Las desventuras...*, obra citada, p. 23.

teorias conectadas umas com as outras de modo instável. Acrescenta, apoiando-se em Geymonat, que:

> As disciplinas se apresentam como um conjunto desordenado de teorias distintas que estão em conflito entre si e não podem ser consideradas ontologicamente unitárias. Nenhum destes edifícios constitui um sistema rigorosamente axiomatizado (o que é demonstrado pelas interseções que originam novas ciências (físico-matemática, bioquímica, biofísica).[257]

Já indicamos que as ciências do homem delimitam um campo de estudo em torno do homem, não como ser biológico, mas como indivíduo possuidor de linguagem e cultura. As ciências sociais não são exatas, e sim, *rigorosas,* por aplicarem métodos, ainda que nem todas possam valer-se do mesmo nem de um único método. Vimos que isso não é obstáculo para o estabelecimento de *legalidades* sobre a sociedade, a cultura ou o homem, ainda que não tenham o rigor das leis naturais. Em conseqüência, tínhamos chegado à *conclusão provisória* da existência fática das ciências humanas e sociais com um objeto geral próprio e metodologias diversas. Dentro desse espaço situamos a Criminologia como *disciplina científica* ou *estudo especializado de um conjunto de temas* (ampliar-se-ão esses conceitos ao tratar-se da interdisciplinaridade). Deve-se recordar também que, nas ciências sociais, existem práticas discursivas e não-discursivas que se entrecruzam e, em todas elas, existe pluralidade de modelos que reclamam sua legitimidade para dar explicações.

5. Grau de reconhecimento científico da Criminologia na América Latina

Desde o século passado, a Criminologia alcançou, em nossos países, e especialmente na Argentina, categoria de ciência autônoma, inclusive com conotações revolucionárias, e um grande prestígio internacional, engajando-se na onda expansiva positivista. O reconhecimento acadêmico e a grande quantidade de publicações na matéria concederam-lhe um alto *status* no apreço da comunidade científica em geral, possibilitando a projeção de investigadores latino-americanos, como José Ingenieros. Tão forte foi a instalação do criminológico que, na Argentina, até hoje, os institutos de Direito Penal das universidades nacionais levam o aditivo "e Criminologia". Pode-se afirmar que a Argentina foi o berço latino-americano da Criminologia e seu principal centro de irradiação até começar a declinar a estrela positivista a partir dos anos 30. Também nesse país se gestou o ressurgimento de uma dogmática penal liberal, de grande nível, cujo representante mais notório foi Sebastián

[257] Em *El horizonte artificial*, obra citada, Capítulo 6, ponto 3: "¿Qué se puede entender por el término disciplina?".

Soler, eclipsando o ciclo expansivo da Criminologia dentro do campo das "ciências penais"

O enfraquecimento da Criminologia em favor de uma forte teorização dogmático-penal não impediu, todavia, sua sobrevivência, preservando, ao menos formalmente, muitas de suas velhas conquistas acadêmicas e institucionais. Assim, por exemplo, a Criminologia positivista instalou-se fortemente como a ciência reitora da Execução Penal, mantendo até o presente sua influência em temas como *ressocialização, tratamento e periculosidade.* Também do ponto de vista da Medicina e da Psiquiatria Forenses, seguem-se desenvolvendo formas de Criminologia clínica que oferecem apoio etiológico ao Direito Penal, por exemplo, no que se refere a temas de alienação, dependências e prognóstico de comportamento futuro. Pode-se dizer, em suma, que o positivismo conseguiu uma sólida instalação na realidade social que hoje muitos criminólogos críticos invejam, especialmente os novos realistas.[258]

Pode-se afirmar que o espaço científico acadêmico e o prestígio social da disciplina alcançaram altos níveis em muitos países, além de aplicação prática e "utilidade social". Posteriormente, a crítica ao positivismo, o questionamento ideológico da Criminologia como serviço instrumental dos sistemas penais, prestados às piores funções do controle, deixaram os criminólogos críticos em uma posição complicada, forçando-os a um "não-compromisso", que Pavarini descreveu minuciosamente. Essas construções teóricas, essencialmente críticas sobre o futuro da Criminologia, tiveram desenvolvimento e debate em âmbitos universitários e em revistas especializadas.

Os debates que se deram na última década na América Latina demonstram que a maior parte do esforço epistemológico latino-americano em Criminologia *foi centrando na determinação do objeto disciplinar* em detrimento de outros aspectos-chave da epistemologia. Esse debate esteve marcado por fortes conteúdos ideológicos que, muitas vezes, confundiram os planos científico e político, até desembocar, no final do século XX, em um Estado de atomização, falta de idéias renovadoras ou, pior ainda, em uma paralisia frente à realidade.

6. A busca do objeto

Admitido que a Criminologia pode ter viabilidade como disciplina científica, deve-se precisar igualmente qual deveria ser seu objeto de estudo e quais os métodos a aplicar na elaboração de teorias de validade sustentável

[258] Ver em TAYLOR e outros, *La nueva...*, obra citada, o Capítulo 2: "La atracción del positivismo", p. 49.

dentro de seu campo. Certa precisão acerca do objeto de estudo é indispensável, porque celebra um maior grau de segurança e economia no esforço de busca, com uma porcentagem superior de certeza. Por esse motivo, resulta um bom ponto de partida no diálogo científico, pois aquele que reclama por um *status* para a Criminologia *deve determinar primeiro essa questão*, porque é possível imaginar o caos a que se pode chegar em uma polêmica em que cada participante aplica noções diversas do que considera objeto e método ou lhes dá um sentido diferente, por situá-los em esquemas opostos à classificação das ciências. Como disse Pierre Bourdieu,

> (...) o conhecimento das condições de produção do produto forma parte, rigorosamente, de uma comunicação racional sobre o resultado da ciência social.[259]

A tarefa de precisar o objeto criminológico não é fácil, porque é variado e contraditório o leque de temas que se atribuíram a essa disciplina, tanto em sua concepção positivista e tradicional quanto no enfoque da Criminologia de raiz sociológica.

Fazendo uma retrospectiva muito sumária, não-exaustiva, recordamos que se sustentou ou que se sustenta que o objeto a investigar pela Criminologia é:

1. o delito,
2. o delinqüente,
3. as causas do delito,
4. as causas e os tratamentos destinados à cura e à prevenção da conduta delinqüente,
5. a reação social (abarcando a definição e o controle),
6. a construção de uma teoria crítica de desvio,
7. o poder e o controle social,
8. a redefinição do delito (abarcando a criminalidade do poder e os bens jurídico-sociais),
9. o controle social a as ciências penais,
10. a lei, a história, a economia política do delito,
11. o Direito Penal como sistema,
12. os processos de criminalização,
13. as realidades sociais concretas, em sua referência à criminalidade-criminalização, mediante um processo de análise empírico, teórico e histórico,
14. a análise histórico-filosófica dirigida a desentranhar a realidade sociopolítica do crime.

Nessa lista há objetos propostos desde a Escola Clássica do Direito Penal (o primeiro), o paradigma etiológico (2 a 4) e os restantes, gerados a partir da ruptura com esse modelo, quando se tornou hegemônica a busca de explicações de natureza sociológica, filosófica e histórica. *É possível observar o predomínio de objetos que têm sido matéria de estudo sociológico,*

[259] Em *Sociología y cultura*, México: Grijalbo, 1990, p. 25.

evidenciando a influência que alcançou essa disciplina no campo criminológico. Parece apropriado, então, delimitar as afinidades e oposições interdisciplinares, para logo ordenar o ponto com maior exatidão, começando pela origem e pelo desenvolvimento dos laços científicos entre Criminologia e Sociologia.

7. A Sociologia e a definição do objeto

Analisamos a importância da obra de Edwin Sutherland referente à mudança do panorama criminológico sustentado e praticado pela matriz etiológico-positivista, que permitiu retirar a explicação do fenômeno criminal das mãos de penalistas, alienistas, biólogos, psicólogos, transferindo-a às dos sociólogos, prolíficos geradores de explicações teóricas. Como vimos, na última etapa da hegemonia sociológica, a Criminologia radical de base marxista sustentou que nossos ordenamentos jurídicos eram classistas e estavam destinados a assegurar poderes de privilégio que se aplicavam de modo seletivo e desigual, tendendo a obter a submissão ao modelo e sua constante reprodução. Consideravam, em suma, que apenas depois de uma mudança social de fundo se poderia falar de uma sociedade mais justa, capaz de tutelar os verdadeiros interesses das maiorias desprotegidas. Era necessário apontar os canhões em direção ao Estado organizador do controle, e não em direção àqueles que desafiavam a sua estabilidade, violando suas normas penais. A utopia socialista era a meta de futuro, o objetivo de formas superiores de organização social.

A Criminologia crítica, gestada a partir do interacionismo, perdeu logo a cômoda remissão ao projeto de futuro ou ao argumento de autoridade que permitia a existência e expansão do socialismo (tudo isso sem prejuízo de que haja criminólogos críticos não-marxistas).

Outro forte impacto negativo para a Criminologia crítica foi a virada ideológica dos próprios geradores britânicos da corrente, os quais, a partir dos anos 80, formularam o "novo realismo de esquerda", negando explicitamente suas proposições originárias.

A irrupção sociológica, ainda que tardiamente admitida, acertou no ponto mais sensível da cosmovisão criminológica anterior, evidenciando a importância das estruturas e do funcionamento real do Direito *como parte do objeto de estudo criminológico,* forçando os juristas a justificar e legitimar explicitamente o Direito Penal vigente.

Em conseqüência, a ilusão de *uma ciência autônoma, nossa e com um objeto próprio,* pulverizou-se, não de repente, mas, sim, tão gradual como incontidamente até desembocar, ao final do século XX, em um estado de "anomia epistemológica", frente à opção forçosa de cobrir a nudez jurídico-psiquiátrica com o manto da Sociologia do controle, assinalando-lhe diversos alcances, mas sem muita clareza teórica. De todo modo, graças à contribuição da Sociologia, nós, juristas, pudemos alcançar uma visão social de conjunto do fenômeno criminal. Termina aí a intervenção dessa disciplina? Ou sua contribuição, à parte da importância conjuntural, é excludente para interpretar o segmento da realidade que nos interessa?

Para responder às perguntas traçadas, parece oportuno analisar, em primeiro lugar, o quadro epistemológico da própria Sociologia, para ver se a coerência que ansiamos ter sobre o objeto pode ser alcançada. Além disso, ficaria resolvida, desde o início, a questão da "inevitabilidade" da migração epistemológica total ao domínio da Sociologia, dada sua pretendida solidez científica e consolidação universal, frente à coetânea, mas confusa Criminologia.

A Sociologia não se conforma somente em verificar relações e estabelecer predições, mas também pode especular sobre os fenômenos sociais, elaborar hipóteses e desenvolver teorias de grande abstração, porém sempre ligadas a outras disciplinas com as quais manteve fortes disputas territoriais.

A superposição temática com a Criminologia se foi incrementando continuamente no final do século passado, tanto no campo tradicional quanto no crítico. Assim o indica a avultada progressão de estudos sociológicos sobre a temática normativo-social, a gênese da conduta desviada, a interpretação de estatísticas criminais, a delinqüência juvenil e familiar, o urbanismo como fator criminógeno, a delinqüência de colarinho branco, a criminalidade como fenômeno "normal", a estrutura social e a anomia, a delinqüência de grupos ou gangues, as subculturas etc. Deve-se destacar que nenhuma das ciências sociais pôde escapar à influência sociológica que as alcançou, em maior ou menor medida, provocando-lhes crise de identidade epistemológica como conseqüência de suas intervenções. Basta enumerar a Economia, o Direito, a Antropologia, a Psicologia, a Etnologia e a Etnografia, e inclusive a Geografia.

Desde seu início, a Sociologia se entendeu como ciência *compreensiva e sinóptica, capaz de "interpretar" para as demais ciências sociais os fenômenos singulares de suas investigações internas, mediante o recurso de colocá-las em contextos sociais.*

Pode-se atribuir-lhe um *status* – que de fato se determinou – de *superciência do social*, pois abarca toda a classe de campos de estudo em que a interação humana é objeto de interesse. É evidente que, se a Sociologia apresentasse um panorama epistemológico sólido e claro, já haveria arrastado ao seu seio uma grande quantidade de outras ciências sociais. Porém, encontramo-nos ante uma difícil situação, desejada ou não, porque a Sociologia se afasta muito de proporcionar essa base sólida. Em seu campo, a busca por um objeto preciso também tem fracassado, fazendo da disciplina algo parecido a um mosaico ou a um caleidoscópio gnoseológico, ao passo que a aspiração compreensiva ilimitada (onicompreensiva) ficou limitada a permanecer como utopia científica (o "todo" social é algo demasiado genérico e amplo).

Essa é uma razão de peso contra a dissolução da Criminologia no sociológico, mas existem muitos outros argumentos que poderiam enumerar-se, esquematicamente, assim:

a) A Sociologia também tem problemas de definição (identidade) e delimitação de seu objeto de estudo. Tampouco monopoliza o repertório de possibilidades metodológicas que podem empregar-se em outras disciplinas.

b) Todo conhecimento científico é relativo e transitório; também os que obtêm a Sociologia.

c) A absorção do todo social impõe, à Sociologia, a preocupação de integrar, em seu seio, todas as demais ciências sociais. Não obstante, não se distinguem as razões atuais, pois a primeira a fundir-se deve ser a Criminologia.

d) A superposição temática parcial com a Sociologia não é um argumento concludente, porque a Sociologia invade constantemente outros campos de estudo.

e) Se a Sociologia crítica oferece um sentido interpretativo geral ao desvio e ao controle, cabe destacar que por essa via desemboca, com freqüência, uma crítica final ao Estado, considerando a legislação penal e as políticas criminais como decisões puramente políticas, derivando disso a Criminologia que deve ser localizada na Filosofia Política ou na Teoria do Estado. Invadem-se assim outros campos teóricos e se desloca epistemologicamente à Criminologia, como vimos no item 3.

f) Dever-se-ia analisar com maior vagar o alcance da *reciprocidade de influências,* quando a Sociologia intenta dar marco à análise de temas já efetuados no interior de outras ciências. Em tal sentido, fica pendente a pergunta acerca do caráter de *causa ou efeito* de muitas elaborações teóricas sociológicas e de sua adoção de métodos e técnicas de outras disciplinas.

g) As justificativas acerca da "juventude" e das "vicissitudes" que afetam a Sociologia não configuram um argumento sólido.

h) A auto-suficiência de apresentar a Sociologia como o modelo *explicativo social excludente do futuro* é indemonstrável e se parece muito a um ato de fé.

i) A Sociologia parece tão condenada à interdisciplinaridade como outras ciências sociais. De tal modo, quando se apela a ela em busca de certos conhecimentos, esse recurso não deveria implicar forçosamente uma alienação epistemológica sem retorno. Do contrário, a Sociologia haveria fundido-se a alguma outra disciplina, como a História, por exemplo.

j) Se a Sociologia não pôde proporcionar a teoria sociopolítica substitutiva nem se constituiu em uma superciência do social, resta-lhe grande parte do poder de sedução científica alcançada na produção criminológica das últimas décadas.

Por último, cabe assinalar que, recentemente, como respostas pós-modernas às limitações epistemológicas da Sociologia e o ceticismo sobre as possibilidades explicativas da ciência, em geral, se propuseram buscar, por meio da anarquia epistemológica, a intuição, a literatura ou os sentimentos dos investigadores. O tempo transcorrido sem maiores novidades parece indicar que esses enfoques não se consolidaram, até agora, em relação aos métodos mais ou menos sistemáticos e habituais de investigação.

8. O método: empírico? Interdisciplinar?

O tema metodológico é relevante em toda disciplina social devido ao caráter de eixo da investigação e seus resultados. Para os pesquisadores, o papel do método deve ser essencial no processo de investigação e busca. Inversamente aos métodos consagrados e eficazes das ciências naturais, nas sociais – como já sabemos – mescla-se uma grande diversidade metódica que inclui, além de tudo, numerosas técnicas. Dizem os céticos que a pretensão de um *status* científico das ciências sociais estaria baseado em uma mera transferência de modelos originados nas ciências da natureza. É evidente que a Criminologia se valeu, nas sucessivas fases de seu desenvolvimento, de instrumentos alheios provenientes das ciências naturais e/ou sociais. Admite-se que nossa disciplina obtém e maneja conhecimentos de diversas índoles, como se pode inferir do quadro sinóptico referido ao objeto de estudo que apresentaremos mais adiante. Se reconhecemos a necessidade de que nessa área participam simultaneamente diversas disciplinas das ciências sociais, delinear-se-ão dificuldades metodológicas das quais é preciso ter, ao menos, uma idéia geral.

Está admitido que os métodos aplicáveis em nossa disciplina são empírico-indutivos, com pouca diferença dos aplicados em outras ciências. Disse García-Pablos que a Criminologia *é empírica*, porque

> seu objeto se manifesta ao investigador como parte do mundo "real", como fatos e fenômenos constatáveis, mensuráveis, quantificáveis. Estruturalmente, isso implica a exclusão de todo enfoque "normativo". Ser uma ciência empírica significa, antes de tudo, que se baseia mais em "fatos" que em "opiniões", mais na "observação" que em "argumentos" ou "silogismos". O jurista parte de premissas "corretas" e deduz delas as oportunas conseqüências. O criminólogo analisa uns dados e induz às correspondentes conclusões.[260]

A temática dos métodos tem sido desenvolvida teoricamente em níveis muito mais complexos do que podemos expor neste lugar, por exemplo, por pensadores à altura de Karl Popper. Nós nos limitamos a mencionar os dois grandes modelos de raciocínio: o *dedutivo* e o *indutivo,* cujos perfis são, em geral, suficientemente conhecidos. Sublinhamos que não são excludentes nem exclusivos, ou seja, que em cada ciência se usa habitualmente mais de

[260] *Manual,* obra citada, p. 49.

um método que, por sua vez, é aplicável a mais de um campo científico. O método dedutivo é usual nas ciências formais, mas também se emprega nas empíricas, enquanto o método indutivo predomina nas ciências fáticas, mas sem se excluir sua aplicação nas formais.[261]

Como nem sempre podem obter-se todas as "premissas verdadeiras" ("todos os homens são bípedes", por exemplo), a dedução faz-se pouco aplicável nas ciências sociais e impõe-se, geralmente, o mais limitado procedimento da indução que não permite alcançar certezas, mas apenas *probabilidades*, questão que tem sido objeto de árduos debates epistemológicos. Assim, enquanto o positivismo considera que a objetividade está conhecida pela observação de dados perceptíveis e a indução que neles se fundamenta, autores como Popper negam a indução e a objetividade na ciência.

Popper, notório opositor ao indutivismo (não se podem derivar enunciados universais a partir de fatos singulares), sustentou que a objetividade no âmbito das ciências sociais não depende de uma observação "pura" mas, sim, do *contraste* entre teorias e enunciados. Das teorias e conjecturas é possível deduzir proposições que podem ser *contrastadas* a enunciados que se referem a fatos. Segundo Popper, o conhecimento científico não pode ser verificado de modo algum, mas, sim, apenas, submetido à *falseabilidade metodológica*.[262]

Para Popper, uma hipótese é científica se resulta *refutável* no sentido de que, ante toda hipótese, é preciso indicar que ela deveria ocorrer para poder declará-la refutada. Não pretendia que a hipótese seria fatalmente refutada, mas, sim, meramente *contrastável*, isto é, que teria que ter conseqüências observáveis que permitiriam seu controle (do contrário se trataria de um enunciado metafísico). Para Popper, em suma, era mais importante tratar de refutar as hipóteses do que corroborá-las. Quanto mais difícil de refutar fosse uma teoria, mais séria, dura e resistente seria considerada.[263]

Nas ciências sociais em geral, mas muito acentuadamente na Criminologia que se pratica na América Latina, o grau de arbitrariedade, indiferença ou intuição no emprego das regras do método é o habitual, a tal ponto, que a maior parte da produção da última década do século XX, ao menos a do campo crítico, esteve constituída por teorizações fundamentais, apoiadas essencialmente em citações de autores, mais que em trabalhos sistemáticos de investigação empírica. Vimos que a opção de muitos criminólogos pelo marxismo como ideologia os levou à adoção de um chamado "método dialético", mas sem precisar com clareza seus alcances que, na prática, foram meras citações ou remissões à obra de Marx e Engels. A pergunta transcendente seria então:

[261] GUIBOURG e outros, *Introducción...*, obra citada, p. 158.

[262] *Popper y las ciencias sociales*, compilação de SCHUSTER, Félix. Buenos Aires: Centro Editor de América Latina, 1992, t. II, p. 74.

[263] KLIMOVSKY, obra citada, p. 146 e segs.

como fazer para trabalhar cientificamente a partir de nossa grande variedade de problemas e métodos de acesso a eles? Veremos, em seguimento, quais as possibilidades que realmente temos à nossa disposição quando se pretende ir mais além da investigação teórica fundamental.

9. A interdisciplinaridade

Assim como está generalizada a idéia de que a Criminologia é uma ciência, também o está o ponto de vista segundo o qual teria *caráter interdisciplinar*, ou seja, de *convergência de várias disciplinas sobre um objeto comum, com certo grau de integração*. Em diversos campos das ciências sociais tem existido um verdadeiro furor pela interdisciplinaridade, que, inclusive, alcançou certo prestígio como modalidade científica e metódica. Pode-se dizer que esse modelo transmite uma conotação de maior completude, hierarquia e verificabilidade, diante do controle científico múltiplo com métodos diversos. Não obstante, sendo impossível sustentar a existência de um objeto único e comum na Criminologia atual, temos um mau ponto de partida, que abre diversas frentes de trabalho interdisciplinar, alguns até incompatíveis entre si.

A fundamentação da interdisciplinaridade é mais complexa que a própria eleição do objeto e possui, além disso, bibliografias escassas ou de difícil interpretação.

Em nosso campo idiomático, podem-se localizar apenas dois textos criminológicos dedicados ao tema: o de Thamara Santos e o de Antonio García-Pablos de Molina.[264] Sustentou Thamara Santos que:

1) a interdisciplina só é possível quando há um objeto preciso e comum;

2) é preciso existir uma clara delimitação do campo de interesse para um preciso objeto no qual convergem várias disciplinas;

3) é preciso abordar o estudo do objeto por meio de uma filosofia e uma metodologia definidas e explícitas;

4) a adoção de um modelo epistemológico não implica a renúncia nem aos interesses específicos que cada disciplina pode ter ao empreender uma determinada análise, tampouco a suas técnicas específicas e instrumentos de investigação;

5) a questão sobre as definições, uma vez delimitada a posição epistemológica, delineia os limites do trabalho interdisciplinar,

6) a interdisciplina não consiste no somatório de cada saber científico, mas, sim, no núcleo de cada um deles em torno de um conhecimento totalizador que exige a interdisciplinaridade.

---

[264] A primeira em "Informe evaluativo sobre la investigación comparada: el delito de cuello blanco en América Latina". *Capítulo Criminológico*, Maracaibo, Venezuela, n° 14, 1986, p. 214. O segundo em *Manual...*, obra citada.

Os enfoques teóricos dos autores aludidos não são coincidentes entre si e não se enredam nos lugares-comuns habituais de quem procura apreender a noção de interdisciplinaridade; assim, resta sem explicação o que podem ser o "conhecimento totalizador", os "diagnósticos globais", os "enfoques circulares", a "pluralidade coordenada de enfoques" ou como se obtém "a necessária síntese livre de contradições".

Em ambas análises, delineia-se outra questão problemática: a interdisciplinaridade supõe uma adição ou integração dos conhecimentos aportados por cada enfoque? As respostas, em geral, orientam-se até a pretensão integradora. No entanto, o *momento da integração* não está claramente delimitado, nem a natureza do "novo" conhecimento obtido, se é que é algo novo, e, nesse caso, a qual disciplina das intervenientes pertenceria ou de que modo se integraria ao processo. Na verdade, tais perguntas não têm uma resposta conclusiva e seguiram sendo objeto de controvérsia. Tudo faz supor que a integração é uma *questão de fato* que surge da eficácia e interpenetração dos diversos setores disciplinares atuantes, e só poderia ser avaliada em cada caso concreto.[265] Muitas vezes, uma de tais disciplinas pode esclarecer algum aspecto com maior eficácia que as restantes, e isso lhe confere um caráter de guia ou um papel dominante (como a Sociologia na Criminologia crítica), mas que sempre pode variar, em conseqüência de posteriores achados de outra procedência disciplinar.

É certo que a interdisciplinaridade se tem tornado um lugar-comum em nosso campo, mas o grau de vagueza, de contradição e até de desinteresse que tem reinado em torno do tema na Criminologia latino-americana constitui uma grave carência teórica, pelo que se pode acudir às construções alemãs do campo criminológico e social que se ocuparam com maior atenção do assunto.

Em dois importantes encontros científicos realizados na Alemanha, a interdisciplinaridade foi tema central, e suas conclusões logo se publicaram em livros correspondentes. Refiro-me ao *Simpósio Internacional da Universidade de Hamburgo,* em maio de 1986, onde se discutiu o tema "Criminologia como estudo superior autônomo e interdisciplinar", e a outro simpósio, celebrado em junho de 1986, no Centro de Investigação Interdisciplinar da Universidade de Bielefeld, sobre o tema "Ideologia e prática da interdisciplinaridade".[266]

Próximo ao que seria verdadeiramente a interdisciplinaridade e do que poderia oferecer, houve distintas respostas: por uma parte, divergências a

[265] Ver, por exemplo, de KAUFMANN, Hilde e colaboradores. *Delincuentes juveniles, diagnosis y juzgamiento.* Buenos Aires: Depalma, 1983.

[266] Os livros aludidos são: *Criminología como estudio superior autónomo e interdisciplinario,* t. I, Centaurus Pfaffenweiler, 1986, e *Interdisciplinariedad práctica, desafíos, ideologia,* compilado por J. Kocka, Frankfurt: Suhrkamp TV, 1987.

respeito de uma definição explícita ou implícita de "disciplina" ou "disciplinaridade". A maioria tendeu a equiparar disciplinas e especialidades como se a comunicação interdisciplinar fosse idêntica à que se produz entre especialidades. Em troca, houve quem compartilhasse um conceito disciplinar fundamental, por meio de um projeto técnico específico, capaz de caracterizar um "nível de integração teórica". Nesses casos, constatou-se que havia muito mais especialidades (cerca de 4 mil) que disciplinas (só de vinte a trinta). Conforme essa distinção prévia, haveria poucos exemplos de verdadeiras investigações interdisciplinares. Por outro lado, assinalou-se a prática de diversas modalidades de interdisciplinaridade, partindo da cooperação livre de pesquisadores de distintas especialidades à densa integração de partes das disciplinas comprometidas, provocando inclusive o surgimento de uma nova disciplina. Nas contribuições predominou, em geral, certo ceticismo a respeito de uma integração muito perfeita, totalmente adstringente, das ciências envolvidas. Mas também ficou clara a convicção de que os grandes projetos interdisciplinares são *perfeitamente realizáveis e podem ser excepcionalmente justificados*. Tampouco se encontrou um campo de plácida coincidência em matéria de influências recíprocas, podendo identificar-se, ao menos, três tendências com interpretação contrapostas: otimismo, ceticismo e negação. Das duas primeiras costuma derivar-se uma conseqüência involuntária: o ecletismo,[267] apresentado como se fosse interdisciplinaridade.

10. O objeto

Quanto ao objeto, as proposições que se formularam foram elaboradas pelo autor, após uma extensa análise da discussão no plano internacional, que não pode ser totalmente exposta neste ponto.[268] Constituem-se de uma síntese do pensamento de Fritz Sack, Karl Schumann e Alessandro Baratta nessa matéria. De Baratta, tomo a idéia de que existem duas "ordens de realidades" que constituem o objeto da Criminologia científica: *a realidade dos processos de criminalização* e a realidade dos *comportamentos humanos danosos, conflituais ou problemáticos*. Baratta remete a Chapman, autor que sustentou que *não há diferenças ontológicas entre os fatos definidos como delito e qualquer outro fato*. Em conseqüência, tais diferenças não devem existir tampouco no objeto da Criminologia.[269]

[267] Ver os fundamentos dessas posturas em minha obra citada, *Criminologia latino-americana*, obra citada, 2000.

[268] *Criminologia latino-americana*, obra citada, Capítulo II.

[269] Ver *¿Qué pasa en la criminología...?* obra citada, p. 110.

Em conseqüência, pode-se trabalhar, etiologicamente, sobre situações ou fatos sociais problemáticos *sempre que a amostra não for tomada das definições legais, senão da universalidade dos fenômenos estudados.* (Em outras palavras, uma conduta pode ser problemática, com independência de que o sujeito que a exteriorize tenha sido definido como delinqüente. As condutas com conformidade às normas, ou em violação delas, são fenômenos humanos onticamente similares.) Nesses casos, a Criminologia deveria incluir como objeto de estudo questões de Psicologia, Psicopatologia e Antropologia Social que tenham a ver com a dinâmica dos comportamentos que, *eventualmente*, ocorrem no contexto de fatos definidos como delitivos. Esses comportamentos possuem as características individuais dos sujeitos atuantes, e não das infrações que os hajam posto sob controle institucional. Em conseqüência, inclui comportamentos de vítimas e vitimários.

Deve-se levar em conta que o estudo dos comportamentos humanos em Criminologia foi impulsionado pelo positivismo, pela defesa social, pela Criminologia administrativa e pela clínica; a Criminologia crítica, contrariamente, renegou muito tempo do estudo de características individuais como fenômenos ou problemas reais, concentrando-se no poder das normas para definir e criar a realidade. Por tal caminho chegou a menosprezar o problema da segurança, a situação das vítimas, dos danos e os sofrimentos reais que causam os fatos chamados delitos e até a própria existência de uma crueldade humana.

Negar a realidade dos comportamentos danosos resultou, em conseqüência, um erro que demonstra a necessidade de admitir um espaço no edifício criminológico, no qual *se podem estudar os comportamentos e suas causas*, que podem ter desembocado em fatos conflituosos. O estudo causal dos comportamentos humanos, *em geral*, é tão legítimo como realizável. Dá-se a esse fragmento de realidade o nome de *referente material*. Como vimos, os novos realistas ingleses admitiram que "não haviam levado a sério o delito", decidindo reconhecer sua existência real, os prejuízos e as preocupações que causa, e, em conseqüência, era preciso identificar-se com "a forma em que a gente sente o delito".

Na proposta que estou formulando, o acento etiológico tem sido trocado de lugar e, ainda que pareça uma sutileza, habilita sem dificuldades a possibilidade de um trabalho ao menos *coordenado, em um universo coerente do saber*, de onde podem coexistir aquelas disciplinas de objeto etiológico junto à Filosofia, à História e outras Ciências Sociais. O objeto deveria analisar aspectos individuais e sociais dos conflitos, hipótese que foi resistida ou ignorada pela orientação crítica após a chamada "mudança de paradigma", e subestimada pelas posições agnósticas do presente. Torna-se difícil, por isso, todo intento de imaginar um objeto integrado que abarque tanto o referente material como o das análises de crítica social, ou seja, os processos institucionais e os comportamentos humanos. Deve enfatizar-se, então, que procuramos chegar a um objeto único, mas que possa ser investigado a partir de enfoques diversos.

De todo modo, deve-se advertir que os enfoques etiologistas têm a grande limitação de resultar, com freqüência, *instrumentais aos organismos oficiais de controle* (nenhum terapeuta será admitido em uma instituição total, senão em caráter de colaborador subordinado). Por isso, cabe esperar que esta orientação dificilmente poderá fazer aportes confiáveis em relação à *universalidade* de seu trabalho ou acerca da *legitimidade do sistema penal*, questão que se tratará logo.

Em relação ao plano dos *processos de criminalização,* os fenômenos chamados "delitivos", que produzem vítimas e são o "leitmotiv" dos novos realistas, a crítica sobre o Direito Penal deve atuar *propiciando respostas sociais mais adequadas para esse tipo de conflitos ou situações problemáticas*, limitando o castigo e as privações gratuitas, evitando a tentação simplificadora do "ativismo" sedutor de muitos modelos práticos das administrações de governo, que soem encobrir fins propagandísticos, vindicativos ou excludentes, ao contrário dos objetivos pluralistas e críticos (transcendentes às conjunturas) que devem orientar essa disciplina.

Com respeito ao objeto, a formulação de Schumann parece sumamente clara: a Criminologia deve ser a *ciência do Direito Penal,* abordando-o como objeto, não só tal como está estruturado, mas *incluindo também as suas instâncias, as ideologias e a lógica decisória de seus atores.* Esse enfoque dentro de nossa disciplina se dedicaria a investigar a intervenção do Direito Penal nos conflitos, em comparação com outros mecanismos de solução de conflitos, tanto de tipo jurídico como comunitário. Então, confluiriam tanto a Sociologia, como as ciências da História, a Psicologia e as ciências da cultura, de acordo com uma Criminologia superadora do velho vínculo original com o Direito Penal. *A solução punitiva pode ser deixada de lado como modelo definitivamente válido, buscando-se, e propiciando-se, outras que o superem.*

Finalmente, o enfoque de Sack, além de congruente com os anteriores, parece imprescindível para a continuidade de uma Criminologia que tome como objeto o Direito Penal, *proclamando que a criminalidade é meramente um indicador relativo e circunstanciado histórica e socialmente* (questão elementar, incrivelmente abandonada pelo novo realismo). Fica assim claro que a criminalidade não é um elemento concreto e constante do conteúdo da Criminologia, pois o Direito Penal abarca variantes infinitas de comportamentos e eventos que, *segundo cada sociedade e época histórica*, podem chegar a ser constituídos em formas de criminalidade, traço tão impecável no aspecto lógico, como sob o ponto de vista prático. Desse modo, deverá atuar-se com a consciência da natureza essencialmente política dos sistemas de controle formal, que *jamais serão neutros sob algum sistema social.* Em outras palavras, as políticas criminais do Estado serão sempre transitórias e resultado de posições de poder social. Em conseqüência, vincular a Criminologia a algum projeto político criminal *concreto* encerrará sempre graves riscos e limitações para a disciplina. Isso não deve impedir de continuar com tarefas de investigação parcial ou local, nem de dar tratamento aos problemas etiológicos que padecem os indivíduos criminalizados pelo sistema ou por suas vítimas.

Em seu esquema, Sack deixa de lado o trabalho etiológico sobre comportamentos de pessoas que, pelo contrário, podem estar de acordo com o esquema de Baratta. Sack privilegia, em troca, os estudos sobre o sistema penal, divididos em duas vertentes: uma empírica e outra teórica, destinando a segunda a investigar as funções últimas do Direito Penal, em suas relações com a sociedade, para o que resulta necessário apelar a complexos estudos filosóficos, históricos, políticos e econômicos.

Cremos que com a contribuição desses três autores se pode formar um quadro satisfatório, completo e ao mesmo tempo simples do objeto da Criminologia que se apresenta na Figura nº 11.

OBJETO DA CRIMINOLOGIA INSTITUCIONAL (A intervenção nos conflitos sociais mediante o sistema penal)

- O SISTEMA PENAL
  - Admitindo sua natureza histórica, social e contingente.
  - Incluindo suas instâncias, ideologias e lógicas decisórias de seus autores, e o efeitos que provocam nas pessoas presas.
  - É estudado desde os enfoques de investigação:
    - A) ETIOLÓGICO
      Ocupa-se das condutas, situações ou fatos sociais problemáticos, que ocorrem no contexto de fatos e situações processadas pelo controle formal.
      Suas investigações são:
      - Fundamentalmente empíricas.
      - Ocasionalmente teóricas.
      - abarcam somente a criminalização secundária
    - B) CRÍTICO
      Ocupa-se da operatividade do sistema, a seleção e as definições.
      Suas investigações são:
      - Empíricas: para interpretar a operatividade real do sistema penal.
      - Teóricas: orientadas a interpretar as relações entre o sistema penal e a dinâmica social.
      - abarcam a criminalização primária e secundária

Essa é a melhor solução possível para delimitar um claro marco de ação teórico-prática à disciplina, que dê aporte ao trabalho etiológico, sem fazê-la retroceder a suas origens positivistas nem abandoná-la à sua sorte.

É compreensível que, no momento, não seja fácil alcançar uma precisão totalmente satisfatória do objeto dessa disciplina. De todo modo, isso não constitui, segundo vimos, nem uma mácula nem uma exceção em referência às restantes ciências sociais.

Creio que, com o esquema aqui proposto, podemos seguir trabalhando em Criminologia, evitando que os diversos enfoques de investigação se estorvem reciprocamente, contribuindo para uma *análise de conjunto do controle social formal, em seus distintos momentos, desde a normatização à execução, sem ignorar nem menosprezar os efeitos que esse funcionamento e o crime provocam nas pessoas envolvidas e na sociedade*. Minha proposta parte da convicção de que *o Direito Penal não oferece soluções boas nem eficazes para a grande maioria dos assuntos submetidos a sua competência e de que se deve trabalhar para reduzir o espaço punitivo aos casos que não tenham, circunstancialmente, outra solução possível.*

Subordinar acriticamente a Criminologia ao Direito Penal para satisfazer a certas vítimas do delito, como pretendeu o novo realismo inglês, pode parecer uma solução de "sentido comum e objetivos práticos" que terminará resultando teoricamente incongruente, conforme os requerimentos da disciplina.

Tampouco se deve olvidar que, na América Latina, o controle se exerce, regularmente ("normalmente"), por meio de formas de violência irregular ou extra-institucional, de caráter *sui generis,* que emergem clandestinamente dos aparatos militarizados do controle. Quase sem exceção, as vítimas dessas formas de repressão irregular são eleitas por parapoliciais ou paramilitares, segundo critérios seletivos próprios do Direito Penal e seus estereótipos, mas mudando a reação e o sistema de penas, que executam por conta própria, com finalidades intimidatórias, de "inteligência" ou de "limpeza social" (e que inclui fenômenos de "mão dura", "gatilho fácil", tortura etc.).

Fenômenos desse tipo estão tão ligados a deformações ou à total degeneração do sistema de segurança oficial, que *devem ser abarcados em nosso objeto de estudo,* inclusive prioritariamente, como um aspecto inevitável (seja por tolerado ou pouco controlável) da maquinaria de controle estatal, dadas as condições massivas da marginalização que se pretende conter policial ou militarmente na América Latina.

Por último, convém fazer uma breve referência a questões que, embora extra-epistemológicas, incidem fortemente em favor da sobrevivência dessa disciplina com certa autonomia. Em primeiro lugar, a maior parte dos operadores profissionais e acadêmicos do controle penal constitui-se de advogados e se desempenham em áreas de política legislativa, judicial e acadêmica, ou seja, são os que parecem naturalmente destinados a perpetuar ou modificar a qualidade do sistema penal mediante seu exercício.

Ainda levando em conta a grande influência sociológica da última década do século XX, ela não tem passado da área universitária e tem uma incidência quase nula no terreno legislativo e judicial, assim como também no campo de interpretação e exegese doutrinária da lei penal. Em suma, tudo indica que é preciso *apontar ao esclarecimento dos operadores de maior importância do sistema penal, se se aspira a produzir mudanças nele.* Em tal sentido, alguns ataques a penalistas ou a diversos operadores do sistema penal, por sua presumida atividade "legitimadora", têm sido um erro. A legitimação não se dá por mera presença, e sim pelos conteúdos dessa presença conforme as circunstâncias.

Na América Latina, temos uma necessidade visível de dirigir a mensagem criminológica aos juristas, os quais, pela proximidade da gestação e do exercício normativo, mais necessitam de conhecimentos especializados sobre o funcionamento do sistema e de conhecimentos teóricos para a avaliação do conjunto de controle formal. Por outro lado, assim como a Sociologia será chave para estudar a gênese normativa, o mundo do Direito deve traduzir a mensagem crítica conforme suas técnicas e seus requerimentos disciplinares para poder contribuir para a mudança social e não seguir constituindo-se em seu obstáculo.

A própria estrutura desse manual é uma prova de que o tema do controle não pode tratar-se apelando a métodos e teorizações exclusivamente sociológicas, ainda que muitos trabalhos elaborados somente a partir do sociológico tenham, precisamente por tal limitação, uma aparência mais "coerente" ou "compacta". Esses não podem suplantar as contribuições que nos proporcionam as estatísticas, a História, a Axiologia, a Economia ou a Filosofia. A interdisciplinaridade, justamente, permite chegar a conhecimentos que a Sociologia, por si mesma, não pode proporcionar ou que, por sua vez, adquire por via de colaboração interdisciplinar. Em tal sentido, valem as observações de Gurvitch sobre a relação dialética entre as ciências sociais.

Por fim, há de se recorrer novamente a Baratta, o qual, em *O que acontece na Criminologia moderna?,* sustenta que

> (...) o discurso de uma Criminologia científica, e em particular da Criminologia crítica, é hoje um discurso que pode ser apresentado e deve certificar-se em todas as instituições que, sob qualquer etiqueta acadêmica, se ocupem da questão criminal. Deve-se evitar o erro de descuidar o discurso sobre o material referente, mas também o de abandonar espaços importantes na organização científica e acadêmica.[270]

O aprofundamento dos temas do método e do objeto requerem tenazes debates e análises futuras, imprescindíveis para a sustentação dessa parcela

[270] Obra citada, p. 124.

disciplinar da ciência a que denominamos – e queremos seguir denominando – Criminologia.

Obviamente, tal esforço somente se justifica na medida em que se creia em um futuro e se programe para desenvolvimentos sociais que no momento só se esboçam como possibilidades ou utopias regionais a que, por fim, apenas podemos intuir ou desejar.

A retrospectiva do estudo da Criminologia latino-americana indica a urgente necessidade de repensar a partir das bases o perfil da disciplina nas atuais circunstâncias, para precisar sua natureza científica, delimitar seu objeto e seus limites dentro das ciências sociais, em especial, em referência à Sociologia.

Um resumo sobre as idéias traçadas neste capítulo seria o seguinte:

a) A Criminologia não é uma ciência, mas pode seguir existindo como disciplina, concentrando-se em um conjunto de problemas de onde convergem distintas especialidades e ciências, justificando desse modo o grau de autonomia já alcançado nos campos acadêmico e de investigação. Em tal sentido, a Criminologia pertence ao campo científico, e suas construções podem reclamar esse *status*. A restauradora é a opção mais esforçada e complexa dos quatro caminhos que assinalamos no princípio. Talvez seja também a menos "simpática", pelo esforço de coerência que exige submeter-se às provas epistemológicas.

b) Quanto ao objeto, tudo indica que deve ser o Direito Penal com seus sistemas de aplicação, abordados a partir de enfoques distintos e coexistentes. Essa provisão de estudos se fará desnecessária quando a sociedade possa prescindir do controle penal como ferramenta privilegiada para "resolver" os conflitos que hoje abarca. O esquema proposto é suficientemente amplo para justificar o trabalho diferenciado da Criminologia, recorrendo necessariamente a diversas disciplinas e ciências.

c) Com referência ao método aplicável se delineiam, segundo acabamos de ver, numerosos problemas. Em primeiro lugar, essa disciplina não tem um ou vários métodos próprios e específicos; por isso, a tarefa prioritária é a depuração e unificação de conceitos e o aprofundamento metodológico, a fim de unificar a disciplina. Seria conveniente não empregar as noções de ciência e método como sinônimos, nem assimilar a noção de ciência às teorias dominantes, nem equiparar pura e simplesmente as noções de "teoria" e "ciência".

Pode-se e deve-se sustentar que não há um monismo metodológico, e que, nessa disciplina, é inevitável a diversidade de métodos.

Das investigações criminológicas, podem participar várias ciências sociais, e isso impõe aos juristas a necessidade de adentrar-se na metodologia das disciplinas alheias. A base será, em muitos casos, empírica, mas sem renunciar às investigações fundamentais nem à aplicação alternada ou simultânea de métodos dedutivos e indutivos. *A indução criminológica estará condenada, por ora, a obter resultados probabilísticos*, que irão requerendo maior ou menor grau de justificação, para o que se fará preciso contrastar, oportunamente, esses resultados com métodos diversos.

Nas investigações fundamentais e na busca da totalidade comum, o método dialético parece oferecer as melhores perspectivas, sempre que, como recomenda Gurvitch, se libere a discussão metodológica da disputa ideológica, que, ao contrário, conduzirá a contradições e à esterilidade disciplinar. O pluralismo de enfoques não implica "despolitizar" temáticas, e não se julga o prejuízo que podem causar múltiplas buscas de respostas, sempre que permitam ser claramente avaliadas para sua oportuna justificação ou rejeição. Muito pior é deixar que as interpretações se façam por via de argumentos de autoridade ou a partir de exclusões ideológicas.

Outro problema transcendente em investigação criminológica é a prioridade que se deveria conceder a uma *orientação por problemas* ou a uma *por métodos*. Não se trata de falar de um mosaico de dados reunidos ou de uma ciência. Como obter uma síntese então?

O ideal seria estudar os problemas de importância fundamental com uma metodologia rigorosa, mas isso se revela freqüentemente *impossível*. A opção da disciplina é estudar problemas fundamentais com metodologia imperfeita ou problemas parciais com métodos excelentes. Freqüentemente, impõe-se a urgência de contar com soluções práticas e, de tal modo, adota-se a orientação por problemas com esforços adicionais para polir os métodos.

O emprego de múltiplos métodos deve seguir o propósito interdisciplinar, mesmo que esse objetivo não seja ainda um aparato metodológico sólido. Existem distintos matizes no grau de integração dos conhecimentos que irão desde a *adição* e o *ecletismo* até o ponto ótimo de bons graus de interação disciplinar. Outra meta a ser alcançada pela Criminologia consistirá no estímulo e na avaliação sistemática desses esforços interativos, negando a denominação de "interdisciplinar" a trabalhos que não reúnem suficientes méritos para merecê-la.

O objetivo final da disciplina é a pretensão integradora, ainda muito distante, mas não impossível, atendendo às dificuldades das ciências sociais em seu conjunto, que repassamos ao longo desses capítulos e que obrigam categorias comuns a evitar a Torre de Babel conceitual, a atomização ao mínimo de nossas poucas forças, a tentação pós-moderna de nos desinteressarmos por um mundo arbitrário e incompreensível. Essa realidade foi diagramada por modelos tecnocráticos que privilegiam sociedades utilitárias a serviço de minorias todo-poderosas, como ocorreu reiteradamente no curso da história. As mudanças serão impossíveis sem repensar a razão em si mesma e as categorias para interpretar nosso trabalho em sua relação com a realidade. Antigamente, predominou uma atividade científica enciclopédica: Galileu, Rousseau, Voltaire, Humboldt, Fromm dominavam vários campos do saber. Mas, na atualidade, a multiplicação do saber e da informação tornou impossível o trabalho exclusivamente individual. Por isso, o trabalho *multidisciplinar* parece *inevitável* para nossa perspectiva.

O trabalho científico entre representantes de distintas especialidades influi notadamente onde não está devidamente assegurado, por meio de uma investigação disciplinar específica, que um e o mesmo âmbito da realidade é, concomitantemente, objeto da investigação e da prática social. As disciplinas científicas estão, em definitivo, historicamente condicionadas e devem ser analisadas em sua variação.

Por último, creio que aqueles que negam todo o caráter científico à Criminologia ou proponham reduzi-la a uma Sociologia criminal ou a uma teoria política arcam com o desafio de demonstrar que podem valer-se de uma metodologia exclusiva e prescindir de todo o aporte extradisciplinar para interpretar as instâncias do controle formal, ainda – tenazmente – existentes.

Bibliografia

Actas del XI Congreso Internacional de Defensa Social. Buenos Aires: La Ley, 1988.

ADORNO, Theodor; HORKHEIMER, Max. *Dialéctica del iluminismo.* Buenos Aires: Sudamericana, 1969.

——. "La educación después de Auschwitz", em *Delito y sociedad.* Buenos Aires, n. 3.

AGUIRRE, Eduardo Luis. *Ensayo de criminología crítica argentina.* La Plata: Scotti, 1999.

ALBERDI, Juan B. *Bases.* Buenos Aires: Plus Ultra, 1996.

ALBERGARIA, Jason. *Criminologia.* Rio de Janeiro: Aidê, 1988.

ALLER, Germán. *Co-responsabilidad social, sociedad de riesgo y derecho penal del enemigo.* Montevideo: Carlos Álvares Editor, 2006.

ALVES, Roque de Brito. *Criminologia.* Rio de Janeiro: Forense, 1986.

ANDERSON, Perry. *Los orígenes de la posmodernidad.* Barcelona: Anagrama, 2000.

ANITUA, Gabriel. *Historias de los pensamientos criminológicos.* Buenos Aires: Editores del Puerto, 2005.

ANIYAR DE CASTRO, Lola. "Criminología y sistemas de poder", em *Criminalia,* México, 1986.

——. *Criminología de la liberación.* Universidad del Zulia, 1987.

——. "Derechos humanos, modelo integral de la ciencia penal y sistema penal subterráneo", na *Revista del Colegio de Abogados Penalistas,* Cali, n° 13, 1985.

——. *Conocimiento y orden social,* Universidad del Zulia, 1981.

——. "El triunfo de Lewis Carroll", palestra publicada em *La criminología del siglo XXI en América Latina.* Santa Fe: Rubinzal y Culzoni, 1999.

——. *La realidad contra los mitos.* Universidad del Zulia, 1981.

——. *El movimiento de la teoria criminológica y su estado actual.* Equador: Universidad de Loja, 1986.

——. "La política criminal y la nueva criminología en América Latina", contribuição ao livro *Criminología en América Latina.* Roma: UNICRI, 1991.

APONTE, Alejandro. "Derecho penal del enemigo vs derecho penal del ciudadano. Günther Jakobs y los avatares de un derecho penal de la enemistad", em *Cuadernos de Doctrina y Jurisprudencia Penal,* n.° 18-19, 2005.

AROCENA, Gustavo. *Inseguridad urbana y ley penal.* Córdoba: Alveroni Ediciones, 2004.

AROCENA, Rodrigo. *Ciencia, tecnología y sociedad, cambio tecnológico y desarollo.* Buenos Aires: Centro Editor de América Latina, 1993.

Atas do Colóquio Internacional dos ex-bolsistas Humboldt, em Montevideo, em abril de 2003: "El derecho ante la globalización y el terrorismo". Valencia: Tirant lo Blanch, 2004.

Autores vários. *Ciencia e ideología, aportes polémicos.* Buenos Aires: Ediciones Ciencia Nueva, 1975.

Autores vários (Grupo Doce). *Del fragmento a la situación* (notas sobre la subjetividad contemporánea). Buenos Aires: Gráfica México, 2001.

Autores vários. *El pensamiento criminológico I.* Barcelona: Ediciones Península, 1963.

Autores vários. *Criminología como estudio superior autónomo e interdisciplinario,* t. I, Centaurus Pfaffenweiler, 1986.

Autores vários. *La víctima y el sistema penal.* Buenos Aires: Ad-Hoc, 1992.

Autores vários. *Interdisciplinariedad, práctica, desafíos, ideologia.* Compilado por J. Kocka. Frankfurt: Suhrkamp TV, 1987.

AVANESOV, G. *Fundamentos de la criminología.* Moscú: Progreso, 1985.

BALESTENA, Eduardo. *La fábrica penal.* Buenos Aires: B. de F., 2006.

BARATTA, Alessandro. "Integración-prevención: una nueva fundamentación de la pena dentro de la teoría sistémica", em Revista *Capítulo Criminológico,* Maracaibo, nº 15, 1987.

——. *Criminología crítica y crítica del derecho penal.* México: Siglo XXI, 1982.

——. *Principios del derecho penal mínimo.* Buenos Aires: Doctrina Penal, 1987.

——. *¿Qué pasa en la criminología moderna?* Bogotá: Temis, 1990.

——. "Hacia una nueva criminología" (direção de Carlos Elbert), *colección jurídica y social,* n.º 66. Santa Fe: Universidad Nacional del Litoral, 1997.

BARCELLONA, Pietro; COTTURRI, Giuseppe. *El Estado y los juristas.* Barcelona: Fontanella, 1976.

BARREDA SOLÓRZANO, Luis de la. "Hércules en el jardín criminológico", em *Nuevo Foro Penal,* Bogotá, nº 53, 1991.

BASILE, Alejandro e WAISMAN, David. *Medicina legal y deontología.* Buenos Aires: Abaco, 1987, Tomo 2.

BAUMANN, Zygmunt. *La globalización, consecuencias humanas.* Buenos Aires: Fondo de Cultura Económica, 1999.

——. *Para una sociología crítica.* Buenos Aires: Marymar, 1977.

——. *La sociedad sitiada.* Buenos Aires: Fondo de Cultura Económica, 2005.

BECKER, Howard S. *Los extraños, sociología de la desviación.* Buenos Aires: Tiempo Contemporáneo, 1971.

BIAGINI, Hugo. *El movimiento positivista argentino.* Buenos Aires: Editorial de Belgrano, 1986.

BERNSDORF, Wilhelm. *Diccionario de Sociología.* Stuttgart: Enke Verlag, 1969.

BIRKBECK, Christopher. "La criminología comparada y las perspectivas para el desarrollo de una teoría latinoamericana", em *La Criminología en América Latina.* Venezuela, Mérida: Universidad de los Andes, 1992.

BONESANA, Cesare, marqués de Beccaria. *De los delitos y de las penas,* com estudo preliminar de Nodier Agudelo Betancur. Bogotá: Linotipia Bolívar, 1992.

——. *Com o comentário de Voltaire.* Madrid: Alianza Editorial, 1968.

BONGER, Willem Adriaan. *Introducción a la criminología.* México: Fondo de Cultura Económica, 1943.

BOURDÉ, Guy. *Buenos Aires, urbanización e inmigración.* Buenos Aires: Huemul, 1977.

BOURDIEU, Pierre. *Sociología y cultura,* México: Grijalbo, 1990.

——. *Los usos sociales de la ciencia.* Buenos Aires: Nueva Visión, 2000.

——. *Intelectuales, política y poder.* Buenos Aires: Eudeba, 2000.

BOVINO, Alberto. "La víctima como preocupación del abolicionismo", em *La víctima y el sistema penal.* Buenos Aires: Editorial Ad-Hoc, 1992.

——. "Un voto cínico. A propósito del voto de Riggi en el caso 'Chabán'", em *Nueva Doctrina Penal,* 2006-A.

BUJÁN, Javier. *Elementos de Criminología en la realidad social.* Buenos Aires: Abaco, 1999.

BUNGE, Mario. *Tres mitos de nuestro tiempo*: virtualidad, globalización, igualamiento. Argentina: Universidad Nacional del Litoral, 2001.

BUSTOS, Juan. *El pensamiento criminológico I.* Barcelona: Península, 1963.

CADIMA M., Hugo Cesar. *Lecciones de criminología.* Bolívia: Oruro, I, 1954, e II, 1957.

CAIMARI, Lilia. *Apenas un delincuente.* Buenos Aires: Siglo XXI, 2004.

CAJÍAS K., Huáscar. *Criminología.* La Paz, 1970.

CALCAGNO, Alfredo Eric e CALCAGNO, Alfredo Fernando. *El universo neoliberal.* Recuento de sus lugares comunes. Buenos Aires: Alianza, 1995.

CANCLINI, Arnoldo. *El fueguino.* Buenos Aires: Sudamericana, 1998,

CARVALHO, H. Veiga de. *Compêndio de criminologia.* Rio de Janeiro: Forense, 1964.

CASTEL, Robert. *La inseguridad social.* Buenos Aires: Manantial, 2004.

CASTEX, Mariano. *El poder penal.* Buenos Aires: Oficina de Publicaciones de la Universidad de Buenos Aires, 1997.

CASTILLO BARRANTES, Enrique. *Becker y Chapman, criminólogos interaccionistas.* San José: ILANUD, 1980.

CERETTI, Adolfo. *El horizonte artificial, problemas epistemológicos de la criminología.* Buenos Aires: Editorial B. de F., 2008, número 5 da coleção "Memoria Criminológica".

CERVINI, Raúl. *Los procesos de decriminalización.* 2ª ed. Montevideo: Universidad, 1993.

CHALMERS, Alan. *¿Qué es esa cosa llamada ciencia?* Madrid: Siglo XXI, 1982.

CHRISTIE, Nils. *Los límites del dolor.* México: Fondo de Cultura Económica, 1984.

——. *La industria del control del delito.* Buenos Aires: Ediciones del Puerto, 1993.

——. *Una sensata cantidad de delito.* Buenos Aires: Editores del Puerto, 2004.

CHUMBITA, Hugo. *Jinetes rebeldes (historia del bandolerismo social en la Argentina).* Buenos Aires: Javier Vergara Editor, 2000.

CIAFARDINI, Mariano. *Delito urbano en la Argentina.* Buenos Aires: Ariel, 2006.

COLANZI ZEBALLOS, Alejandro. *Búsqueda criminológica.* Santa Cruz de la Sierra, 1996.

COHEN, Albert K. *Delincuentes juveniles.* México: Fundo de Cultura Económica, 1970.

COHEN, Stanley. "La descentralización del control social tomada en serio", Colombia: Nuevo Foro Penal, n.º 45, 1989.

COSER, Lewis. *Las funciones del conflicto social.* México: Fondo de Cultura Económica, 1965.

COUSIÑO MAC IVER, Luis. *La influencia española en la codificación penal iberoamericana.* Buenos Aires: Doctrina Penal, 1981.

CUELLO CALÓN, Eugenio. *La moderna penología.* Barcelona: Bosch, 1958.

CURRUHUINCA – ROUX. *Las matanzas del Neuquén, crónicas mapuches.* Buenos Aires: Plus Ultra, 1987.

DAHRENDORF, Ralf. *Las clases sociales y su conflicto en la sociedad industrial.* Madrid: Rialp, 1959.

——. *Oportunidades vitales.* Notas para una teoría social y política. Madrid: Espasa-Calpe, 1983.

——. *El conflicto social moderno.* Madrid: Mondadori, 1990.

DAVID, Pedro. *Globalización, prevención del delito y justicia penal.* Buenos Aires: Zavalía Editor, 1999.

DE BIE, Pierre. "La investigación orientada", em *Corrientes de la investigación en las ciencias sociales*, Tomo 1, Capítulo 2, Madrid: Tecnos-Unesco, 1981.

DE LA RÚA, Jorge. *La codificación penal latinoamericana.* Caracas: Universidad Central, 1982.

DE OLAZÁBAL, Julio. *Suspensión del proceso a prueba.* Buenos Aires: Astrea, 1994.

DEL OLMO, Rosa. *Criminología argentina.* Apuntes para su reconstrucción histórica. Biblioteca de Ciencias Penales, nº 10. Buenos Aires: Depalma, 1992.

——. "La criminología en América Latina, balances y perspectivas", em *La Criminología en América Latina.* Mérida, Venezuela: Universidad de los Andes, 1992.

——. *Ruptura criminológica* e *Segunda ruptura criminológica*, ambas em edições da Universidad Central de Venezuela, em 1979 e 1990, respectivamente.

——. *América Latina y su criminología.* México: Siglo XXI, 1981.

—— (editora). *Estigmatización y conducta desviada.* Maracaibo: Instituto de Criminología, 1971.

DEVOTO, Eleonora. Probation *e institutos análogos.* Buenos Aires: DIN, 1995.

DI TULLIO, Benigno. *Tratado de antropología criminal.* Buenos Aires: Instituto Panamericano de Cultura, 1950.

——. *Principios de Criminología Clínica y Psiquiatría Forense.* Madrid: Teruel, 1966.

DÍAZ ARAUJO, Enrique. *José Ingenieros.* Buenos Aires: Ciudad Argentina, 1998.

DÍAZ, Esther e HELLER, Mario. *El conocimiento científico.* Buenos Aires: Eudeba, 1989.

Diccionario de la Lengua Española de la Real Academia Española, 20ª edición, Tomo II, Madrid, 1984.

DRAGO, Luis M. *Los hombres de presa.* Buenos Aires: Félix Lajouane Editor, 1888.

DURKHEIM, Émile. *Las reglas del método sociológico.* Madrid: Hyspamérica, 1986.

ELBERT, Carlos. "El fin de las utopías y la tentación de reconstruirlas: El duro camino de la criminología", conferência lida no *I Seminario de Derecho Penal y Criminología.* Santa Rosa: La Pampa, 15 e 16 de novembro de 2001, publicada na Revista *Capítulo Criminológico*, da Venezuela, vol. 30, nº 3, julho-setembro, 2002.

——; e colaboradores. *La universidad en las cárceles argentinas.* Buenos Aires: Depalma, 2000.

——. "Ejecución penal y terapia social", no livro *El poder penal del Estado*, Buenos Aires: Depalma, 1985.

——. "Visita a dos establecimientos social terapéuticos en Alemania Federal", em *Doctrina Penal*, n° 8, Buenos Aires, 1979.

——. ¿"Necesitamos, en 1998, el juicio por jurados?", em *Jurisprudencia Argentina*, Buenos Aires, 1998.

——. "Psiquiatras y juristas frente al tema de la imputabilidad: ¿Discursos complementarios protectores o discriminatorios?" em ROVALETTI (comp.), *Etica y psicoterapia*, Buenos Aires: Biblos, 1995.

——. *Abolicionismo: ¿eclecticismo o integración en la criminología?*, no livro de homenagem ao Professor David Baigún, Buenos Aires: Del Puerto, 1995.

——. "Alternativas modernas a las penas privativas de libertad y sus resultados prácticos", *Revista del Colegio de Abogados Penalistas*. Cali, n° 8, 1983.

——. "Substitución de las penas privativas de libertad, ¿por qué? ...y ¿por qué?", *Jurisprudencia de Entre Riós*, 1988, n° 24.

——. "Cárceles y penas al filo del tercer milenio", em *Cuadernos de Doctrina y Jurisprudencia Penal*. Buenos Aires, n° 3, 1996.

——. "El sistema penal ante las exigencias del presente", no livro de mesmo título. Santa Fe: Rubinzal y Culzoni, 2004.

——. "La justicia ante las actuales demandas de seguridad", apresentada no *Primeiro Congresso sobre segurança e Estado de Direito*, Faculdade de Direito (UBA), agosto de 2006.

——. "La pena de muerte e el endurecimiento del sistema penal: ¿solución para el sentimiento colectivo de inseguridad?", na *Revista Derecho Penal*, n° 6, Rosario, 1998.

——. *Criminologa latino-americana*: teoria e propostas sobre o controle social do terceiro milênio. Traduzido por Ruth Gauer e Ney Fayet Júnior. São Paulo: LTr, 2000 (primeiro volume). A mesma Editora lançou o segundo volume dessa obra em 2002 [Traduzido por Ney Fayet Júnior].

——. Diretor do livro *Encuentro con las penas perdidas* (discussão do livro de Eugenio Zaffaroni *En busca de las penas perdidas*), colección jurídica y social, Universidad Nacional del Litoral, nº 9, 1993.

——. "La criminología en el fin de siglo. Libro de ponencias", *Congreso Internacional la persona y el derecho en el fin de siglo*. Universidad Nacional del Litoral, 1996.

——. ¿"Es necesaria uma criminología para el tercer milênio? Libro de ponencias", *Jornadas Uruguayas-Santafesinas*. Universidad Nacional del Litoral, 1997.

——. Diretor do livro *Hacia una nueva criminología* (discussão do livro de Alessandro Baratta "Criminología crítica"), colección jurídica y social. Universidad Nacional del Litoral, nº 66, 1997.

——. *El derecho ante la globalización y el terrorismo*. Valencia: Tirant lo Blanch, 2004.

——. "Baratta y los limites epistemológicos de la criminología", em Serta, *Libro de homenage a Alessandro Baratta*, Universidad de Salamanca, 2004.

——. "Hacia una nueva política criminal", no *V encuentro argentino de Profesores de Derecho Penal y Jornadas argentinas de Derecho Penal*. Tucumán, outubro de 2005.

——. "El modelo de Estado y la formulación de políticas criminales", em *Daños, globalización, Estado, economia*. Santa Fe: Rubinzal y Culzoni, 2000, p. 39.

—— (coordenador). *La criminología del siglo XXI en América Latina*. Santa Fe: Rubinzal y Culzoni, 1999 (primeira parte), e, com o mesmo título, a segunda parte, 2002.

ESCARDÓ, Florencio. *Ensayo sobre Eduardo Wilde*. Buenos Aires: Editorial Lautaro, 1943.

ESCOBAR, Raúl Tomás. *Elementos de Criminología*. Buenos Aires: Universidad, 1997.

FERRAJOLI, Luigi. *Derecho y razón*. Madrid: Trotta, 1995.

FERRI, Enrico. "La legislación penal argentina", em *Nueva doctrina penal*, 2003-A.

FOUCAULT, Michel. *Vigilar y castigar*. México: Siglo XXI, 1981.

——. *Microfísica del poder*. Madrid: Ediciones de la Piqueta, 1979.

——. *Un diálogo sobre el poder*. Barcelona: Altaya, 1995.

FRIED SCHNITMAN, Dora (compiladora). *Nuevos paradigmas, cultura y subjetividad*. Buenos Aires: Paidós, 1998.

FREUD, Sigmund. *Obras completas*. Madrid: Biblioteca Nueva, 1973.

FROMM, Erich. *El miedo a la libertad*. Buenos Aires: Paidós, 1965.

——. *Marx y su concepto del hombre*. México: Fondo de Cultura Económica, 1987.

FUCITO, Felipe. *Sociología del derecho.* Buenos Aires: Universidad, 1993.

FUKUYAMA, Francis. *El fin de la historia y el último hombre.* Barcelona: Planeta-Agostini, 1995.

GAETA, Rodolfo e GENTILE, Nélida. *Thomas Kuhn.* De los paradigmas a la teoría evolucionista. Buenos Aires: Eudeba, 1998.

GARCÍA DELGADO, Daniel. *Estado y sociedad.* Buenos Aires: Flacso y Tesis, 1994.

GARCÍA-PABLOS DE MOLINA, Antonio. *Manual de Criminología.* Madrid: Espasa-Calpe, 1988.

——. *Criminología, una introducción a sus fundamentos teóricos para juristas.* Valencia: Tirant lo Blanch, 1996.

GARGANI, Aldo (comp.). *Crisis de la razón.* México: Siglo XXI, 1993.

GARLAND, David. *Castigo y sociedad moderna.* México: Siglo XXI, 1999.

——. *La cultura del control.* Barcelona: Gedisa, 2005.

GARÓFALO, Rafael. *Criminología.* Buenos Aires: Editorial B de F, 2005, número 2 da coleção "Memoria Criminológica".

GEYMONAT, Ludovico. *El pensamiento científico.* 12ª ed. Buenos Aires: Eudeba, [s.d.].

GIORLNADINI, Eduardo. "Una historia negra: la Ley da Residencia", na Revista *Todo es Historia*, nº 226, de fevereiro de 1986.

GOFFMAN, Erving. *Estigma.* La identidad deteriorada. Buenos Aires: Amorrortu, 1980.

——. *Internados.* Ensayos sobre la situación social de los enfermos mentales. Buenos Aires: Amorrortu, 1973.

GÓMEZ, Eusebio. *Tratado de derecho penal.* Buenos Aires: Compañía Argentina de Editores, 1939/42.

——. *Enrico Ferri.* Buenos Aires: Ediar, 1947.

GÓMEZ GRILLO, Elio. *Introducción a la criminología.* Caracas: UCV, 1964.

GONZÁLEZ, Ricardo. *Los obreros y el trabajo.* Buenos Aires, 1901, editado por Centro Editor em 1984.

GONZÁLEZ VIDAURRI, Alicia; SÁNCHEZ S., Augusto; GORENC, Klaus. *Control social en México.* D.F.: UNAM, 1998.

GUIBOURG, Ricardo *et al. Introducción al conocimiento científico.* Buenos Aires: Eudeba, 1987.

GURVITCH, George. *Dialéctica y sociología.* Madrid: Alianza Editorial, 1969.

GUTIÉRREZ, Mariano. *La necesidad social de castigar.* Buenos Aires: Fabian di Plácido Editor, 2006.

HABERMAS, Jürgen. *Teoría de la acción comunicativa.* Madrid: Taurus, 1987 - 1988.

HORKHEIMER, Max. *Teoría crítica.* Buenos Aires: Amorrortu, 1990.

HULSMAN, Louk. *Sistema penal y seguridad ciudadana.* Barcelona: Ariel, 1982.

HURTADO POZO, José. *El derecho* importado. Lima: CEDYS, 1979.

HUSSERL. *Teoría crítica.* Buenos Aires: Amorrortu, 1990.

Informe del Comitê Europeo sobre problemas de la criminalidad. Buenos Aires: Ediar, 1987.

INGENIEROS, José. *Crónicas de viaje.* Obras Completas, v. V. Buenos Aires: Elmer, 1957.

IPARRAGUIRRE, Sylvia. *La Tierra del Fuego.* Buenos Aires: Alfaguara, 1999.

JAKOBS, Günther e CANCIO MELIÁ, Manuel. *Derecho penal del enemigo.* Buenos Aires: Hammurabi, 2005.

JIMÉNEZ DE ASÚA, Luis. *Lombroso.* Buenos Aires: Perrot, 1960.

——. *Tratado de Derecho Penal.* Buenos Aires: Losada, 1964.

KAPLAN, Robert. *El retorno de la antigüedad.* Barcelona: Ediciones B-Grupo Z, 2002.

KAUFMANN, Hilde. *Ejecución penal y terapia social.* Buenos Aires: Depalma, 1979.

—— e colaboradores. *Delincuentes juveniles, diagnosis y juzgamiento.* Buenos Aires: Depalma, 1983.

KIRCHHEIMER, Otto e RUSCHE, Georg. *Pena y estructura social.* Bogotá: Temis, 1984.

KLIMOVSKY, Gregorio. *Las desventuras del conocimiento científico.* Una introducción a la epistemología. Buenos Aires: A-Z, 1994.

KORN, Alejandro. *El pensamiento argentino.* Buenos Aires: Nova, 1961.

KUHN, Thomas. *La estructura de las revoluciones científicas.* Breviarios. México: Fondo de Cultura Económica, 1971.

LAMNEK, Siegfried. *Teorías de la criminalidad.* México: Siglo XXI, 1987.

LAPLAZA, Francisco. *Objeto y método de la criminología.* Buenos Aires: Arayú, 1954.

LARRAÍN IBÁÑEZ, Jorge. *Modernidad, razón e identidad en América Latina.* Santiago de Chile: Editorial Andrés Bello, 1996.

LARRAURI, Helena. *La herencia de la criminología crítica.* México: Siglo XXI, 1991.

LEA, John e YOUNG, Jock. *¿Qué hacer con la ley y el orden?* Buenos Aires: Editores del Puerto, 2001.

LEE MARKS, Richard. *Tres hombres a bordo del* Beagle. Buenos Aires: Javier Vergara, 1994.

LEITH, Brian. *El legado de Darwin.* Barcelona: Biblioteca Científica Salvat, 1986.

LEKSCHAS, John *et al.* *Criminología, fundamentos teóricos y análisis.* Havana: Ciencias Jurídicas, 1989.

LEWKOWICZ. Ignacio. *Pensar sin Estado.* Buenos Aires: Paidós, 2004.

LEWONTIN, R. C.; ROSE, Steven e KAMIN, Leon. *No está en los genes* (racismo, genética e ideología). México: Grijalbo, 1991.

LIPPENS, Ronnie. "Las criminologías críticas y la reconstrución de la utopía", *Nueva Doctrina Penal,* 1997-B.

LLOBET RODRÍGUEZ, Javier. *Garantías y sistema penal.* San José: Ediciones Jurídicas, 1999.

LUHMANN, Niklas. *Ilustración sociológica.* Buenos Aires: Sur, 1973.

LUNA, Félix (diretor). *Ingenieros.* España: Planeta, 2000.

LYOTARD, Jean-François. *La condición posmoderna.* Barcelona: Planeta-Agostini, 1993.

LYRA, Roberto. *Criminologia.* Rio de Janeiro, Brasil, 1964 (1. ed.), e 2ª ed. atual. por João Marcello de Araújo Jr. Rio de Janeiro: Forense, 1990.

MAIER, Julio. *Derecho procesal penal.* Buenos Aires: Del Puerto, 1996, Tomo I.

MALINOWSKI, Bronislaw. *Magia, ciencia y religión.* España: Planeta-Agostini, 1994.

MARÍ, Enrique. *La problemática del castigo* (El discurso de Jeremy Bentham e Michael Foucault). Buenos Aires: Hachette, 1983.

MÁRQUEZ PIÑERO, Rafael. *Criminología.* México: Trillas, 1991.

MARTEAU, Juan Félix. *La condición estratégica de las normas.* Buenos Aires: Eudeba, 1997.

——. *Las palabras del orden.* Buenos Aires: Editores del Puerto, 2003.

MARTÍNEZ SÁNCHEZ, Mauricio. *¿Qué pasa en la criminología moderna?* Bogotá: Temis, 1990.

——. "El estado actual de la criminología y de la política criminal", em *La criminología del siglo XXI en América Latina.* Santa Fe: Rubinzal y Culzoni, 1999.

——. "Poder político y control del delito", em *Pensamiento Jurídico,* Bogotá, n° 5, 1995.

——. "Alternativas al sistema penal en la corriente abolicionista", em *Criminología y Derecho Penal,* Guayaquil, 1991, n° 1.

——. *La abolición del sistema penal.* Inconvenientes en Latinoamérica. Bogotá: Temis, 1990.

MARTURET, Hernán Javier. *Visiones abiertas y cerradas de la Modernidad.* Buenos Aires: Universidad Libros, 2002.

MARX, Karl e ENGELS, Friedrich. "Tres tesis sobre Feuerbach" e "Elementos fundamentales para la crítica de la economia política". Ambos textos em: *Marx y Engels, obras escogidas.* Moscú: Ediciones en Lenguas Extranjeras, Tomo I, 1951, e Moscú: Editorial Progreso, Tomo I, 1973.

——. *Crítica de la Economía Política.* Buenos Aires: Editorial El Quijote, 1946.

MATHIESEN, Thomas. *Juicio a la prisión.* Buenos Aires: Ediar, 2003.

MAYO, Carlos e GARCÍA MOLINA, Fernando. *El positivismo en la política argentina (1880-1906).* Buenos Aires: Centro Editor de América Latina, 1988.

MEJÍA QUINTANA, Oscar (diretor). "La ciencia política: historia, enfoques, proyecciones", pelo grupo de investigação Estatuto epistemológico de la ciencia política, em *Cuadernos de Ciencia Política,* Bogotá, março de 2004.

MELOSSI, Dario. "Ideología y derecho penal, garantismo jurídico y criminología crítica: ¿nuevas ideologías de la subordinación?", em *Nueva Doctrina Penal,* A/1996.

MENDOZA, José Rafael. *Curso de criminología.* Caracas: El Cojo, 1970.

MERLYN, Pilar Sacoto. *Introducción a la criminología.* Quito: PUCE, 1989.

MERTON, Robert. *Teoría y estructuras sociales.* México: Fondo de Cultura Económica, 2002.

MÍGUEZ, Daniel. *Los pibes chorros.* Buenos Aires: Capital Intelectual, 2004.

MIRALLES, Teresa. *Métodos y técnicas de la criminología.* México: Instituto Nacional de Ciencias Penales, 1982.

MUÑOZ CONDE, Francisco. "La resocialización del delincuente. Análisis y crítica de un mito", em *Cuadernos de Política Criminal,* Madrid, 1979.

MURILLO, Susana. *El discurso de Foucault*: Estado, locura y anormalidad en la construcción del individuo moderno. Buenos Aires: Oficina de Publicacione del CBC, Universidad de Buenos Aires, 1996.

——; ELBERT, Carlos. "Un análisis crítico de la visión de Zaffaroni sobre el curso de la criminología", *Capítulo Criminológico,* Maracaibo, vol. 28, n.º 3, set. 2000.

NEUMAN, Elías. *Evolución de la pena privativa de libertad y regímenes carcelarios.* Buenos Aires: Pannedielle, 1971.

——. *Mediación y conciliación penal.* Buenos Aires: Depalma, 1997.

——. *Victimología, victimología y control social y victimología supranacional.* Buenos Aires: Universidad, 1994 e 1995.

NICÉFORO, Alfredo. *Criminología* (cinco tomos). México: Cajica, 1954.

NÚÑEZ, Ricardo. "El origen bastardo de una reforma", *Derecho Penal y Criminología,* n° 1, 1968.

OLDANO, Iris. *Criminología, agresividad y delincuencia.* Buenos Aires: Ad-Hoc, 1998.

OLIVERA DÍAZ, Guillermo. *Criminología peruana.* 2ª ed. Lima, 1973, t. I e t. II, 2ª ed., 1978.

OLAZÁBAL, Julio. *Suspensión del proceso a prueba.* Buenos Aires: Astrea, 1994.

PARSONS, Talcott. *La estructura de la acción social.* Madrid: Guadarrama, 2 tomos, 1968.

PASTOR, Daniel. "La deriva neopunitivista de organismos y activistas como causa del desprestigio actual de los derechos humanos", em *Nueva Doctrina Penal,* 2005/A.

——. *El poder penal internacional.* Barcelona: Atelier, 2006.

PAVARINI, Massimo. *Un arte abyecto,* ensayo sobre el gobierno de la penalidad. Buenos Aires: Ad-Hoc, 2006.

——. *Control y dominación. México:* Siglo XXI, 1983.

——; PELACCHI, Adrián. *Tratado sobre la seguridad pública.* Buenos Aires: Editorial Policial, 2000.

PHILIPPE, Robert. *El ciudadano, el delito y el Estado.* Barcelona: Atelier, 2003.

PITCH, Tamar. *Responsabilidades ilimitadas.* Buenos Aires: Ad-Hoc, 2003.

PELÁEZ, Michelángelo. *Introducción al estudio de la criminología.* 3ª ed. Buenos Aires: Depalma, 1982.

PEREZ, Luis Carlos. *Criminología.* Bogotá, 1950.

PLATT, Tony. "La criminología en la década del 80. Alternativas progresistas a 'Ley y orden'", em *Capítulo Criminológico,* Maracaibo, n° 11/12, 1983/84.

—— e TAKAGI, Paul. "Los intelectuales del derecho y del orden: una crítica a los nuevos realistas", em *Capítulo Criminológico,* nº 6, 1978.

QUINNEY, Richard. *Clases, Estado y delincuencia.* México: Fondo de Cultura Económica, 1985.

RABOSSI, Eduardo. *La justificación moral del castigo.* Buenos Aires: Astrea, 1976.

RAMONET, Ignacio (coord.). *Pensamiento crítico vs. pensamiento único.* Madrid: Debate, 1998.

REY, Germán. *El cuerpo del delito.* Bogotá: Friedrich Stiftung, 2005.

REYES ECHANDÍA, Alfonso. *Criminología.* 6ª ed. Colombia: Universidad Externado de Colombia, 1982.

RENGEL, Jorge Hugo. *Criminología.* Quadros: Loja, 1961. t. I.

——. *La concepción sociológica del delito.* Quito: Ecuador, 1980.

RIBEIRO, Leonidio. *Criminologia.* Rio de Janeiro: Suramericana, 1957.

RICO, José María. *Las sanciones penales y la política criminológica contemporánea.* México: Siglo XXI, 1979.

RIFKIN, Jeremy. *El fin del trabajo.* Nuevas tecnologías contra puestos de trabajo: el nacimiento de una nueva era. Buenos Aires: Paidós, 1997.

RIVACOBA, Manuel de. *Franz von Liszt, la idea de fin en el derecho penal.* Valparaíso: Edeval, 1984.

RODRÍGUEZ, Alberto e ZAPPIETRO, Eugenio. *Historia de la Policía Federal Argentina,* a las puertas del tercer milenio. Buenos Aires: Editorial Policial, 1999.

RODRÍGUEZ KAUTH, Ángel. *José Ingenieros.* Buenos Aires: Almagesto, 1996.

RODRÍGUEZ MANZANERA, Luis. *Criminología.* México: Porrúa, 1999.

ROJAS, Nerio. *Medicina legal.* 9ª ed. Buenos Aires: El Ateneo, 1966.

ROSELL, S. Jorge. "Realización de los derechos humanos y uso alternativo do derecho", em *Capítulo Criminológico*, Maracaibo, n° 9/10, 1981/82.

RUSCONI, Maximiliano. *Sistema del hecho punible y política criminal*. Buenos Aires: Ad-Hoc, 1995.

——. *Cuestiones de imputación y responsabiliad en el derecho penal moderno*. Buenos Aires: Ad-Hoc, 1997.

RÜTHER, Werner. "La criminalidad (o el delincuente) a través de las definiciones sociales (o etiquetamiento)", em *Doctrina Penal*, 1978.

SABATÉ, Domingo. *El cromosoma del crimen*. La nueva teoría del delincuente nato. Santa Fe: Castellvi, 1972.

SAFRANSKI, Rüdiger. *¿Cuánta globalización podemos soportar?* Buenos Aires: Tusquets, 2005.

SAÍN, Marcelo. *Política, policía y delito*. Buenos Aires: Capital Intelectual, 2004.

SALT, Marcos G. "Comentarios a la nueva Ley de Ejecución de la Pena Privativa de la Liberdad", em *Nueva Doctrina Penal*. Buenos Aires, 1996 B.

——. *Los derechos fundamentales de los reclusos*. Buenos Aires: Editores del Puerto, 1999.

SANCINETTI, Marcelo. *Fundamentación subjetiva del ilícito y desistimiento de la tentativa*. Bogotá: Temis, 1995.

SANDOVAL HUERTAS, Emiro. *Sistema penal y criminología crítica*. Bogotá: Temis, 1989.

SANTOS, Thamara. "Informe evaluativo sobre la investigación comparada: el delito de cuello blanco en América Latina". *Capítulo Criminológico*, Maracaibo, Venezuela, n° 14, 1986.

SARTORI, Giovanni. *Homo videns*. La sociedad teledirigida. Buenos Aires: Taurus, 1998.

SCIMÉ, Francisco Salvador. *Criminología* (causas y cosas del delito). Buenos Aires: Ediciones Jurídicas, 1999.

SCALABRINI ORTIZ, Raúl. *Historia de los ferrocarriles argentinos*. 4ª edição, Buenos Aires: Plus Ultra, 1962.

——. *Política británica en el Río de la Plata*. 4ª edição, Buenos Aires: Plus Ultra, 1965.

SCHUSTER, Félix. *El método en las ciencias sociales*. Buenos Aires: Centro Editor de América Latina, 1992.

—— (comp.). *Popper y las ciencias sociales*. Buenos Aires: Centro Editor de América Latina, 1992.

SELLIN, Thorsten. *Cultura, conflicto y crimen*. Caracas: EFOFAC, 1969.

SERRANO MAÍLLO, Alfonso. *Introducción a la Criminología*. 2ª ed. Madrid: Dykinson, 2004.

SILVA GARCÍA, Germán. "Xenofobia y criminalización", em seu livro *¿Será justicia?*. Bogotá: Universidad Externado, 1997.

SIMMEL, Georg. *Cuestiones fundamentales de sociología*. Barcelona: Gedisa, 2000.

——. *Intuición de la vida*. La Plata: Altamira, 2000.

SOKAL, Alan e BRICMONT, Jean. *Imposturas intelectuales*. Buenos Aires: Paidós, 1999.

SOLÍS ESPINOSA, Alejandro. *Criminología, panorama contemporáneo*. Lima: EDDILI, 1984.

SPENCER, Herbert. *Social statics*. New York: Appleton, 1888.

SURIANO, Juan. *La huelga de inquilinos de 1907*. Buenos Aires: Centro Editor de América Latina, Colección Historia Testimonial Argentina, 1983.

SUTHERLAND, Edwin. *El delito del cuello blanco*. Caracas: Universidad Central de Venezuela, 1969.

TAYLOR, Ian. *Criminología crítica*. México: Siglo XXI, 1985.

——; WALTON, Paul; YOUNG, Jock. *La nueva Criminología*. Buenos Aires: Amorrortu, 1990.

TERÁN, Oscar. *Positivismo y nación en Argentina*. Buenos Aires: Puntosur, 1987.

TIEGHI, Osvaldo N. *Tratado de Criminología*. Buenos Aires: Universidad, 1989.

VALDIVIA ZEGARRA, Dante. *Criminología*. Arequipa: Alvarez, [s.d.].

VAN DIJK, Teun. *Racismo y discurso de las elites*. Barcelona: Gedisa, 2004.

——. *Dominación étnica y racismo discursivo en España y América Latina*. Barcelona: Gedisa, 2004.

VERRI, Pietro. *Observaciones sobre la tortura*. Buenos Aires: Depalma, 1977.

VIRGOLINI, Julio. *La razón ausente*. Buenos Aires: Editores del Puerto, 2005.

——. *Delitos de cuello blanco, crimen organizado y corrupción*. Buenos Aires: Editores del Puerto, 2004.

VON LISZT, Franz. *Tratado de derecho penal*. Traduzido por Luis Jiménez de Asúa. Madrid: Editorial Reus, 1927.

WACQUANT, Loïc. *Las cárceles de la miseria*. Buenos Aires: Ediciones Manantial, 2000.

WERLE, Gerhard. *Tratado de derecho penal internacional*. Valencia: Tirant lo Blanch, 2005.

WIARCO, Octavio A Orellana. *Manual de criminología.* 4ª ed. México: Porrúa, 1988.

WIGGERSHAUS, Rolf. *Die Frankfurter Schule (La Escuela de Frankfurt).* 3ª ed. Munich: D.T.V., 1991.

WILDE, Eduardo. *Obras completas.* Buenos Aires: Editorial Belmonte, 1939.

YOUNG, Jock. *La sociedad excluyente.* Madrid: Marcial Pons, 2003.

ZAFFARONI, Eugenio Raúl. "La globalización y las actuales orientaciones de la política criminal", no livro *En torno de la cuestión penal.* Buenos Aires: Editorial B. de F., 2005.

——. *Manual de derecho penal.* Buenos Aires: Ediar, 1985.

——. *Criminología.* Aproximación desde un margen. Bogotá: Temis, 1988.

——. "*Tenda dos milagres* o la denuncia del *apartheid* criminológico" em *Revista Jurídica de Puerto Rico*, vol. 60, nº 2, 1991, p. 323-382, reproduzido também em *Criminología y Derecho Penal*, nº 3/4, p. 163, Guayaquil, 1993.

——. "El curso de la criminología", em *Capítulo Criminológico* (conferências), Maracaibo, v. 27, nº 3, p. 153, dezembro de 1999, reproduzido também na *Revista de Ciencias Penales*, Costa Rica, nº 18, nov. 2000.

——. "La criminología como curso", no livro *En torno de la cuestión penal*, obra citada.

——. *Política criminal latinoamericana.* Buenos Aires: Hammurabi, 1982.

——. *En busca de las penas perdidas.* Buenos Aires: Ediar, 1989.

——. *Sistemas penales y derechos humanos en América Latina.* Tomo I. Buenos Aires: Depalma, 1984.

——. "Un replanteo epistemológico en criminología". www.juspenalismo.com.ar.

——; ALAGIA, Alejandro y SLOKAR, Alejandro. *Derecho penal*: parte general. Buenos Aires: Ediar, 2000.

——. *Manual de derecho penal.* Buenos Aires: Ediar, 2005.

Manuais de consulta geral para o estudo da Criminologia, de edições em espanhol, não incluídos na bibliografia geral:

CID MOLINÉ, José e LARRAURI, Elena. *Teorías criminológicas.* Barcelona: Bosch, 2001.

GONZÁLEZ VIDAURRI, Alicia e SÁNCHEZ SANDOVAL, Augusto. *Criminología.* México: Porrúa, 2006.

GÖPPINGER, Hans. *Criminología.* Madrid: Réus, 1975.

KAISER, Günther. *Criminología.* Madrid: Espasa-Calpe, 1978.

LANGÓN CUÑARO, Miguel. *Curso de Introducción a la criminología.* Montevideo: Universidad Ltda., 1986.

——. *Criminología sociológica.* El interaccionismo simbólico. Estudios de etnometodología. Las teorias del conflicto. Montevideo: Fundación de Cultura Universitária, 1992.

MARCÓ DEL PONT, Luis. *Manual de criminología.* Córdoba: Lerner, 1991.

PÉREZ PINZÓN, Alvaro. *Curso de Criminología.* Bogotá: Temis, 1991.

PICCA, Georges. *La criminología.* Breviarios. México: Fondo de Cultura Econômica, 1987.

PRIETO, María del Pilar. *Criminología.* Buenos Aires: Ediar, 2004.

RESTREPO FONTALVO, Jorge. *Criminología,* un enfoque humanístico. 2ª ed. Bogotá: Temis, 2002.

RIVACOBA, Manuel T. *Elementos de criminología.* Valparaíso: Universidad de Valparaíso, 1982.

SOSA CHACÍN, Jorge. *Criminología crítica.* Caracas: Universidad Central de Venezuela, 1978.

VILLAVICENCIO TERREROS, Felipe. *Introducción a la criminología.* Lima: Editorial Jurídica Grjley, 1997.

ZAMBRANO PASQUEL, Adolfo. *Derecho Penal, Criminología y Política Criminal.* Buenos Aires: Depalma, 1998.

Coleções bibliográficas especializadas:

Memoria Criminológica
Director: Prof. Dr. Carlos Elbert
Coordinadora: Laura Belloqui
Editorial: B. de F. (Montevideo-Buenos Aires)

Títulos:

Nº 1: BARATTA, Alessandro. *Criminología y sistema penal* (compilação *in memoriam*), 2004.
Nº 2: GARÓFALO, Rafaelle. *La criminología,* 2005.
Nº 3: BALESTENA, Eduardo. *La fábrica penal,* 2006.

Criminologías
Directores: Mary Bellof e Máximo Sozzo
Editorial: Ad-Hoc (Buenos Aires)

Títulos:

Nº 1: PITCH, Tamar. *Responsabilidades limitadas,* 2003.
Nº 2: RUGGIERO, Vincenzo. *Delitos de los débiles y de los poderosos,* 2005.
Nº 3: SOZZO, Máximo (coordinador). *Reconstruyendo las criminologias críticas,* 2006.
Nº 4: PAVARINI, Mássimo. *Un arte abyecto,* 2006.

Obras de consulta geral para o estudo da Criminologia, em português, não incluídas na bibliografia geral:

ALBERGARIA, Jason. *Noções de criminologia*. Belo Horizonte: Mandamentos, 1999.

ANDRADE, Vera. Do paradigma etiológico ao paradigma da reação social: mudança e permanência de paradigmas criminológicos na ciência e no senso comum. In *Revista Brasileira de Ciências Criminais* (14). São Paulo: RT, 1996.

AZEVEDO, Rodrigo Ghiringhelli. *Informalização da justiça e controle social*. São Paulo: IBCCrim, 2000.

BITTENCOURT, Edgard de Moura. *Vítima*. São Paulo: Ed. Universitária de Direito [s.d.].

CALHAU, Lélio Braga. *Resumo de Criminologia*. Niterói: Impetus, 2006.

CARVALHO, Salo de. *Anti-manual de Criminologia*. Rio de Janeiro: Lumen Iuris, 2008.

——. *A política criminal de drogas no Brasil*. 4ª ed. Rio de Janeiro: Lumen Juris, 2007.

COSTA, Álvaro Mayrink da. *Criminologia*. 4ª ed. Rio de Janeiro: Forense, 2005.

——; *Raízes da sociedade criminógena*. Rio de Janeiro: Lumen Iuris, 1977.

GAUER, Gabriel J. Chittó; GAUER, Ruth M. Chittó (Org.). *A fenomenologia da violência*. Curitiba: Juruá, 1999.

GAUER, Ruth Maria Chittó (org.). *Criminologia e sistemas jurídico-penais contemporâneos*. Porto Alegre: Edipucrs, 2008.

KAHN, Tulio. *Cidades blindadas*: ensaio de criminologia. São Paulo: Conjuntura, 2001.

MACHADO, Dyonelio. *Uma definição biológica do crime*. Porto Alegre: Livraria do Globo, 1933.

MENDES, Nelson Pizzotti. *Criminologia*. São Paulo: Ed. Universitária de Direito [s.d.].

PEIXOTO, Afrânio. *Criminologia*. 3ª ed. São Paulo: Nacional, 1936.

PIMENTEL, Manoel Pedro. Breves notas para a história da criminologia no Brasil. *Ciência Penal*, ano V, n. 2,1979.

——. *O crime e a pena na atualidade*. São Paulo: RT, 1983.

SÁ, Alvino Augusto de. *Criminologia clínica e psicologia criminal*. São Paulo: RT, 2007.

SANTOS, Juarez Cirino dos. *As raízes do crime*: um estudo sobre as estruturas e as instituições da violência. Rio de Janeiro: Forense, 1984.

——. *A criminologia radical*. Rio de Janeiro: Forense, 1981.

SHECAIRA, Sérgio Salomão. *Criminologia*. 2. ed. rev., atual. e ampl. São Paulo: RT, 2008.

Coleções bibliográficas especializadas

Coleção Brasileira de Criminologia

Coordenadores: Gisálio Cerqueira Filho e João C. Galvão Jr.

Editorial: Lumen Juris e Núcleo de Pesquisa Lyriana (NPL)

Títulos:

Nº 1: GALVÃO JR., João C. *Criminologia dialética*: das imperfeições do direito criminal: da permanente contestação crítica construtiva, 2001.

Nº 2: NEDER, Gizlene e CERQUEIRA FILHO, Gisálio. *Criminologia e poder político sobre direitos, história e ideologia*, 2006.

Nº 3: SERRA, Carlos Henrique Aguiar. *Criminologia e direito penal em Roberto Lyra e Nélson Hungria*: uma proposta indisciplinada, 2007.

Coleção Pensamento Criminológico

Diretor: Prof. Dr. Nilo Batista

Editorial: Revan e Instituto Carioca de Criminologia

Títulos:

Nº 1: BARATTA, Alessandro. *Criminologia crítica e crítica do direito penal*: introdução à sociologia do direito penal, 2002.

Nº 2: BATISTA, Vera Malaguti. *Difíceis ganhos fáceis*, 2003.

Nº 3: RUSCHE , Georg e KIRCHHEIMER, Otto. *Punição e estrutura social*, 2004.

Nº 4: NEDER, Gizlene. *Iluminismo jurídico-penal luso-brasileiro – obediência e submissão*, 2000.

Nº 5: BATISTA, Nilo. *Matrizes Ibéricas do Sistema Penal brasileiro – I*, 2002.

Nº 6: WAQUANT, Loïc. *Punir os pobres*, 2007.

Nº 7: YOUNG, Jock. *A sociedade excludente*, 2003.

Nº 8: RAUTER, Cristina. *Criminologia e subjetividade no Brasil*, 2003.

Nº 9: DEL OLMO, Rosa. *A América Latina e sua Criminologia*, 2004.

Nº 10: ANYAR DE CASTRO, Lola. *Criminologia da libertação*, 2005.

Nº 11: MELOSSI, Dario e PAVARINI, Massimo. *Cárcere e fábrica*, 2006.

Nº 12: DE GIORGI, Alessandro. *Miséria governada através do sistema penal*, 2006.

Nº 13: SABADELL, Ana Lúcia. *Tortura e processo penal na península Ibérica (séculos XVI-XVIII)*, 2006.

Nº 14: ZAFFARONI, Eugenio Raúl. *O inimigo no direito penal*, 2007.

Discursos sediciosos (crime, direito e sociedade)

Diretor: Prof. Dr. Nilo Batista

Editorial: Revan e Instituto Carioca de Criminologia

Revista Brasileira de Ciências Criminais

Coordenadora-chefe: Ana Elisa Libertatore S. Bechara

Coordenadores-adjuntos: Alessandra Teixeira, Bruno Shimizu, Filipe Magliarelli, Maíra Rocha Machado, Mariângela Lopes

Editorial: Revista dos Tribunais e Instituto Brasileiro de Ciências Criminais

Impressão:
Evangraf
Rua Waldomiro Schapke, 77 - P. Alegre, RS
Fone: (51) 3336.2466 - Fax: (51) 3336.0422
E-mail: evangraf.adm@terra.com.br